교회는 병원이다

교회는 병원이다

제1판 1쇄 발행 · 2006년 8월 15일
제1판 8쇄 발행 · 2024년 10월 10일

지은이   최영기
펴낸이   김용성
펴낸데   요단출판사

주소   07238 서울특별시 영등포구 국회대로 76길 10
기획   (02)2643-9155
보급   (02)2643-7290   Fax (02)2643-1877
등록   1973. 8. 23. 제13-10호

ⓒ 2006. 요단출판사 all rights reserved.

값 13,000원
ISBN 978-89-350-0986-2 03230

이 책의 저작권은 요단출판사가 소유하고 있습니다.
출판사의 사전 승인 없이 책의 내용이나 표지 등을 복제·인용할 수 없습니다.

교회는 병원이다

최영기 지음

요단

차 / 례 /

서문···6

1. 가정교회란?_ 9

　　교회는 병원이다(엡 4:25~32) ··· 11
　　교회의 존재 목적(마 28:18~20) ··· 18
　　교회 사역은 어떻게?(엡 4:11~16) ··· 26
　　공동체로 부르신 뜻(창 3:1~24) ··· 32

2. 교회 생활 어떻게 할 것인가?_ 41

　　그리스도의 교회(마 16:13~20) ··· 43
　　흩어주는 교회(행 8:1~4) ··· 52
　　전도는 누구나, 언제나(요 4:27~42) ··· 57

3. 신앙의 기초_ 65

　　옛 계약, 새 계약(렘 31:31~34) ··· 67
　　말구유에 담긴 사랑(눅 2:1~7) ··· 75
　　부활이 없으면 우리 믿음은 헛것이다(고전 15:3~19) ··· 83
　　부활은 역사적 사실이다(행 4:5~14) ··· 91

4. 크리스천의 삶 _ 99

좋은 부모, 좋은 자녀(엡 6:1~4) … 101
자유합시다(빌 4:10~13) … 109
주를 섬기듯(골 3:22~4:1) … 117
하나님의 음성을 듣는 법-성경적 근거(계 3:20) … 127
하나님의 음성을 듣는 법-실제(약 1:5~7) … 134
하나님의 음성을 듣는 법-경고(요 10:1~5) … 142
끝 잘 맺는 인생(삼상 12:1~5) … 151
하나님 마음에 드는 사람(삼상 16:6~13) … 159

5. 야고보서 강해 _ 169

고난과 지혜(약 1:1~8) … 171
좋으신 하나님(약 1:9~18) … 179
자유하게 하는 율법(약 1:19~27) … 187
외모로 판단하지 말라(약 2:1~13) … 194
행함이 따르는 믿음(약 2:14~26) … 201
혀의 위력(약 3:1~12) … 207
하늘의 지혜, 땅의 지혜(약 3:13~18) … 217
편을 정하라(약 4:1~10) … 225
하나님 노릇 말라(약 4:11~17) … 233
부자의 위험, 가난한 자의 소망(약 5:1~11) … 241
병자를 위한 기도(약 5:12~20) … 248

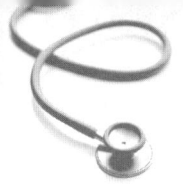

서문

　이 책 「교회는 병원이다」가 성경적인 삶을 살려고 노력하고 성경적인 교회를 열망하는 분들에게 도움이 되었으면 좋겠습니다.
　간단히 저를 소개하겠습니다.
　저는 6·25 전쟁 때 납북되어서 순교하신 성결교단이 배출한 6명의 순교자 중 한 분의 가정에서 장손으로 태어났습니다. 대학에 입학한 후부터 교회로부터 점점 멀어졌다가 미국에 유학 와서 박사학위를 공부하던 중 미국 전도대원이 길에서 나누어주는 성경을 받아 읽으면서 진정으로 예수님을 삶의 주인으로 모셨습니다.
　성경을 통해서 예수님을 믿게 되었기 때문에 저에게는 성경이 삶의 지표였습니다. 학위를 마치고 연구실에서 일할 때에는 성경대로 사는 크리스천이 되어보려고 노력했고 (지내 놓고 보면 노력만 했지 잘 살지는 못했던 것을 발견합니다!) 44세에 안수를 받고 목회자가 되어서는 성경적인 교회를 만들어보려고 노력을 하였습니다. 그 결과로 가정교회를 시작하게 되었고 이 가정교회는 신약의 성경적인 교회를 세워보고 싶어 하는 목회자들에 의하여 세계 각 곳으로 번져가고 있습니다.
　이 책에 실린 설교는 제가 휴스턴 서울침례교회에 부임하여 가정교회를 준비하면서 첫 1년 동안 설교한 내용의 일부입니다. 어떤 젊은 목사님은 전통적인 교회를 가정교회로 성공적으로 전환시키기 위해

가정교회를 준비하면서 저의 첫 1년 설교 테이프를 구입해 듣고 거의 그대로 했다고 합니다. 성경적인 삶이 구체적으로 제시되었을 뿐만 아니라 성경적인 교회를 세우기 위한 원칙이 여기저기 배어 있기 때문이라고 했습니다.

설교집 「교회는 병원이다」의 초판은 2005년도에 어떤 분의 개인적인 배려로 작은 출판사에서 한정판으로 출판하였습니다. 10년이 지난 지금 요단출판사에서 개정판을 출간하게 되어 무척 기쁩니다. 이 설교집을 구할 수가 없다고 안타까워하는 분들이 꽤 있었기 때문입니다.

휴스턴 서울침례교회 출판사역팀이 수고를 많이 했습니다. 듣는 설교를 읽는 설교로 만들기 위하여서 세심한 편집을 했습니다. 최종 원고는 제가 직접 감수를 했기 때문에 초판에 비하여 훨씬 짜임새 있는 설교집이 되었다고 자부합니다.

출판사역팀의 심운기 집사님과 함상원 형제, 또 김예자, 백혜원, 정성자 자매님께 감사드립니다.

최영기 목사

I am the LORD, *who heals you*

1. 가정교회란?

교회는 병원이다(엡 4:25~32)
교회의 존재 목적(마 28:18~20)
교회 사역은 어떻게?(엡 4:11~16)
공동체로 부르신 뜻(창 3:1~24)

교회는 병원이다

에베소서 4:25~32

너희는 모든 악독과 노함과 분냄과 떠드는 것과 비방하는 것을
모든 악의와 함께 버리고 서로 친절하게 하며 불쌍히 여기며 서로 용서하기를
하나님이 그리스도 안에서 너희를 용서하심과 같이하라(31, 32).

교회가 생활 속에서 차지하는 비중은 한국에서 살 때보다 미국에 살 때 더 커지는 것 같습니다. 그 이유는 여러 가지가 있겠지만 가장 큰 이유로는 외로움을 들 수 있습니다. 한국과는 달리 미국에서는 마음을 터놓고 지낼 수 있는 사람이 적습니다. 직장에서 퇴근한 후에 동료들끼리 한잔하는 법도 없습니다. 또 주말에는 근무하지 않기 때문에 외로움은 더합니다. 그래서 한국에서는 교회를 다니지 않던 분들도 한국 사람이 모이는 교회에 관심을 갖게 되고, 한두 번이라도 교회에 나가게 됩니다. 그러다가 예수를 믿게 되는 분들도 많습니다. 삶에서 교회가 차지하는 비중이 큰 만큼 교회를 향한 기대치도 높아집니다. 문제는 여기에서 생깁니다. 교회가 기대치를 만족시켜 주기보다는 실망이나 환멸을 심어 주는 경우가 많기 때문입니다. 교인들은 뭔가 다를 줄 알았는데 개인의 삶이나 사업하는 데에 있어서 안 믿는 사람과 다를 바 없음을 발견합니다. 용서와 사랑을 경험할 줄 알았는데

1. 가정교회란? *11*

오히려 교인들끼리 싸우는 모습을 보기도 합니다. 그런 모습에 실망하지 않을 수가 없습니다. 그래서 어떤 분들은 교회를 찾아 여기저기 전전합니다. 이상적인 교회를 찾는 것입니다. 그러나 만족할 만한 이상적인 교회를 찾을 수는 없습니다. 어떤 분들은 교회를 조금 다니다가 그만 두기로 결정을 합니다. 한국에서 교회 생활을 오래 했던 분들은 가족들끼리 주일에 가정 예배를 드리기로 결정하기도 합니다.

이상적인 교회에서 교회 생활을 하고 싶은 욕구는 누구에게나 있다고 생각합니다. 그러나 이상적인 교회를 찾자면 먼저 이상적인 교회가 어떤 것인지 머리 속에 그릴 수 있어야 합니다. 저는 이상적인 교회의 모습을 성경에서 찾아보고자 합니다. 저는 에베소 교회가 우리가 찾는 이상적인 교회의 모델이 되지 않을까 생각합니다. 또 이상적인 교회가 되려면 먼저 위치가 좋아야 합니다. 에베소는 당시 소아시아에서 교통의 중심지였습니다. 이상적인 교회가 되려면 문화적인 배경도 필요합니다. 이 점에서도 에베소는 합격입니다. 에베소는 예수님께서 오시기 400년 전에 건립이 되었는데 그 당시 이미 포장된 도로를 갖고 있었습니다. 경제적으로 문물 교환의 중심지이기도 했습니다. 도시의 수호신은 아프로디테였는데 아프로디테의 신전은 피라미드와 더불어 세계 7대 불가사의 중의 하나입니다. 이상적인 교회가 되기 위해서는 누가 창립했느냐가 중요합니다. 에베소 교회는 사도 바울이 창립한 교회입니다. 이상적인 교회는 훈련받은 지도자가 있어야 합니다. 에베소 교회에서는 사도 바울이 3년을 묵으면서 제자들을 훈련시켰습니다. 에베소 교회는 이상적인 교회가 될 수 있는 조건을 다 갖추고 있는 것으로 보입니다.

 교회는 병원이다

그런데 오늘 본문에 나타난 에베소 교회의 모습을 보면 에베소 교회가 우리가 기대하는 것과 많이 다르다는 것을 발견합니다. "그런즉 거짓을 버리고 각각 그 이웃과 더불어 참된 것을 말하라"(25절). 에베소 교인 중엔 거짓말쟁이들이 있었던 것을 나타내고 있습니다. 26절에는 "분을 내어도 죄를 짓지 말며 해가 지도록 분을 품지 말고"라고 말합니다. 즉 혈기 부리는 사람들이 있었던 것을 나타냅니다. 28절을 보면 "도둑질하는 자는 다시 도둑질하지 말고…"라고 합니다. 교인들 가운데에 도둑놈들이 있었다는 것을 나타냅니다. 그렇지 않았다면 멀쩡한 성도에게 도둑질하지 말라고 하지는 않았을 것입니다. 또 29절을 보면 "무릇 더러운 말은 너희 입 밖에도 내지 말고…"라고 합니다. 이는 쌍소리나 음담을 지껄이는 사람들이 있었던 것을 나타내고 있습니다.

사랑하는 성도님들, 이것이 바로 성경이 말하는 이상적인 교회의 모습입니다. 우리들이 생각하는 이상적인 교회는 성인(聖人)들이 모인 곳입니다. 그러나 그리스도께서 생각하시는 이상적인 교회는 죄인들이 모인 곳입니다. 왜 사람들이 교회를 보고 실망합니까? 교회에서 천국을 기대하기 때문입니다. 그러나 이상적인 교회는 천국이 아니라 병원입니다. 거만하고, 이기적이고, 혈기 부리고, 술, 담배, 노름에 중독된 사람들이 모여서 하나님의 사랑 가운데서 변화 받는 치료의 장소가 바로 이상적인 교회입니다. 우리는 교회에 대한 개념부터 바꿔야 합니다. 교회는 천국이 아니라 병원입니다.

교회는 병원이기 때문에 치료의 역사가 일어나야 합니다. 그러기 위해서는 우리는 치료의 역사가 일어날 수 있는 분위기를 만들어야 합니다. 또한 나 자신이 치료를 받아야 합니다.

오늘 본문 32절에서 바울은 치료의 분위기를 만들어주는 구체적인 방법을 제시합니다. "서로 친절하게 하며 불쌍히 여기며 서로 용서하기를 하나님이 그리스도 안에서 너희를 용서하심과 같이하라." 교회에는 용납하는 분위기가 절대 필요합니다. 그래야만 치료가 가능합니다. 잘못을 꼬집는 것은 병원에 찾아온 중풍병자에게 숟가락질을 제대로 못한다고 야단치는 것과 같습니다. 몸이 말을 안 들어서 숟가락질도 제대로 못해서 병원을 찾아 왔는데 그것을 나무라면 어쩝니까? 모나고 이기적인 성격을 고쳐보려고 교회에 왔는데 모나고 이기적이라고 흉을 보면 어쩝니까? 병원에서는 아픈 사람이 제 구실을 못한다고 나무라지 않습니다. 교회도 이와 같아야 합니다. 인격이 모자란다고 나무라면 안 됩니다.

치료받는 분위기를 만들기 위해서는 교회의 분위기가 가족적이어야 합니다. 저는 교회에서 성도들끼리 형제, 자매라고 부르는 것이 참 듣기가 좋습니다. 교회가 가정이라는 것을 나타내기 때문입니다. 가정은 자신이 저지른 실수와 허물이 용납되는 곳입니다. 이러한 가족 같은 분위기가 조성되어야 하나님께서는 치료의 역사를 나타내 주십니다.

교회에서 치료의 역사가 일어나기 위해서는 분위기가 긍정적이어야 합니다. 본문을 보면 바울은 "하지 말아라" 하는 말을 하고 난 다음에는 즉시 "하라"라는 말을 합니다. 하지 말라고 하면 더 하고 싶어지는 것이 사람의 마음입니다. 바울이 이 점을 잘 알았던 것입니다. 그래서 28절에 "도둑질하는 자는 다시 도둑질하지 말고 돌이켜 가난한 자에게 구제할 수 있도록 자기 손으로 수고하여 선한 일을 하라"고 했습니다. 이제부터는 남의 것을 훔치지 않을 뿐만 아니라 한 걸음 더 나아가 열심히 수고해서 남에게 주라는 것입니다. 29절에도 "무릇 더러운 말은 너희 입 밖에도 내지 말고 오직 덕을 세우는 데 소용되는 대로 선한 말을 하여 듣는 자들에게 은혜를 끼치게 하라"고 했습니다. 더러운 말을 하지 않을 뿐만 아니라 한 걸음 더 나아가 선한 말을 하라는 것입니다. 치료받기 위해서는 '하지 말라'에 멈춰서는 안 됩니다. 한 걸음 더 나아가서 긍정적으로 '하라'라고 말해야 합니다.

저는 전에 제법 재치 있는 말을 해서 주위 사람이나 친구들을 웃겼습니다. 그런데 어느 날 생각해 보니까 그 재치라는 것이 남을 바보로 만드는 재주라는 것을 알게 되었습니다. 제가 농담을 하면 상대방도 같이 웃긴 웃지만 왠지 쓸쓸한 표정을 짓습니다. 그래서 스스로에게 그런 재주는 부리지 말아야겠다고 결심했습니다. 그런데 실천이 잘 안 되었습니다. 재치는 톡 튀어나오는 반면, 결심은 아차 하고 후회한 다음에 생각나기 때문입니다. 그래서 제가 '하지 말자' 대신에 '하자'로 바꾸었습니다. 남을 비하하는 대신에 남을 높이는 농담을 하기로 결심했습니다. 그 후에 재치 있는 말이나 농담으로 인하여 남의 마음을 상하게 하는 일은 현저하게 줄어들었습니다.

성도님들은 무슨 결심을 하든지 간에 긍정적인 것으로 만들어서 하시기 바랍니다. 겸손해지고 싶으신 분들은, 자신을 낮추려 마시고 남을 높이시기 바랍니다. 이것이 진짜 겸손인 동시에 긍정적인 결심입니다. 예를 들어서 별 볼일 없다고 생각되는 지도자라도, 지도자라는 사실 때문에 그분의 말씀을 경청하고 순종하면 이것이 나를 겸손하게 만듭니다. 우리는 긍정적이어야 합니다. 예를 들어서 자녀들에게도 잔소리하지 말기를 결심하지 말고 칭찬을 많이 하겠다고 결심하시기 바랍니다. 치료는 부정적인 데서 이루어지는 것이 아니라 긍정적인 데서 이루어지기 때문입니다. 성도님들, 서울침례교회를 치유의 역사가 일어나는 병원으로 만들어 봅시다. 누구든지 와서 편하게 자기를 내보일 수 있고, 자기 문제를, 자기 아픔을 내보일 수 있는 병원 분위기를 조성합시다.

어떻게 하면 교회가 치료하고, 치료받는 병원 분위기로 바뀌겠습니까? 치료의 역사는 언제든지 조그만 그룹을 통해서 일어납니다. 치료의 역사가 일어나려면 교회는 작아야 합니다. 그래서 한 8명 정도의 가정교회를 만드는 것이 필요합니다. 가정교회는 구역 조직이 아닙니다. 정말 말 그대로 교회입니다. 그곳에는 가르침도 있고 훈련도 있고 선교도 하고, 무엇보다도 실제로 치료가 일어나는 조그만 교회입니다. 여러분들이 앞으로 가족을 생각할 때에는 부인 혹은 남편, 자녀들뿐만 아니라 가정교회에 속한 8명 내지 15명을 생각하시기 바랍니다. 이 사람들 앞에서는 나의 치부를 내어 보일 수 있어야 하고 문제가 생겼을 때는 도움을 청할 수 있어야 합니다. 이러한 가족과 같은 조그만 교회들이 합쳐져서 서울침례교회를 이루기를 소원합니다.

저는 이 목적을 갖고 이곳 휴스턴 서울침례교회에 왔습니다. 가정교회가 제 기능을 잘 할 때에 참된 사랑도 가능합니다. 우리는 이웃을 사랑해야 한다는 것을 잘 압니다. 그러나 구체적으로 어디서부터 시작해서 무엇을 해야 좋을지 몰라 막막한 때가 많습니다. 우리가 가정교회를 통하여 8명 내지 15명을 가족같이 사랑하면 사랑에 대한 개념이 아주 확실해집니다. 그동안 우리는 사랑을 실천하고 싶어도 너무 추상적으로만 생각했었습니다. 그리스도께서 원하시는 구체적인 사랑을 실천할 수 있는 곳이 가정교회입니다. 우리 성도님들께서도 저와 같은 꿈을 가지시고 서울침례교회가 치료의 역사가 일어나는 병원이 되고 가정처럼 편안한 서로 사랑하는 교회가 될 수 있기를 바랍니다.

교회의 존재 목적
마태복음 28:18~20

예수께서 나아와 말씀하여 이르시되 하늘과 땅의 모든 권세를 내게 주셨으니 그러므로
너희는 가서 모든 민족을 제자로 삼아 아버지와 아들과 성령의 이름으로 침(세)례를 베풀고
내가 너희에게 분부한 모든 것을 가르쳐 지키게 하라 볼지어다
내가 세상 끝날까지 너희와 항상 함께 있으리라 하시니라.

많은 분들이 교회를 다니시면서도 교회의 존재 목적이나 사명에 대한 확고한 인식이 없음을 발견합니다. 대체로 초신자들은 교회의 존재 목적은 친교나 정보 교환 정도로 생각하고, 교회의 사명은 교포들의 구심점이나 교량 역할을 하는 정도로 생각합니다. 이런 일도 교회가 해야 될 중요한 일 중의 하나입니다. 그러나 이것이 교회의 궁극적인 존재 목적은 아닙니다. 여러분들은 교회의 존재 목적이 무엇이라고 생각하시며 교회에 다니고 계십니까? 이 질문이 너무 추상적이면 질문을 이렇게 바꾸겠습니다. 교회가 해야 될 가장 중요한 일이 뭐라고 생각하십니까?

교회에서 일어나는 대부분의 싸움이나 충돌의 원인을 분석해 보면 교회가 해야 될 가장 중요한 일이 무엇인지에 대한 의견 차이인 것을 발견합니다. 가령 예배가 제일 중요하다고 생각하시는 분들과 성경 공부가 제일 중요하다고 생각하는 사람들의 신앙 스타일은 다르지 않

 교회는 병원이다

을 수가 없습니다. 예배를 제일로 치는 사람은 성경 공부를 제일로 치는 사람이 은혜와는 거리가 먼 사람, 머리만 커서 지적인 유희만 하는 사람으로 생각될 수가 있습니다. 반대로 성경 공부를 제일로 치는 사람은 예배를 제일로 치는 사람이 율법주의자이며 내용이 없는 신앙생활을 하는 사람으로 보일 수가 있습니다.

교회가 해야 할 가장 중요한 일은 우리가 결정할 사항이 아닙니다. 이미 예수님께서 그것이 무엇인지를 말씀해 주셨습니다. 18~20절을 보면 "예수께서 나아와 말씀하여 이르시되 하늘과 땅의 모든 권세를 내게 주셨으니 그러므로 너희는 가서 모든 민족을 제자로 삼아 아버지와 아들과 성령의 이름으로 침(세)례를 베풀고 내가 너희에게 분부한 모든 것을 가르쳐 지키게 하라 볼지어다 내가 세상 끝날까지 너희와 항상 함께 있으리라." 이 말씀이 교회의 존재 목적이라고 저는 생각합니다. 왜냐하면 이 말씀은 예수님께서 승천하시기 전 열한 제자에게 마지막으로 주신 유언이기 때문입니다. 예수님이 특별히 훈련시키셨던 열두 명의 제자를 사도(使徒)라고 부르는데 사도는 '보냄을 받은 무리'라는 뜻입니다. 복수입니다. 단수일 때는 '사신(使臣)' 혹은 '사자(使者)'라고 말합니다. 이들의 사역은 한 군데 오래 머물러서 목회하는 것이 아니라 복음이 전해지지 않은 곳에 가서 교회를 세우는 것입니다. 그래서 이 사람들은 어디에 가서든지 그곳에 교회를 세우고 예수님께서 분부한 이 일들을 하려고 애쓰셨을 것입니다. 그러므로 이것이 바로 교회를 세워 주신 존재 목적이라고 생각하는 것입니다.

19, 20절에 네 가지 동사가 나옵니다. '가라', '침(세)례 줘라', '제자 삼아라' 그리고 '가르쳐라.' 원전에 보면 네 가지 동사 중 명령형은

'제자 삼아라' 하나이고 나머지는 분사입니다. 원전을 직역하면 '너희들은 제자를 만들라' 라는 명령입니다. 교회의 존재 목적은 제자를 만드는 것입니다. 예수님이 원하시는 교회가 되기 위해서는 제자를 만들어 내야 합니다. 아무리 많은 봉사와 예배 생활, 선교와 전도를 한다 할지라도 제자를 만들어 내지 않으면 교회는 그 존재 목적을 상실하는 것입니다.

제자는 배우는 사람입니다. 제자가 되기 위해서는 우선, 배워야 하고, 다음으로, 배운 것을 반드시 전수해야 합니다. 무엇을 배우고 무엇을 전수해야 합니까? 예수님의 삶입니다. 예수님의 성품을 닮아가고 그분의 삶의 형태를 본받아가는 것을 예수를 닮아 간다고 말합니다. 이것이 예수의 제자가 되어 가는 것입니다. 시간이 흐르면서 예수를 닮은 사람, 예수님처럼 사는 사람들이 많아질 때 그 교회는 존재 목적을 잘 수행하고 있다고 말할 수 있습니다.

예수님께서는 제자를 만들어 내는 교회가 되기 위한 구체적인 방법을 알려 주셨습니다. 제자를 만들어 내기 위한 교회가 되기 위해서는 첫째, 가야 합니다. 그런데 보통 우리는 오기를 기다립니다. 이미 다른 교회에 다니는 사람을 청해서 우리 교회로 모아들이는 것은 전도가 아닙니다. 하나님 편에서 볼 때는 제 털 뽑아 제자리 꽂기입니다. 하나님을 싫어하는 사람, 하나님을 반대하는 사람들을 찾아가는 것이 전도의 첫 걸음입니다. 5년 내지 7년 간 교회 다니면 안 믿는 친구가 모두 없어진다는 통계를 읽었습니다. 가만히 살펴보니 저도 그렇습니다. 이것은 비극입니다. 우리는 가야 됩니다. 예전의 술친구들에게 가야 합니다. 나하고 나쁜 짓 하던 사람들에게 가야 합니다. 안 믿는 친구들을 기억하고 찾아가야 합니다.

그 다음에는 침(세)례를 주라고 하셨습니다. 안 믿는 사람과 아무리 친해져도 그것으로 그치면 아무 소용이 없습니다. 그리스도를 이분들에게 소개하여 영접하도록 하고 침(세)례를 주어야 합니다. 문제가 없는 것 같은 사람들도 실상을 들여다보면 외로움 속에서 공허하게 사는 사람이 많습니다. 우리는 이분들에게 예수님을 소개해야 합니다. 그분만이 외로움의 문제를, 허무의 문제를 해결하실 수 있기 때문입니다.

침(세)례를 준 다음에는 가르쳐 지키게 하라 명하셨습니다. 지식적인 성경 공부가 아니라 제자를 만드는 성경 공부를 해야 합니다. 예수님의 모습을 닮아 가도록 가르치는 성경 공부를 해야 합니다.

많은 교회들이 조직도 잘되었고 좋은 프로그램도 많아서 숨쉴 새가 없을 정도로 바쁘게 돌아가는데 정작 제자는 못 만들어 내는 경우가 많습니다. 그것은 예수님이 제시한 제자 만드는 방법에만 치중하고 교회 존재의 궁극적인 목적을 망각했기 때문입니다. 우리는 교회 사역을 하면서 목적과 방법을 잘 구별해서 예수님이 우리에게 주신 사명을 완수하는 교회가 되어야 하겠습니다.

제자를 만들어 낼 수 있는 가장 좋은 교회 구조가 가정교회라고 저는 생각합니다. 가정교회는 새로운 교회 형태가 아니라 예수님이 생각하신 교회 형태입니다. 제자를 만들어 내기 위해서는 지식이나 기술이 아니라 생활 태도를 가르쳐야 합니다. 이러한 가르침은 작은 그룹 가운데서만 가능합니다. 대중을 대상으로 하기에는 어렵습니다. 저는 성경을 보면서 이상하게 느낀 대목이 있습니다. 오병이어(五餠二

魚)의 기적을 체험한 사람의 수는 5천 명입니다. 그런데 사도행전 1장을 보면 모여서 기도한 성도들이 120명밖에 안 됩니다. 나머지 사람들은 다 어디로 갔습니까? 예수님께서 성전에서 가르치실 때 많은 사람들이 예수님의 설교를 들었습니다. 그리고 은혜도 받았습니다. 그러나 예수님께서 십자가에 못 박히셨을 때 그 사람들은 다 어디에 있었습니까? 대중을 상대로 한 설교나 성경 공부는 우리에게 감동을 주고 결심도 하게 하지만 구체적인 제자화에는 그다지 큰 효과가 없습니다. 제자는 몇 사람이 모여 생활을 나눌 때에 만들어집니다. 그래서 예수님도 열두 명을 뽑아서 3년 동안 생활을 같이하셨습니다. 이것이 예수님이 제자를 만드신 방법이셨습니다.

가정교회는 예수님이 주신 대사명을 이루는 데 효과적인 도구가 될 수 있습니다. 제자를 만들기 위하여 예수님께서는 '가라' 고 했습니다. 그러나 이 명령에 순종해서 안 믿는 분들에게 가서 이들을 교회로 데리고 온다해도 전통적인 교회 구조로서는 후속 처리가 마땅치 않습니다. 그러나 가정교회에서는 안 믿는 분들을 모셔다가 돌보기가 쉽습니다. 가정교회 멤버들이 예를 들어, 볼링도 하러 가고, 식사도 함께 하고, 도울 것이 있으면 서로 돕습니다. 이분들의 실질적인 필요를 채워 주면서 그리스도와 함께 사는 것이 어떤 것인지를 보여줄 수 있습니다. 이러한 사랑을 가정교회를 통해 체험하다 보면 불신자들은 자연히 복음에 대한 궁금증이 생길 것입니다.

침(세)례를 주라는 명령도 가정교회를 통해서 하는 것이 효과적입니다. 예수 안 믿는 분들이 신자들을 슬슬 피합니다. 보기만 하면 전도하려고 하기 때문입니다. 물론 전도가 나쁘다는 것이 아닙니다. 그러나 안 믿는 사람 편에서 볼 때에는 자신의 문제나 고민거리에는 전연 관심이 없고 그냥 자기가 하고 싶은 말만 하는 것처럼 보여서 불쾌감을 느낄 것입니다. 우리가 복음을 전하기 원하면 복음 전할 자격을 갖춰야 합니다. '어떻게 저런 아름다운 삶을 살 수가 있을까?' 하는 의문이 생기도록 삶을 나누어야 합니다. 이것이 가정교회를 통해서 가능해집니다.

지키도록 가르치라는 명령도 가정교회를 통해 하는 것이 효과적입니다. 예수를 갓 영접한 분을 잘 키워 줄 수 있는 가장 좋은 위치에 있는 분은 이분을 영접시킨 분입니다. 새 신자는 그분에게 특별한 친근감을 느낍니다. 그런데 예수님을 영접하도록 도와만 주고 그 후로는 다른 분에게 가르치라고 자꾸 밀어내면 효과가 없습니다. 가정교회 안에서는 주님의 사랑을 깨닫고, 그 안에서 주님을 영접하고, 한 걸음 더 나아가서 그 안에서 양육을 받는 아름다운 역사가 포괄적으로 이루어 질 수 있습니다.

사랑하는 성도님들, 예수님께서 우리에게 사명을 주셨습니다. 제자를 만들라는 사명을 주셨습니다. 우리는 교회 존재 목적을 분명히 깨닫고 그 목적을 향해서 일해 나갑시다. 이를 통하여 우리 자신은 예수님의 모습을 조금씩 닮아, 삐뚤어진 성격이 바로 잡아지고, 마음속에 있는 상처가 치료되고, 잘못된 생활 방식이 고쳐지는 은혜가 체험되어야 하겠습니다.

우리가 예수님의 제자가 되어 예수님을 닮아가고 있다는 것을 어떻게 압니까? 아는 방법은 간단합니다. 우리의 삶에서 치유의 역사가 일어나는지 일어나지 않는지를 보면 됩니다. 우리는 대부분 마음에 깊은 상처를 갖고 있습니다. 그러나 우리가 자신의 상처에 집중하는 동안에는 치료가 불가능합니다. 이 상처받은 마음을 남에게 쏟아 놓거나 하나님께 기도드리면 조금 시원해집니다. 그러나 치유가 되지는 않습니다. 예수를 닮아갈 때에 비로소 그 상처는 자동적으로 치유됩니다.

예수님의 삶을 볼 때 그분의 인격 가운데서 가장 두드러지게 부각된 것이 용서입니다. 억울하게 잡혀서 억울한 누명을 쓰고 십자가에서 돌아가실 때 예수님께서 뭐라고 하셨습니까? 일본 영화에 나오는 사무라이같이 "아들아, 내 원수를 갚아다오" 하지 않으셨습니다. 누가복음 23장 34절을 보면 "아버지 저들을 사하여 주옵소서 자기들이 하는 것을 알지 못함이니이다"라고 하셨습니다. 이것이 예수님의 모습입니다. 예수님처럼 용서하는 사람이 되어갈 때에 자신의 속에서 치유의 역사가 일어납니다.

저는 용서의 능력을 극적으로 목격한 적이 있습니다. 제가 전에 섬기던 교회에서 한 자매님이 갑자기 다리가 저려서 걷질 못하는 증세를 보였습니다. 교회를 못 나오다가 삼주일 만에 절룩거리며 나왔습니다. 성령님께서 저 자매님을 위해서 기도해주라고 말씀하시는 것 같았습니다. 하나님의 음성을 듣고 기도하면 즉시 응답이 있다는 것을 저는 알고 있었습니다. 그래서 제 사무실에 불러다가 기도를 시작하면서 다리가 아프게 된 원인을 물었습니다. 다리가 아프기 시작할 때 무슨 특별한 일이 있었는지를 물었습니다. 한참 망설이다가 그 자매님은 갑자기 눈물을 주르륵 흘리면서 털어놓았습니다. 남편이 자신에게 직장을 가지라고 보채더라는 것입니다. 자매님의 전문 분야를 살릴 수 있는 일을 찾기가 거의 불가능한데 말입니다. 자매님은 그런 남편이 미웠던 것입니다. 이 말을 듣고 저는 그 자매님에게 말했습니다. "남편을 용서하고 원망했던 것을 하나님께 회개할 용의가 있습니까? 그래야 낫습니다." 그 자매는 잠시 생각하더니 눈물을 흘리시면서 남편을 미워했던 것을 회개하고 남편을 용서하는 기도를 했습니다. 그런 후 제가 머리에 손을 얹고 기도했습니다. 얼마 후 자매님으로부터 받은 카드에는 이렇게 적혀 있었습니다. "목사님 깨끗이 나았습니다. 하나님의 새로운 면을 발견하도록 해주시고 하나님의 능력을 체험하게 해주심을 감사드립니다."

예수님의 제자를 만드는 것이 교회를 병원으로 만드는 길입니다.

교회 사역은 어떻게?

에베소서 4:11~16

그가 어떤 사람은 사도로, 어떤 사람은 선지자로, 어떤 사람은 복음 전하는 자로, 어떤 사람은 목사와 교사로 삼으셨으니 이는 성도를 온전하게 하여 봉사의 일을 하게 하며 그리스도의 몸을 세우려 하심이라(11, 12).

오늘은 교회에 관한 세 번째 설교입니다. 첫 번째는 교회의 본질에 대해서, 두 번째는 교회의 목적에 대해서 말씀드렸습니다. 오늘은 세 번째로, 교회의 본질을 이룰 수 있는 방법에 관하여 말씀드리겠습니다. 특별히 목사가 해야 할 사역과 평신도가 해야 할 사역의 차이가 무엇인지를 다루겠습니다.

저는 원래 평신도라는 단어를 싫어하는 사람입니다. 성도는 다 목사처럼 살아야 한다고 생각하기 때문입니다. 사례를 받는 목사냐, 사례를 받지 않는 목사냐의 차이일 뿐입니다. 하지만 혼동을 피하기 위하여 오늘 설교 중에는 목사가 아닌 사람을 평신도라 지칭하겠습니다.

전쟁에서 승리하기 위해서는 여러 분야에 걸친 전문적인 인력 지원이 필요합니다. 본부에서는 어떤 병과를 가진 사람을 어느 곳에 파견할지를 알아서 결정하여 파견해 줍니다. 마찬가지로 교회가 영적인 싸움에서 승리할 수 있도록 하나님께서는 적절한 사람들을 보내 주셨

✚ 교회는 병원이다

습니다. 11절에 의하면 주님은 사도로, 혹은 선지자로, 혹은 복음을 전하는 자로, 혹은 목사와 교사로 사명을 주어 교회에 주셨다고 말하고 있습니다.

여기에 열거되어 있는 사람들은 어떤 사역을 하는 사람들일까요?

사도(使徒)는 보냄을 받은 사람들이라는 뜻입니다. 베드로나 요한이 사도입니다. 이들은 한 군데 머물러서 목회하는 사람들이 아니라 복음이 전해지지 않은 데에 가서 교회를 세우고는 다른 곳으로 떠날 사람들입니다. 하나님께서는 교회에 사도를 주셨습니다. 현재 사도의 사명을 맡은 사람은 선교사라고 생각합니다.

선지자는 예언자라고도 하는데 한마디로 하나님을 대변하는 자입니다. 예언자는 점쟁이 비슷한 사람이라는 인식은 버리시기 바랍니다. 하나님께서 하시고 싶은 말씀이 있으실 때 어떤 사람을 선택하셔서 대변인으로 세워서 말씀하십니다. 이 직책을 맡은 사람들이 선지자입니다. 그런 면에서 볼 때 지금의 모든 설교자는 선지자가 되어야 합니다. 선지자는 잘못을 지적해 주는 사명을 담당하고 있습니다. 잘못하고 있으면서도 잘못하고 있는지를 모르고, 하나님의 뜻에 어긋나면서도 어긋나는 지도 모르는 사람들에게 오류를 지적해주고 바른 길을 제시하는 것이 선지자의 사명입니다. 그래서 어떤 분들은 김진홍 목사님 같은 분이 선지자가 아닐까 말씀하시는데 일리가 있다고 생각합니다.

하나님께서는 복음 전하는 자를 주셨습니다. 영어 단어 Evangelist는 여기에 쓰여진 헬라어, '복음 전하는 사람'이라는 단어의 알파벳을 그대로 옮겨 적은 것입니다. '복음 전하는 자'는 안 믿는 사람들에게 가서 복음을 전하고 그 사람들로 하여금 예수를 믿도록 돕는 특별한 은사를 가진 사람들을 말합니다. 빌리 그레이엄 목사님 같은 분이 바로 이 은사를 가지신 분이라고 생각합니다. 빌리 그레이엄 목사님의 설교는 단순합니다. 당연하고 기본적인 진리를 말씀하시니까 교회 오래 다니신 분들에게는 지루할 수도 있습니다. 그런데 설교를 마치고 난 후 초청 시간에는 수많은 사람들이 앞으로 걸어 나옵니다. 정말 하나님이 주신 특별한 은사라고 생각합니다. 하나님께서는 안 믿는 분들에게 복음이 이해될 수 있게 만들고 예수를 영접하도록 결심할 수 있게 만드는 복음 전하는 사람을 교회에 주셨습니다.

그 다음에 목사와 교사가 있습니다. 원전에서 말하는 목사와 교사라는 두 단어 앞에는 관사가 하나뿐입니다. 목사와 교사는 두 직책이 아니라 한 직책입니다. 목사가 된 사람은 적어도 말씀을 가르칠 수 있어야 한다는 것을 의미하고 있습니다. 하나님께서는 말씀으로 양을 칠 수 있는 '목사이며 교사'를 주셨습니다.

이러한 여러 가지 직책을 맡은 사람들의 공통점은 말씀 사역을 하는 전문 사역자들이라는 것입니다. 지금으로 치면 신학 교육을 받은 목사를 말하고 있습니다. 하나님께서 이들을 교회에 주신 이유가 12절에 나와 있습니다. "성도를 온전하게 하여 봉사의 일을 하게 하며 그리스도의 몸을 세우려 하심이라"고 말하고 있습니다. 그리스도의 몸은 사도 바울이 즐겨 사용하는 표현으로써 교회를 의미합니다. '성도를 온전하게 하여', '봉사의 일을 하게 하며', '그리스도의 몸을 세우려 하심' 중에서 어느 것이 목사의 일이고 어느 것이 평신도의 일일까요? 우리말 개역 성경을 보면 이 세 가지가 다 목사의 일인 것처럼 보입니다. 그러나 대부분의 주석책이 '성도를 온전하게 하여'의 주어는 앞에 열거되어 있는 말씀 사역자, 즉 목사이고, '봉사의 일을 하게 하며'와 '그리스도의 몸을 세우려'의 주어는 성도라고 말합니다. 이 구절은 목사와 평신도 간의 사역 분담을 말하고 있습니다.

하나님이 원하시는 교회가 되기 위해서는 사역이 분담되어야 합니다. 사역자, 즉 목사의 할 일은 성도를 온전하게 하는 것입니다. 평신도의 은사가 무엇인지 발견하여 개발해 주고, 은사를 사용할 수 있도록 훈련시켜 주고, 가진 은사를 통하여 사역할 수 있도록 기회를 만들어 주는 것입니다. 평신도의 할 일은 봉사의 일을 하여 교회를 세우는 것입니다. 봉사라는 단어는 집사라는 단어와 어원이 같습니다. 집사는 웨이터라는 의미입니다. 평신도들은 웨이터처럼 섬기는 일을 하여 교회를 부흥시키는 일을 합니다.

목사가 해야 할 일과 평신도가 해야 할 일이 분명히 성경에 기록되어 있음에도 불구하고 많은 교회에서 대부분 사역 분담이 되어 있지 않습니다. 목회자 자신들이 이 사역 분담에 관하여 혼동하고 있는 수가 많습니다. 결과적으로 자신이 해야 될 일은 안하고, 평신도가 해야 할 일을 빼앗아 하고 있습니다. 성도들을 훈련시켜서 사역할 수 있도록 키워야 하는 것이 목사의 일인데 이것을 안 합니다. 어떤 분들은 이것이 목사의 일이라는 것조차 모르고 있습니다. 심지어는 "성경 공부 너무 시키지 말아라, 머리들만 커지면 문제가 많다"라고 말하면서 평신도들을 훈련시키는 것을 거부하는 분들도 있습니다. 그리고는 성도들이 해야 할 봉사의 일과 교회를 세우는 일을 빼앗아 합니다. 결과적으로 성도들은 사역할 수 있는 기회를 박탈당했습니다. 성도들도 하나님 앞에 섰을 때 뭔가 내보일 것이 있는 사역이 있어야 하는데 이 기회를 다 박탈당하고 만 것입니다. 이처럼 사역 분담이 제대로 이루어지지 않았으니 교회 안에 문제가 생기는 것은 당연합니다.

평신도가 주님의 사역을 하는 것은 성도로서의 특권입니다. 교회가 하나님이 원하시는 교회가 되기 위해서는 목회자는 이 특권을 평신도들에게 돌려주어야 합니다. 사랑하는 성도님들, 우리 교회는 하나님이 원하시는 교회가 되게 합시다. 저는 성도님들을 온전하게 하는데 집중하겠습니다. 여러분들의 은사가 무엇인가를 발견해 드리고, 여러분들을 훈련시켜 드리고, 그래서 하나님 앞에 섰을 때에 "나는 이러이러한 사역을 하다가 왔습니다" 하고 보고드릴 수 있는 삶을 살 수 있도록 도와드리겠습니다. 그러므로 여러분들은 여러분들의 사역을 하시기 바랍니다. 여러분들이 제 목회를 도와주는 것이 아니라는 것을 명심하시기 바랍니다. 제가 여러분들의 목회를 도와드리는 것입니다.

이런 성경적인 교회가 되기 위해서는 교인 한 분 한 분이 다 사역자가 되어야 합니다. 본문 16절에 "그에게서 온몸이 각 마디를 통하여 도움을 받음으로 연결되고 결합되어 각 지체의 분량대로 역사하여 그 몸을 자라게 하며 사랑 안에서 스스로 세우느니라"는 말씀이 있습니다. 우리말 성경을 읽으면 대여섯 번 읽어도 정확하게 무슨 의미인지 감이 잘 안 잡히실 겁니다. 그러나 정확한 의미는 잘 알 수 없다 할지라도 이 구절에서 몇 가지 단어가 눈에 띄는 것을 발견하실 것입니다. '온몸'(all body), '각 마디'(every part), '각 지체'(each member)라는 단어입니다. 바울은 여기에서 성도는 한 사람도 빼지 않고 모두 다 사역자가 되어야 한다는 사실을 말하고 있습니다. 교회가 진정으로 주님의 몸이고, 성도는 진정으로 그리스도 몸의 지체라고 하면, 성도들은 한 사람도 빠지지 않고 '다'(all, every, each member) 주님의 사역을 해야 됩니다. 연락하고 상합하여 유기체를 이루어야 합니다. 각 지체의 분량대로, 받은 은혜만큼, 주신 믿음만큼, 크면 큰 대로, 작으면 작은 대로 자신의 역할을 감당하여야 합니다.

모든 성도가 한 사람도 빠짐없이 그리스도의 지체가 된다는 것은 전통적인 교회 구조로서는 불가능합니다. 7~8백 명 모이는 교회에서 할 수 있는 의미 있는 사역을 꼽자면 150개를 넘지 못하리라는 통계가 있습니다. 나머지 550명은 사역을 하고 싶어도 할 일이 없다는 뜻입니다. 전통적인 교회 구조하에서는 주님을 섬기고, 지체 노릇을 하고 싶어도 불가능합니다. 구조적으로 할 수 있는 길이 열려 있지 않습니다. 주일날 빠지지 않고 예배에 참석하고 십일조 틀림없이 바치는 것 외에 평신도가 할 수 있는 사역은 그리 많지가 않습니다.

우리는 교회를 나눠야 합니다. 열 명 남짓한 사람들로 이루어진 작은 교회를 많이 만들어야 합니다. 열 명 정도라면 우리 한 사람 한 사람이 다 사역을 할 수 있습니다. 남을 돌보는 마음을 가지신 분은 돌보는 사역을, 가르침의 은사를 가지신 분은 가르치는 사역을, 권면의 은사를 가지신 분은 권면의 사역을, 물질적인 여유가 있는 분은 남을 돕는 사역을 할 수가 있습니다. 가정교회가 이러한 작은 교회입니다. 가정교회는 주님이 원하시는 교회 사역을 가능케 합니다. all, every, each member가 다 그리스도의 지체 노릇을 하기 위해서는 가정교회가 최선의 교회 구조입니다.

공동체로 부르신 뜻

창세기 3:1~24

내가 너로 여자와 원수가 되게 하고 네 후손도 여자의 후손과 원수가 되게 하리니 여자의 후손은 네 머리를 상하게 할 것이요 너는 그의 발꿈치를 상하게 할 것이니라(15).

현대인은 고독하다고 합니다. 특히 이민 오신 연세 많은 부모님이나, 부모와 대화가 잘 안되는 청소년들에게는 고독이 아주 절실한 문제입니다. 그런데 이 문제가 사람과 만난다고 해결되는 것이 아닙니다. 우리가 체험하는 고독은 군중 속의 고독, 원천적인 고독이기 때문입니다.

고독은 누구나 겪는 질병입니다. 그래서 이 질병을 극복하기 위해 어떤 분은 사업에 몰두하기도 합니다. 술을 마셔보기도 하고 노름에 빠져들어 보기도 하지만 고독이 사라지는 것은 아닙니다. 고독의 문제를 해결하기 위해서는 우리가 고독해진 이유를 찾아야 합니다. 한 마디로 조상 탓입니다. 우리는 조상을 잘못 만나서 고독합니다.

본문 말씀에 아담과 하와 이야기가 나옵니다. 하나님께서 천지 만물을 지으신 후에 아름답다 하셨고, 아담과 하와를 만드시고도 아름답다 하셨습니다. 이 아름다운 곳에 한 사건이 생겼습니다. 뱀이 하와를 유

교회는 병원이다

혹한 것입니다. 하나님께서 에덴 동산에 많은 실과를 주시고 아담과 하와에게 "열매는 무엇이든지 먹어도 좋다. 그러나 동산 한가운데에 있는 선과 악을 알게 하는 나무의 열매만은 먹지 말라"고 명령하셨습니다. 사탄은 이 먹지 말라는 명령을 미끼로 하와를 유혹했습니다.

사탄은 먼저 하나님의 사랑에 회의를 품게 했습니다. 하나님께서 선과 악을 알게 하는 열매를 먹지 말라고 하신 이유를 그럴듯하게 왜곡시켰습니다. "네가 그것을 먹으면 너도 하나님처럼 되니까 먹지 말라고 한 것이다." 먹어도 된다고 하신 모든 나무의 과일 대신에 먹지 말라고 하신 한 나무의 열매에 시선을 고정시키도록 했습니다. '인간이 라이벌이 될까봐?'라는 의심의 눈으로 하와는 나무를 쳐다봅니다. 여자가 그 나무의 열매를 보니 먹음직도 하고 보암직도 하였습니다. 사람을 지혜롭게 할 만큼 탐스럽기도 한 나무였습니다. 그 열매를 먹으면 하나님처럼 될 것 같은 생각이 들었습니다. 마침내 자신이 따서 먹고 남편도 먹게 하였습니다. 이것이 바로 우리 인류의 조상이 저지른 첫 범죄입니다. 흔히 우리는 죄라고 하면 사기치는 것이나 도둑질하는 것을 생각합니다. 물론 그것도 죄입니다. 그러나 그런 것들은 내가 죄인이기 때문에 나타나는 증세일 뿐입니다. 근본적인 죄는 내가 하나님이 되어보려는 의지입니다.

히브리 사람들에게 선과 악은 추상적이 아니고 현실적이고 구체적입니다. 히브리어의 모든 단어는 동사에서 나왔습니다. 그러므로 선이란 실생활에 유익한 것이고, 악은 실생활에 해가 되는 것을 의미합니다. 그래서 선악과를 먹었다는 의미는 이제부터는 무엇이 나에게 유익한지, 무엇이 나에게 해가 되는지를 내 스스로가 결정하겠다는 의지를 표현한 것입니다.

　범죄 이전에 하나님과 인간의 관계는 사랑, 신뢰, 믿음의 관계였습니다. 마귀는 이 신뢰에 의심의 쐐기를 박았습니다. 아담과 하와는 이분을 믿었다가는 큰일나겠다고 생각하게 되었고 이제부터는 무엇이 나에게 이익이 되고 무엇이 나에게 손해가 되는지를 내가 결정해야겠다고 결심하게 되었습니다. 이 순간이 인간 사회에 고독이 시작된 순간입니다.

　범죄의 결과는 세 가지로 나타났습니다. 첫째가 수치심입니다. 두 사람의 눈이 밝아져서 자기들이 벗은 몸인 것을 알고 무화과 나뭇잎으로 치마를 엮어서 몸을 가렸다라고 했습니다. 이처럼 하나님의 계명과 뜻을 어겼을 때 수치심이 생깁니다. 여기서 이상한 점은 선악과를 먹음으로 죄를 지었다면 입을 가려야 되는데 생식기를 가렸다는 사실입니다. 무슨 뜻입니까? 이들의 수치는 자신의 존재, 자신의 삶의 핵심을 건드리는 수치라는 뜻입니다. 죄 때문에 수치가 들어왔습니다.

　두 번째는 두려움입니다. 8절을 보면 그 날 바람이 불 때 동산에 거니시는 여호와 하나님의 소리를 들었다고 했습니다. 전에는 하나님을 만나는 것이 즐거움이었습니다. 그런데 죄의 결과로 남자와 그 아내는 주 하나님의 낯을 피해서 동산 나무 뒤에 숨었습니다.

　세 번째는 사랑의 관계가 무너졌습니다. 9~10절에 "여호와 하나님이 아담을 부르시며 그에게 이르시되 네가 어디에 있느냐" 물으십니다. 아담은 "내가 동산에서 하나님의 소리를 듣고 내가 벗었으므로 두려워하여 숨었나이다"라고 대답합니다. 엄격한 의미에서 이것은 사실과 다릅니다. 숨은 이유는 벗은 몸이 두려워서가 아니라 따먹지 말라는 과일을 따먹었기 때문입니다. 거짓말을 하기 시작하는 것은 사랑의 관계가 무너지기 시작했다는 표시입니다. 그래서 하나님이 그 점을 지적해 주십니다. 11절에 하나님이 물으시기를, 네가 벗은 몸이라고 누가 일러주더냐? 내가 너더러 먹지 말라고 한 그 열매를 네가 먹었느냐? 그랬더니 12절에 하나님께서 저와 함께 살라고 짝지어 주신 여자가 그 나무의 열매를 저에게 주기에 제가 그것을 먹었습니다라고 했습니다. 하나님께서 하와를 창조해서 보여주었을 때에 '살 중의 살, 뼈 중의 뼈'라고 기뻐했던 사람이 이제는 아내에게 손가락질하는 사람이 됐습니다. 당신이 만들어 준 이 여자 탓입니다. 궁극적으로는 당신 책임입니다. 여기서 인간은 하나님과의 관계가 깨지고 부부의 관계가 깨졌습니다.

인류 조상의 첫 범죄로 우리는 수치를 알게 됐고, 두려움을 알게 됐고, 그로 인해서 사랑의 관계가 깨어졌습니다. 우리는 이들의 자손이기 때문에 마음속에 수치를 갖고 삽니다. 저는 이런 수치심을 많이 느끼면서 자랐던 사람 중의 하나입니다. 열등의식으로 인한 수치심입니다. 그래서 결혼하면 아내가 며칠 살다가 내게 실망하고 도망가면 어쩌나 하는 심각한 염려를 했습니다. 아이도 낳지 않으려고까지 했었습니다. 아이들이 커서 어른이 되면 저를 싫어할 것 같았기 때문입니다. 어려서는 계집아이 같다는 소리가 듣기 싫어서 태권도를 초단까지 했습니다. 수치심을 가리기 위해서였습니다. 고등학교나 대학교 시절의 친구들은 저를 적극적이고 공격적인 사람으로 봅니다. 그러나 저의 약점을 감추기 위해 강한 척했을 뿐입니다.

수치심은 언제나 두려움으로 연결됩니다. 진짜 내 모습이 발각되면 어쩌나 하는 두려움입니다. 그래서 우리는 주위에 성을 쌓습니다. 그리고 마음 문을 꽉꽉 닫습니다. 그 결과는 외로움입니다. 고독입니다.

우리 주님께서는 바로 이 외로움의 문제를 해결해 주시기 위해 세상에 오셨습니다. 하나님께서는 인간의 고독이 수치와 두려움의 결과라는 것을 아시고 예수님을 세상에 보내셨습니다. 예수님은 세상을 살면서 한 번도 수치를 느낄 필요가 없는 완전한 삶을 사셨습니다. 베드로는 내가 3년을 모시고 이분을 봤지만 죄를 짓는 것이나 거짓말하는 것을 한 번도 본 적이 없었다고 증언하였습니다.

이렇게 완전한 삶을 사신 유일하신 분, 우리 주 예수 그리스도의 죽음은 수치 그 자체였습니다. 십자가는 단순한 교수형이 아닙니다. 노예들만이 당하는 수치스러운 처형 방법입니다. 수치를 느낄 필요가 없는 분이 왜 가장 수치스러운 죽음을 당하셨습니까? 우리의 수치를 제거해 주기 위해서였습니다. 완전한 삶을 사신 분이 왜 처형을 당하셨습니까? 우리가 하나님한테 받아야 될 벌을 대신 받기 위해서였습니다. 그러나 이분은 돌아가신 것으로 끝난 것이 아니라 부활하셨습니다. 누구든지 예수님을 영접해 믿기만 하면 죄를 깨끗이 용서받을 수 있는 길을 마련해 주셨습니다. 뿐만 아니라 하나님에게서 의롭다고 인정받을 수 있는 길을 마련해 놓으셨습니다. 옛날에는 수치심 때문에 하나님 앞에 설 수가 없었던 사람도 이제는 담대하게 하나님 앞에 설 수 있게 되었습니다.

수치심과 두려움의 제거는 우리와 하나님과의 관계가 회복되었음을 의미합니다. 이제 하나님은 멀리 계시는 분이 아닙니다. 내 안에 계시고, 나와 같이 계시는 분이십니다. 하나님은 이제 무섭고 두려워해야 할 심판자가 아니시고 나를 사랑하시고 용납해주시는 아버지이십니다. 바울의 표현을 빌리자면 나의 아빠입니다. 예수님 때문에 이러한 관계 회복이 가능해졌습니다. 그리스도께서 이루어 놓으신 관계 회복은 하나님과 우리 사이에만 국한된 것이 아니라 우리와 이웃과의 관계에도 확대되었습니다. 이웃과의 관계 회복은 사랑의 공동체로 나타납니다. 삼위일체 하나님과 같은 공동체 말입니다.

삼위일체의 개념은 생각만큼 어렵지가 않습니다. 제가 '최영기'가 되기 위해서는 육신이 있어야 되고 정신이 있어야 됩니다. 육신과 정신은 분명히 별개의 것입니다. 그러나 이것들은 분리되어서는 존재할 수 없습니다. 육신과 정신이 합쳐 있을 때 비로소 '최영기'가 될 수 있습니다. 하나님도 '성부 하나님', '성자 하나님', '성령 하나님', 세 분이 계신데 세 분이 합쳐져서 한 분 하나님을 이룹니다. 하나님은 독불장군이 아니라 공동체입니다.

요한복음 17장은 예수님께서 최후의 만찬을 마치시고 십자가에 달리시기 위해 겟세마네로 가시기 전 제자들을 위해서 하신 기도를 기록하고 있습니다. 십자가에서 돌아가시기 전 제자들을 위한 마지막 기도였으므로 굉장히 중요한 기도입니다. "거룩하신 아버지여 내게 주신 아버지의 이름으로 그들을 보전하사 우리와 같이 그들도 하나가 되게 하옵소서"(11절). 삼위일체 하나님이 하나인 것처럼 제자들도 하나되기를 위해 기도하셨습니다. 21절에는 "아버지여, 아버지께서 내 안에, 내가 아버지 안에 있는 것같이 그들도 다 하나가 되어 우리 안에 있게 하사 세상으로 아버지께서 나를 보내신 것을 믿게 하옵소서"라고 기도하셨습니다.

'예수님은 하나님이 보낸 분이시다' 라는 것을 세상에 알리는 방법은 간단합니다. 우리가 하나되는 것입니다. 삼위일체 하나님이 하나인 것처럼 믿는 사람이 하나가 되는 것을 볼 때에 비로소 예수님이 정말 하나님의 아들이심을 알 수 있습니다. "나는 아버지께서 내게 주신 영광을 그들에게 주었습니다. 그것은, 우리가 하나인 것같이, 그들도 하나가 되게 하려는 것입니다" (22절, 표준새번역). 예수님께서 돌아가시기 직전에 드린 기도의 목적은 제자가 하나의 공동체를 이루는 것이었습니다. 공동체이기 때문에 이제는 더 이상 외로워할 필요가 없습니다. 이러한 공동체인 교회를 이루기 위해 예수님께서는 이 세상에 오셨고, 돌아가셨고, 부활하셨습니다.

우리 가정교회 목원들은 진정한 사랑을 나눔으로 가정교회를 따뜻한 장소로 만드셨습니다. 마음놓고 웃을 수 있고, 즐길 수 있게 되었습니다. 그러나 우리가 여기서 그친다면 가정교회는 실패합니다. 주님이 원하시는 공동체가 되기 위해서는 겹겹이 쌓인 벽을 제거해야 합니다. 안전하게 다치지 않을 얘기만 골라 하는 한 참된 사귐은 이루어지지 않습니다. 목장은 컨츄리 클럽 수준으로 전락하고 말 것입니다. 그 정도의 사귐을 위해서 매주 만나기에는 시간이 너무 아깝습니다. 마음과 마음이 만나는 공동체를 만들기 위해서는 내가 쌓고 있는 성벽을 허물어야 합니다. 이것이 허물어지지 않는 한 우리는 고독합니다. 내가 먼저 해야 합니다. 내가 벽을 허물고 나면 재미난 일이 생깁니다. 상대방도 자기의 벽을 허뭅니다.

벽을 허무는 구체적인 방법은 나의 두려움, 나의 수치를 노출시키는 것입니다. 어떤 사람이 어렵사리 자신을 조금 열어 보였는데 그것을 콕 찌르면 안 됩니다. 그러면 마음 문을 닫고 다시 고독의 상태로 돌아가게 됩니다. 이렇게 저렇게 하라고 처방을 주는 것도 안 됩니다. 그것은 상대방을 자신보다 열등하게 여긴다는 의미이기 때문입니다. 우리는 간증을 나누어야 합니다. 자신이 겪었던 똑같은 경험을 말해 주어야 합니다.

우리는 외롭게 살도록 창조되지 않았습니다. 우리의 외로움은 수치심과 두려움 때문입니다. 외로움을 잊고 하나님이 원하시는 공동체를 이루기 위해서는 우리는 나의 벽을 허물고 남을 수용해야 합니다. 당장 자신을 확 노출시키라는 것은 아닙니다. 그러나 우리가 자신을 둘러싸고 있는 담을 언젠가는 허물어야 한다는 사실은 알고 있어야 합니다. 가정교회를 만든 이유가 바로 이것임을 알아야 합니다.

무조건 "예수 믿으시오, 예수 믿으시오." 우리는 싸구려 전도를 하고 있습니다. 예수님께서 너희들이 내 제자라는 것을 아는 방법은 하나된 것을 보이는 것이라고 하셨습니다. 전도를 위해서도 우리는 사랑의 공동체를 형성하여야 합니다. 성도님들, 주님께서 원하시는 공동체를 만들어 봅시다. 하나님을 모르는 사람들은 외롭습니다. 외롭다는 것을 인정조차 하지 않으려 하고, 그 외로움을 해결할 수 있는 길이 없다고 생각하기 때문에 더 외롭습니다. 이런 분들은 마음과 마음이 만나는 공동체를 보았을 때에 자신의 외로움을 의식합니다. 이 외로움이 풀릴 때에 그들은 예수님이 하나님의 아들이신 것을 고백할 것입니다.

I am the LORD, *who heals you*

2. 교회 생활 어떻게 할 것인가?

그리스도의 교회(마 16:13~20)
흩어주는 교회(행 8:1~4)
전도는 누구나, 언제나(요 4:27~42)

그리스도의 교회

마태복음 16:13~20

내가 이 반석 위에 내 교회를 세우리니 음부의 권세가 이기지 못하리라
내가 천국 열쇠를 네게 주리니 네가 땅에서 무엇이든지 매면 하늘에서도 매일 것이요
내가 땅에서 무엇이든지 풀면 하늘에서도 풀리리라(18, 19).

교회가 언제 시작되었는가에 관해서는 이견들이 있습니다. 어떤 이들은 예수님께서 침(세)례 받으시는 순간이다, 어떤 이들은 부활의 새벽이다, 또는 오순절 성령 강림 때이다, 여러 가지 의견을 말합니다. 저 개인적으로는 세 번째 의견에 동의합니다. 그러나 예수님께서 교회에 관해 처음 말씀하신 것이 오늘 본문에 나와있는 사건입니다. 주님께서는 여기에서 교회의 본질에 관하여 말씀하고 계십니다.

가이사랴 빌립보는 갈릴리 호수 북방으로 약 25마일 떨어진 도시입니다. 이곳에서 제자들에게 하신 질문은 제자들을 테스트하는, 중요한 질문입니다. 3년 가까이 생활을 같이하면서 훈련시켰는데 제자들이 당신을 제대로 이해하고 있는가를 알아보기 위한 질문입니다. 예수님께서는 지혜로우시기 때문에 단도직입적으로 묻지 않으시고 먼저 간접적으로 물으셨습니다. "사람들이 나를 누구라고 그러더냐?" 제자들이 사람들에게 들은 말을 전했습니다. "침(세)례 요한이 살아났

다, 아니면 엘리야, 예레미야와 같다." 예수님께서 다 들으신 후 본격적인 테스트를 하셨습니다.

"너희들은 나를 누구라고 하느냐?"는 예수님의 질문에 제자들은 잠잠하였을 것이라고 생각합니다. 그런데 30초(?)가 채 되기도 전에 성미 급한 베드로가 얼른 대답했습니다. "주는 그리스도시요 살아 계신 하나님의 아들이시니이다"(16절). 주님께서는 거의 천 년 동안 40여 명이 예언하며 기다렸던 메시아로서, 단순한 인간이 아니라, 살아 계신 하나님의 아들이라는, 기막히게 정확한 고백을 했습니다. 이때 베드로가 그리스도의 신성을 완전히 이해하고 있었는지는 확실히 알 수 없습니다. 다만 3년을 같이 생활하면서, 이분은 단순히 하나님의 종이거나 메시아가 아니고 하나님의 아들이라는 점을 깨달은 것만은 틀림없습니다. 이 말을 들은 예수님은 너무 기뻐하셨습니다. 제자들이 예수님을 제대로 알아줘서 기뻐하신 것이 아닙니다. 예수님께서는 장래 세워질 교회를 염두에 두시고 제자들의 믿음 수준을 테스트하셨는데 덜컥 합격했기 때문입니다. "예수께서 대답하여 이르시되 바요나 시몬아 네가 복이 있도다 이를 네게 알게 한 이는 혈육이 아니요 하늘에 계신 내 아버지시니라"(17절) 하시면서 이내 교회에 대한 말씀을 하셨습니다. 이 고백이 교회의 기초입니다. 교회의 회원이 되기 위해서 '주는 그리스도시요 살아 계신 하나님의 아들입니다' 라는 고백을 할 수 있어야 합니다. 교회를 오래 다녔다고 해서 되는 것이 아니고, 침(세)례를 받았다고 해서 되는 것도 아닙니다.

곧이어 예수님께서 교회에 관한 세 가지를 말씀하셨습니다.

첫 번째, 교회의 소유권에 관한 말씀입니다. "또 내가 네게 이르노

교회는 병원이다

니 너는 베드로라 내가 이 반석 위에 내 교회를 세우리니"(18절). 이 구절을 우리말로 읽을 때는 밋밋하지만 원어로 읽을 때는 재미있습니다. 베드로는 돌이라는 뜻입니다. 그래서 '너는 돌이다, 이 돌 위에 교회를 세우리니.' 이런 뜻입니다. 여기에서 예수님은 교회의 소유주는 당신이라는 사실을 분명히 말씀하고 계십니다. 어느 교회 나갑니까라고 물으면 우리는 교회 이름을 대기도 하고 담임 목사 이름을 대기도 합니다. 물론 그 의미를 이해합니다. 그러나 교회는 목사님의 교회가 아닐 뿐더러 성도의 교회도 아닙니다. 교회는 예수님의 교회입니다. 예수님의 교회이기 때문에 예수님의 소원을 좇아서 사역을 하여야 합니다. 샌드위치 가게 주인이 휴가 간 사이 잠시 가게를 봐 주기로 한 사람이, 제 마음대로 건강식으로 메뉴를 바꾼다던가 가격을 조종한다는 것은 있을 수 없는 일입니다. 마찬가지로 교회가 예수님의 교회라고 하면 우리 마음대로 경영할 권리가 없습니다. 주인 되신 예수님의 소원을 좇아 운영하여야 합니다.

모든 일이 그렇습니다. 목사가 설교할 때에는 주님의 소원을 알아서 전해야 합니다. "주님 제가 무슨 말하기를 원하십니까?" 설교할 때마다 이것을 여쭤봐야 됩니다. 집사님들도 교회 일을 의논할 때에 주님의 소원을 알아서 결정해야 합니다. '내 생각, 내 경험으로는 이런 것이 좋을 것 같다'는 식의 결정은 안 됩니다. 성도님들도 마찬가지입니다. 교회는 그리스도의 교회이기 때문에 주님의 소원을 풀어 드리기 위한 사역을 하여야 합니다. 우리 서울침례교회는 평신도로부터 모든 지도자, 목사까지 주님의 소원을 풀어드리기 위해 애쓸 수 있기를 바랍니다.

두 번째, 교회의 능력에 관한 말씀입니다. 18절 하반 절에 음부의 권세가 이기지 못하리라 하셨습니다. 음부는 영어로 'Hades' 로서 죽은 사람이 가는 곳입니다. 교회를 죽음의 능력이 정복하지 못한다고 했습니다. 죽음의 능력을 영어에서는 'powers of death' 라고 번역해 놨습니다. 죽음이, 죽음의 능력이 이기지 못하는 곳이 교회입니다. 죽어가는 사람에게 생명을 주는 곳이 교회입니다. 멸망해서 지옥으로 가야 될 사람을 영생의 천국으로 보내 주는 곳이 교회입니다. 죽음을 극복하고, 죽음에 빠진 사람을 건져내는 능력을 주신 곳이 교회입니다.

교회는 이런 능력이 역사하는 곳이기 때문에 어떤 외부의 압력도, 내부의 부패도 교회를 무너뜨리지 못합니다. 이상하게도 교회는 편안할 때는 부패하고, 핍박받을 때에는 불사조처럼 일어섭니다. 공산주의자들은 종교는 아편이라고 생각합니다. 1949년에 모택동이 장개석을 쫓아내고 중국을 점령했을 때 선교사들을 다 쫓아내고 목사는 다 감옥에 투옥시키고 교회 문을 닫았습니다. 그 후 기독교인들이 엄청난 핍박을 받았습니다. 특별히 문화 혁명을 통해서, 예수를 믿는 사람들은 사상적으로 의심이 간다고 가차없이 처형했습니다. 그러다가 모택동이 죽고 등소평이 정권을 잡았습니다. 그런데 놀라운 일이 벌어졌습니다. 모택동이 정권을 잡았을 당시의 기독교인의 숫자가 100만 명밖에 되지 않았는데 등소평 정권이 들어섰을 때에는 기독교인들의 숫자가 1,000만 이상이 되어 있는 것을 발견한 것입니다. 어떻게 이런 일이 일어날 수 있었습니까? 하나님께서 직접 개입하신 것입니다. 목사도 없고 교회도 없고 성경도 없었지만 예수님의 이름으로 기도할 때 병이 나았고, 귀신을 쫓을 때 미친 사람이 나았던 것입니다.

✚ 교회는 병원이다

하나님의 교회는 능력을 갖고 있습니다. 약한 것 같지만 능력이 있습니다. 미신같이 들릴지 모르지만 교회에 들어오면 좋은 일이 많이 생깁니다. 능력이 역사하는 곳이기 때문입니다. 어려움이 싹 가시는 것은 아닙니다. 그러나 어려운 중에도 평안이 있고 어려움 가운데에서도 가정이 행복합니다. 질병으로 고생하는 빈도가 줄어들고 건강도 좋아집니다. 의사가 고칠 수 없다고 포기한 환자가 회복되는 역사도 일어납니다. 사업도 전보다 잘 됩니다. 큰 교통 사고 가운데서 극적으로 보호받는 기적도 체험합니다.

교회에 능력이 있다는 사실을 믿는 것이 아주 중요합니다. 교회에서 이 능력이 안 나타나면 기도해야 합니다. 교회는 사람들이 모인 단체가 아니라 초자연적인 능력이 역사하는 공동체이기 때문입니다. 교회에서는 '할 수 없다' 라는 말은 없어져야 합니다. 세상에서 말하는 적극적인 사고방식을 갖자는 것이 아닙니다. 예수님께서 교회에 이런 큰 능력을 주셨기 때문입니다. 이 능력이 역사하지 아니하는 것은 우리가 믿음으로 기도하지 않았고, 믿지 않기 때문에 그렇습니다. 서울침례교회는 음부의 권세를 이기는 능력이 나타나는 교회 되기를 소원합니다.

세 번째, 교회의 권위에 관한 말씀입니다. "내가 천국 열쇠를 네게 주리니 네가 땅에서 무엇이든지 매면 하늘에서도 매일 것이요 네가 땅에서 무엇이든지 풀면 하늘에서도 풀리리라"(19절). 열쇠는 권위의 상징입니다. 이사야 22장 22절에 엘리야김이라는 왕에게 하나님께서 이렇게 말씀하셨습니다. "또 다윗의 집의 열쇠를 그의 어깨에 두리니 그가 열면 닫을 자가 없겠고 닫으면 열 자가 없으리라." 통치권을 주겠다는 의미입니다. 가톨릭에서는 마태복음 16장 19절을 기초로 구원의 결정권을 교황이 갖고 있다고 생각합니다. 그러나 그 다음에 있는 본문 말씀을 볼 때에 주님께서 말씀하신 의도는 그것이 아니라는 것을 알 수 있습니다. 물론 베드로에게 특별한 역할을 맡기신 것은 사실입니다. 예를 들면 오순절에 성령이 내려 왔을 때 교회를 대표해서 설교를 했던 이가 베드로였습니다. 유대 사람들의 사촌이라고 할 수 있는 사마리아 사람들에게 복음을 전했을 때에도 베드로가 갔을 때에 성령이 내렸습니다. 이방인에게 처음 복음을 전하고 성령이 내리도록 한 이도 베드로였습니다. 하나님께서는 베드로 한 사람을 통하여 성령이 내리게 함으로써 유대인이나, 사마리아인이나, 이방인들 모두가 다 한 교회의 지체라는 것을 보여주셨습니다. 그러나 19절의 약속을 반드시 베드로에게만 주신 것이 아닙니다. 이 똑같은 약속의 말씀을 다른 제자들에게도 주셨기 때문입니다. 마태복음 18장 18~19절을 보면 "진실로 너희에게 이르노니 무엇이든지 너희가 땅에서 매면 하늘에서도 매일 것이요 무엇이든지 땅에서 풀면 하늘에서도 풀리리라 진실로 다시 너희에게 이르노니 너희 중의 두 사람이 땅에서 합심하여 무엇이든지 구하면 하늘에 계신 내 아버지께서 그들을 위하여 이루게 하시리라"고 했습니다. 성경은 앞뒤를 연결해서 읽어야 그 뜻이 분명해집니다. 위 구절의 의미는 15절부터 읽어야 알 수 있습니다. 어떤 사람이 성경에 어긋나는 죄를 짓고 있을 때 우선, '목사가 가서 권면하라'고 했습니다. 안 들으면 '지도자들 두세 사람이 가서 권면하라'고 했습니다. 그래도 안 들을 때에는 '교회 전체 이름으로 권면하라'(17절)고 했습니다. 만일 그들의 말도 듣지 않거든 교회에 말하고, 교회의 말도 듣지 않거든 이방인이나 세리와 같이 여기라고 하였고, 그래도 듣지 않을 때에는 교인이 아니라 구원받지 못한 사람처럼 생각하라고 했습니다. 그를 위해서 기도하고 예수님을 주님으로 영접하도록 도우라는 뜻입니다. 이어서 18절에 "진실로 너희에게 이르노니 무엇이든지 너희가 땅에서 매면 하늘에서도 매일 것이요 무엇이든지 땅에서 풀면 하늘에서도 풀리리라"고 했습니다.

하나님께서는 교회에게 권위를 주셨습니다. 꼭 베드로에게만이 아니라 교회에게 권위를 주셨습니다. 그러므로 우리들은 교회의 권위에 순종해야 합니다. 많은 분들이 교회의 권위에 대해서 잘 모르고 계십니다. 이러한 무지의 일차적인 책임은 목회자에게 있다고 생각합니다. 교회의 권위에 대해서 가르치지 않았고, 또 권위를 사용하는 본보기가 되어주지도 않았습니다. 어떤 때에는 교회에 문제가 생겼을 때 영적인 권위를 무시하는 사람들과 한 편이 되어 스스로가 교회의 권위를 떨어뜨리기도 했습니다. 그러나 교회가 교회 되기 위해서는 예수님이 주신 권위를 인정하고 행사해야 합니다.

하나님께서는 교회에서 주님의 이름으로 기도하고 결정하면 하늘에서도 그 결정을 인정해 주신다고 했습니다. 엄청난 책임입니다. 사도행전 15장을 보면 유대인 개종자들이 이방인 크리스천들에게 할례 의식을 종용했기 때문에 초대교회에 문제가 생겼습니다. 바나바와 바울은 이 문제의 해결을 위해 예루살렘으로 갔습니다. 이때에 유명한 예루살렘 회의가 개최됩니다. 회의 끝에 대표자인 야고보가 이방인들에게 편지를 보내는데 이 편지에는 이런 문구가 들어있습니다. "성령과 우리는 이 요긴한 것들 외에는 아무 짐도 너희에게 지우지 아니하는 것이 옳은 줄 알았노니"(행 15:28). 초대교회에서는 결정을 내릴 때 그것이 인간의 결정이 아니라 하나님의 결정이요 성령님이 도장 찍어 주시는 결정이라는 자신이 있었습니다. 교회의 권위를 알고 있었기 때문입니다.

교회 지도자들은 하나님의 음성에 귀를 기울이셔야 됩니다. 왜냐하면 지도자들은 엄청난 책임을 갖고 있기 때문입니다. 예수님께서 교회에게 너희가 땅에서 매면 하늘에서도 매고 땅에서 풀면 하늘에서도 풀겠다고 약속하신 것은 도장을 찍어주겠다는 뜻이기 때문입니다. 그러므로 목사의 책임은 더 큽니다. 그래서 제가 여러분들에게 하루에 세 번씩, 최 목사를 하나님의 음성 듣고 순종하는 종으로 만들어 주십시오라는 기도를 해달라고 부탁드린 것입니다. 제 책임이 그만큼 막중하기 때문입니다.

하나님께서는 그리스도의 몸인 교회를 이루고 있는 회중을 통해서 말씀하십니다. 그래서 중요한 결정을 내릴 때에는 가능한 한 교인들의 의견을 존중해 드리려고 합니다. 집사를 뽑는 것도 교인들이 결정하기를 원합니다. 결정에 참여하기 위해서는 회중이 하나님의 음성을 들을 수 있어야 합니다. 또 교회로부터 사역을 위임받은 사람들은 최 목사나 집사들에게서 위임받은 것이 아니라 하나님에게서 받은 것이라고 생각하여야 합니다. 교회에 권위를 주셨기 때문입니다. 제가 옛날에도 싫어했고 지금도 싫어하는 것이 있습니다. 직책을 맡기면서 무조건 하나님이 주신 것으로 알고 순종하며 받으라는 표현입니다. 기도로써 하나님의 뜻을 심각하게 찾아보지도 않고서 말입니다. 이럴 때에는 속에서 불이 납니다. '하나님 이름을 이렇게 이용해도 되나?'

✚ 교회는 병원이다

하는 두려움도 느낍니다. 하나님께서 주신 직책이라는 말이 오용되고 있고 저도 이 점에 부담을 느끼지만 동시에 정상적인 교회라면 교회의 결정이 하나님의 뜻이라는 확신이 있어야 합니다. 직책을 맡기는 사람은 '하나님이 맡기는 것이다' 라고 자신 있게 말할 수 있어야 하고 직책을 받는 사람은 '하나님이 맡기셨다' 는 확신이 있어야 합니다. 교회에 권위를 주셨기 때문입니다.

   교회는 그리스도의 교회입니다. 그리스도께서 교회에 능력을 주셨습니다. 그리고 권위를 주셨습니다. 교회의 일원이 된다는 것은 엄청난 특권입니다.

흩어주는 교회

사도행전 8:1~4

사울은 그가 죽임 당함을 마땅히 여기더라 그 날에 예루살렘에 있는 교회에 큰 박해가 있어 사도 외에는 다 유대와 사마리아 모든 땅으로 흩어지니라 경건한 사람들이 스데반을 장사하고 위하여 크게 울더라 사울이 교회를 잔멸할새 각 집에 들어가 남녀를 끌어다가 옥에 넘기니라 그 흩어진 사람들이 두루 다니며 복음의 말씀을 전할새.

본문에는 예루살렘 교회가 핍박당하는 사건이 기록되어 있습니다. 예루살렘 교회에 스데반이라는 집사가 있었습니다. 이분은 성령이 충만한 집사인데 유대인들 지도자와 기독교에 관한 논쟁을 벌였습니다. 유대인들은 말로는 이길 수 없게 되자 폭력을 써서 그를 돌로 쳐 죽였습니다. 이 사건을 시점으로 예루살렘 교회에 핍박이 시작되었습니다. 핍박의 대상은 '헬라파'라고 불리는 유대인 크리스천들이었습니다. 외국에 사는 유대인으로, 유대 명절인 유월절과 오순절을 지내기 위해서 왔다가 예수를 믿게 된 사람들입니다. 사도들을 비롯한 유대 본토박이들은 핍박을 면했습니다. 그러나 교인의 다수를 차지하고 있던 헬라파 교인들이 흩어지면서 예루살렘 교회는 쇠락했습니다.

예루살렘 교회는 지구상에 최초로 세워진 교회였습니다. '최초'라는 것에는 언제나 특별한 의미가 있습니다. 이 교회의 창립 멤버들은 쟁쟁한 분들입니다. 예수님과 같이 생활했고, 그의 가르침을 직접 귀

✚ 교회는 병원이다

로 들었고, 그의 부활을 직접 눈으로 목격했던 사람들이었습니다. 예루살렘 교회는 이 사건이 터지기 전에는 급성장하는 교회였습니다. 오순절 성령이 내리던 날 베드로가 설교를 했을 때 교인이 3천여 명이 됐다고 합니다. 120여 명이 모이던 교회가 하루만에 3천여 명의 교인을 거느린 교회가 된 것입니다. 얼마 지나지 않아 베드로가 성전 앞에서 구걸하던 거지 앉은뱅이를 일으킨 사건으로 인하여 교회가 다시 한 번 폭발적인 성장을 했습니다. 사도행전 4장 4절에 의하면 장정만 5천여 명이 믿게 되었다고 했습니다. 여자들과 아이들까지 합친다면 교인이 만 여 명이 넘는 초대형 교회로 급성장을 한 것입니다.

예루살렘 교회는 능력 있는 교회였습니다. 사도행전 5장 14~16절을 보면 "믿고 주께로 나아오는 자가 더 많으니 남녀의 큰 무리더라 심지어 병든 사람을 메고 거리에 나가 침대와 요 위에 누이고 베드로가 지날 때에 혹 그의 그림자라도 누구에게 덮일까 바라고 예루살렘 부근의 수많은 사람들도 모여 병든 사람과 더러운 귀신에게 괴로움 받는 사람을 데리고 와서 다 나음을 얻으니라"고 했습니다. 예루살렘 교회는 존경받는 교회였습니다. 백성들의 칭송을 받았다는 사실이 사도행전 5장 13절에 나와 있습니다. 이 칭송의 원인은 어떤 부부로 인하였습니다. 이 부부는 집을 팔아서 교회에 바쳤습니다. 그러나 반밖에 바치지 않으면서 전액이라고 거짓말을 했습니다. 그러다가 그 자리에서 즉사했습니다. 이런 소문이 퍼지면서 교회는 아무나 갈 곳이 못된다는 경외심과 더불어 칭송도 받게 된 것입니다.

이랬던 교회가 핍박이 시작된 후에 쑥대밭이 되고 말았습니다. 이 사건이 있은 다음부터 예루살렘 교회에서는 더 이상 신나는 일이 사도행전에 기록되지 않습니다. 오히려 신앙적인 정통성을 주장하면서 새로 자라나는 이방 교회에 걸림돌이 되는 교회가 되고 말았습니다. 경제적으로도 어려워져서 이방 교회로부터 도움을 받아야 하는 교회가 되고 말았습니다. 그처럼 부흥하던, 기독교 사상 첫 번째로 세워진 교회가 이처럼 몰락하게 된 이유가 무엇일까요? 단순히 핍박 때문이라는 것은 답이 되지 않습니다. 보통 주님의 교회는 핍박을 받으면 받을수록 강해지는 것이 특징입니다. 예루살렘 교회가 핍박 때문에 쇠퇴했다는 것은 설득력이 없습니다. 한 걸음 더 나아가서 예루살렘 교회가 그처럼 약했다면 하나님이 핍박을 허락하지 않으셔야 했습니다. 하나님께서 왜 핍박을 허락하셨을까요?

예루살렘 교회를 세우신 하나님의 목적을 이루기 위해서는 도리가 없었습니다. 예수님이 교회를 세우시면서 주신 사명은 사도행전 1장 8절에 기록되어 있습니다. 이런 내용입니다. 얼마 있으면 너희들은 성령을 받을텐데 그리하면 권능을 받을 것이다. 그러면 너희들은 예루살렘에서 시작해서 인근 지역인 유대와, 그 외곽 지대인 사마리아, 더 나아가 땅 끝까지 증인이 되라는 것입니다. 예수님이 승천하신 후에 약속대로 성령이 내렸습니다. 약속대로 능력 있는 교회가 되었습니다. 성장하는 교회가 되었습니다. 그러나 예루살렘 교회는 그 사명을 잊어버렸습니다.

사도행전을 보면 예루살렘 교회가 '이젠 우리가 이만큼 성장했으니까 사마리아와 땅 끝까지 증인이 되어야겠다'라고 의논을 한 흔적이 없습니다. 교회 성장을 즐기고만 있었습니다. 그러므로 하나님께서는 당신의 뜻을 이루기 위해서는 예루살렘 교회를 흩지 않을 수가 없었

교회는 병원이다

습니다. 하나님께서는 핍박을 허락하셨습니다. 본문 4절을 보면 "그 흩어진 사람들이 두루 다니며 복음의 말씀을 전할새"라고 했습니다. 예루살렘 교회에게 사마리아와 유대와 땅 끝까지 복음을 전하라고 했는데 하지 않으니까 하나님께서 흩어 놓으셔서 사마리아와 땅 끝까지 복음이 전해지도록 만드신 것입니다.

하나님께서 우리에게 축복을 주실 때에는 축복을 즐길 뿐만 아니라 흩어 주라고 주시는 것입니다. 물질적인 축복은 이웃과 주님을 물질로 섬기라고 주신 것입니다. 건강한 몸을 주신 이유는 건강한 몸을 갖고 주님을 섬기고 이웃을 도우라는 뜻입니다. 명예를 주시고 높은 자리에 올려 주시는 이유도 주님이 주신 영향력을 사용해서 주님에게 영광을 돌리고 약한 이들을 도우라고 주신 것입니다. 우리가 이것을 잊어버릴 때 하나님께서는 흩으십니다. 우리 주위에서 경제적으로 어려웠을 때에 서원기도를 하는 분들을 봅니다. "물질의 축복을 주시면 이 물질을 갖고 주님을 위해서 잘 써보겠습니다"라고 기도를 합니다. 그 기도에 응답하셔서 하나님이 사업을 크게 번창시켜 주십니다. 그러나 성공한 후에 그 약속을 지키는 사람을 보기가 쉽지 않습니다. 처음에는 신앙 생활을 잘 합니다. 그러다가 성공에 익숙해지면 십일조도 줄이기 시작하고, 주일 예배도 슬쩍슬쩍 빠집니다. 반복되는 경고에도 불구하고 회개하지 않으면 하나님께서 어느 날 갑자기 물질의 축복을 거두어 가시는 것을 봅니다. 적은 물질 가지고 신앙 생활 잘하는 것이, 풍요함 가운데에서 타락하는 것보다 낫다고 생각하시는 것 같습니다. 건강도 마찬가지입니다. '나를 고쳐 주시면 주님만을 위해 잘 살아보겠다'고 서원하는 것을 봅니다. 서원의 결과로 하나님께서 기적적으로 치유해 주십니다. 그러나 건강이 회복되면 하나님께서 고쳐 주셨다는 사실조차 인정하기를 거부하고 훌륭한 의사를 만나서 치료받았다고 말합니다. 그리고는 드린 약속을 새까맣게 잊어버리고 이기적인 생활을 합니다. 그러다가 치료된 줄 알았던 질환이 재발하여 다시 병석에 눕는 것을 봅니다. 질환 가운데에서 거룩한 삶을 사는 것이 건강해서 방탕하는 것보다 낫다고 생각하시는 것 같습니다.

교회라고 예외는 아닙니다. 하나님께서 교회를 부흥시켜 주시는 것은 이웃을 도우라는 의미입니다. 교회 인원이 늘면 그 인적 자원을 흩어서 이웃을 도우라는 의미입니다. 헌금이 많이 들어오면 흩어서 이웃을 도와주라는 의미입니다. 우리가 그것을 잊어버리고 우리 교회가 부흥한다고 자랑만 하고 있으면 하나님께서 흩으십니다. 교회에 문제가 생기고 교회가 갈라집니다. 중요한 일꾼들을 타 지역으로 보내어 버리시기도 합니다. 그러므로 우리 교회가 주님의 소원을 풀어드리는 교회가 되기를 원한다면 흩어 주는 교회가 되어야 합니다. 우리가 가진 것을 주님이 어떻게 쓰기를 원하시는지 항상 묻고 그분의 소원을 좇아 흩어 주어야 합니다.

교회는 병원이다

전도는 누구나, 언제나

요한복음 4:27~42

"예수께서 이르시되 나의 양식은 나를 보내신 이의 뜻을 행하며 그의 일을 온전히 이루는 이것이니라 너희는 넉 달이 지나야 추수할 때가 이르겠다 하지 아니하느냐 그러나 나는 너희에게 이르노니 너희 눈을 들어 밭을 보라 희어져 추수하게 되었도다 거두는 자가 이미 삯도 받고 영생에 이르는 열매를 모으나니 이는 뿌리는 자와 거두는 자가 함께 즐거워하게 하려 함이라 그런즉 한 사람이 심고 다른 사람이 거둔다 하는 말이 옳도다 내가 너희로 노력하지 아니한 것을 거두러 보내었노니 다른 사람들은 노력하였고 너희는 그들이 노력한 것에 참여하였느니라"(34~38).

사람끼리 서로 화해하는 모습을 보는 것은 언제나 즐거운 일입니다. 사이가 좋지 않던 형제들이 서로 부둥켜안고 화해하는 모습, 틈새가 벌어졌던 부부가 눈물로 용서를 구하면서 화해하는 모습은 참 아름답습니다. 오늘 본문 말씀에서도 엄청난 화해가 이루어지고 있습니다. 유대인과 사마리아인의 화해입니다. 원래 유대인과 사마리아인들은 앙숙이었습니다. 모르는 사람끼리 사이가 나빠진 것은 화해하기 쉽지만 가까운 사람끼리 틈이 벌어지면 화해하기가 무척 힘듭니다. 특별히 피를 나눈 형제끼리 틀어지면 죽을 때까지 화해가 되지 않는 경우도 있습니다. 유대인과 사마리아인이 바로 마지막 경우입니다. 본래 이 사람들은 같은 조상의 혈통을 이어받은 사람들이었습니다. 그러나 유대 사람들은 사마리아인들이 피의 순수성을 지키지 못한 것을 경멸하였고, 사마리아인들은 유대인의 이러한 우월감을 증오했습니다. 이 사람들은 성경도 달랐고 예배 드리는 장소도 달랐습니다. 유대인들은 사마리아인들과 자리를 함께하는 것조차 피했고, 사마리아인들은 유대인들이 예루살렘에서 명절을 지키고자 여행 중인 것을 알면 돌을 던져 방해했습니다.

이 화해는 어떤 한 여인 때문에 이루어졌습니다. 이 사건이 28~30절에 묘사되어 있습니다. "여자가 물동이를 버려 두고 동네로 들어가서 사람들에게 이르되 내가 행한 모든 일을 내게 말한 사람을 와서 보라 이는 그리스도가 아니냐 하니 그들이 동네에서 나와 예수께로 오더라"(29~30절). 또 4장 39~41절을 보면 "여자의 말이 내가 행한 모든 것을 그가 내게 말하였다 증언하므로 그 동네 중에 많은 사마리아인이 예수를 믿는지라 사마리아인들이 예수께 와서 자기들과 함께 유하기를 청하니 거기서 이틀을 유하시매 예수의 말씀으로 말미암아 믿는 자가 더욱 많아"라고 했습니다. 자리를 같이하지 않는 사람들인데 유대인을 대표하는 예수님과 그 제자들이 사마리아 사람들과 어울려 이틀 밤을 같이 지내는 화해의 역사가 기록되어 있습니다. 우리는 이 사마리아 여인을 통하여 전도를 하기 위해서는 세 가지가 요구된다는 것을 알 수 있습니다.

첫째, 자신의 죄를 볼 줄 알아야 됩니다. 여기서 만약 사마리아 여인이 교육도 많이 받고 사회적인 지위도 높은 사람이었다면 물동이를 내버려두고 마을로 달려가서 즉시 전하는 전도인이 되었겠습니까? 전도인이 되기 위해서는 먼저 자신이 죄인임을 알아야 합니다. 자신의 추함, 모자람, 병든 모습을 보아야 합니다. 그때에 비로소 치료하시고 구원해 주시는 하나님의 은혜를 알게 되고 간증거리가 생깁니다. 간증이 있는 사람만이 전도할 수가 있습니다.

자신이 죄인이라는 사실을 실감할 수 없다는 분들은 기도하시기 바랍니다. "하나님 저를 있는 모습 그대로 볼 수 있게 해주십시오." 죄인임을 알게 해 달라고 기도할 필요도 없습니다. 있는 모습 그대로를 보여주면 자신이 죄인인 것을 알 수 있습니다. 그렇게 기도하면 무슨 일이 생깁니까? 보통은 하나님께서 어려운 대인 관계, 어려운 환경 속에 몰아 넣으십니다. 거기서 자기의 추한 면, 약한 면, 또는 미처 몰랐던 면이 노출되게 하십니다. 그래서 자신이 얼마나 큰 죄인인지를 깨닫게 하십니다.

지금 여러분이 자꾸만 자신의 약한 면, 추한 면, 모자라는 면이 눈에 보인다면 괴로워하지 마시고 감사하시기 바랍니다. 하나님께서 여러분의 참모습을 보여주고 계시기 때문입니다. 이러한 모습을 보여주시는 것은 여러분들을 절망시키고자 함이 아닙니다. 여러분들로 하여금 감사하도록 하기 위함입니다. 이런 형편없는 사람인데도 하나님께서 사랑하시고 용서하시고 자녀로 삼아주셨음을 감사하도록 하기 위함입니다. 전도자가 되기 위해서는 이러한 자신의 참된 모습을 먼저 보아야 하고 그러한 죄인을 용서해 주시고 용납해 주시는 하나님의 은혜를 체험하여야 합니다.

두 번째, 초자연적인 역사를 경험해야 합니다. 하나님께서 초자연적이신 분이시고 우리는 초자연적인 세계에 살고 있습니다. 사마리아 여인에게 예수님은 가서 남편을 데리고 오라고 했습니다. 할 말이 없어진 이 여인은 남편이 없다고 했습니다. 그때 예수님께서 "네가 결혼에 5번 실패했고 지금 사는 남자와는 결혼도 하지 않고 사니까 네 말이 맞다"고 말씀하셨습니다. 이것이 이 여인에게 예수님을 메시아로 인정하게 된 결정적인 계기가 되었습니다. 4장 28~29절에 "여자가 물동이를 버려 두고 동네로 들어가서 사람들에게 이르되 내가 행한 모든 일을 내게 말한 사람을 와서 보라 이는 그리스도가 아니냐 하니"라고 했습니다. 이 여자는 자신의 과거를 꿰뚫어 아는 예수님의 초자연적인 능력을 경험하면서 예수님이 메시아인 것을 믿게 되었고 전도자가 될 수 있었습니다. 초자연적인 것은 굉장히 신비한 것만을 의미하는 것이 아닙니다. 「막 쪄낸 찐빵」이란 책이 베스트 셀러가 된 적이 있습니다. 이 책의 저자는 예수 믿기 전에 불면증으로 새벽 2시까지 고생했는데 예수 믿고 난 후엔 그냥 자리에 눕자마자 잠이 든다는 것입니다. 이것이 바로 초자연적인 능력을 체험하는 것입니다. 이분에게는 불면증이 사라진 것이 전도할 때에 간증거리가 되었습니다. 전도를 위해서는 초자연적인 체험이 있어야 합니다. 초자연적인 체험은 꼭 자신의 체험일 필요는 없습니다. 남의 체험이라도 상관이 없습니다. 그러나 초자연적인 것에 대한 믿음이 있어야 합니다.

저는 성경을 읽고 예수님을 영접하게 된 사람입니다. 그때는 성경을 읽으면서 한 가지 의문이 생겼습니다. 그렇게 하나님께서 능력이 많으시다면 기적을 2,000년 이전까지만 행하시고 요새는 왜 행하지 않으시느냐는 의문이었습니다. 그때 캐서린 쿨만이 쓴 「나는 기적을 믿는다」(I believe in miracle)라는 책을 읽게 되었습니다. 이 책은 저자를 통하여 치료받은 분들의 수기를 모은 것입니다. 저는 그때만 해도 기도 받고 낫는 것을 심리학적 현상으로 이해하려 했습니다. 특히 노이로제나, 그 때문에 생긴 육신의 질병은 마음이 편해지면 자연히 나을 것으로 생각했습니다. 그런데 이 책 속에는 심리학적으로 설명되지 않는 치유의 이야기도 있었습니다. 피츠버그에 사는 용접공 얘기입니다. 작업 도중 쇳가루가 눈에 튀어 눈알이 완전히 타버렸습니다. 그런데 이 집회에 와서 시력을 회복했습니다. 그 사건의 기록이 저에게는 아주 중요한 계기를 마련해 주었습니다. 하나님은 초자연적인 분이며 지금도 살아 역사하신다는 것을 믿게 만들어주었습니다.

　기독교를 합리적으로 이해하려고 하시는 분들은 하나님을 알 수 없고 예수님을 믿을 수 없습니다. 예수님의 삶은 탄생부터 부활까지 기적의 연속이기 때문입니다. 처녀 몸에서 탄생하신 분이고 돌아가셨다가 부활하신 분이십니다. 문둥병자를 고치시고, 성난 파도를 잔잔하게 하시고, 죽은 자를 살리신 분입니다. 이 초자연적인 역사에 대한 신뢰가 없으면 예수님을 믿을 수가 없고, 전도자가 될 수 없습니다. 그러므로 전도를 하시려는 분들은 초자연적인 체험에 관하여 어떤 분이 간증을 하면 미리 마음의 문을 닫지 마시고 귀를 기울여 보시기 바랍니다. 초자연적인 체험이 있은 후에 확신이 생기기도 하지만 어떤 경우에는 초자연적인 능력에 대한 확신이 생긴 후에 체험을 할 수도 있기 때문입니다. 저는 많은 분들이 담배 끊고 난 후에 믿음이 확 자라는 것을 봤습니다. 기껏 해서 며칠을 넘기지 못했던 악습이 기도로 끊어지는 초자연적인 역사를 체험한 후에 믿음이 부쩍 자라는 것입니다. 하나님이 실감이 나지 않으시는 분들은 "하나님이 정말 계시다면 나에게 나타내어 보여 주십시오"라는 기도를 아침저녁으로 한 100일 동안 시도해 보시기 바랍니다. 무슨 일이 생깁니다. 그런 후에 전도자가 되시기 바랍니다.

　세 번째, 노출시켜야 됩니다. "여자의 말이 내가 행한 모든 것을 그가 내게 말하였다 증언하므로 그 동네 중에 많은 사마리아인이 예수를 믿는지라"(39절). 여기서 '나의 행한 모든 것'이 어떤 것이었습니까? 다 수치스러운 것들입니다. 남에게 감추고 싶은 것으로 5번 결혼했다가 실패했다는 사실입니다. 우리가 전도자가 되기 위해서는 자기를 노출시킬 수 있어야 됩니다. 마음을 꼭 닫고 성경만 가르치려 해서는 열매가 없습니다.

요즈음 저희 교회에 기쁜 일이 많이 생깁니다. 간증하시는 분이 많이 늘어났는데 아슬아슬할 정도로 자기 자신을 노출시키십니다. 그런데 기쁜 것은 간증을 듣고 난 다음 그 사람을 경멸하지 않고 오히려 같이 울어주면서 은혜 받는 것입니다. 최근에 예수 믿으시는 분들에게 제가 여쭈어 보겠습니다. 예수 믿게 된 동기가 누가 성경을 잘 가르쳐 주었기 때문이었습니까? 아마도 아닐 것입니다. 어떤 분들이 체험한 고난이나 아픔을 증거해 준 것이 하나님에 대하여 관심을 갖게 만들어주지 않았습니까? 전도자가 되고 주의 사자 역할을 감당하기 위해서는 노출의 두려움을 극복해야 됩니다.

여인이 물동이도 놓아두고 뛰어간 다음에 제자들이 음식을 갖고 와서 예수님께 드렸습니다. 예수님은 "이르시되 내게는 너희가 알지 못하는 먹을 양식이 있느니라… 예수께서 이르시되 나의 양식은 나를 보내신 이의 뜻을 행하며 그의 일을 온전히 이루는 이것이니라"(32~34절)고 하셨습니다. 음식은 건강을 위해 먹습니다. 음식을 먹으면 힘이 생기고 생기가 돕니다. 이와 마찬가지로 예수님께서는 하나님의 뜻에 순종하고 행하면 힘이 나고 생기가 돌았던 것을 알 수가 있습니다.

✚ 교회는 병원이다

요즘음 피곤을 느끼십니까? 여러분을 향한 하나님의 뜻을 거부해서 피곤한 것이 아닌가 생각해 보시기 바랍니다. 주님의 사역을 놓고 쉬면 생기가 팔팔 날 것 같지만 아닙니다. 더 피곤합니다. 교회 생활을 하시면서 피곤을 느끼시는 분들은 주님의 사역을 하시기 바랍니다. 하나님의 뜻에 순종하고 행하는 것이 하나님의 양식임을 깨달으시기 바랍니다.

"그런즉 한 사람이 심고 다른 사람이 거둔다 하는 말이 옳도다"(37절). 전도를 하다보면 예수님 믿을 때까지 내가 인도해야 한다는 부담을 가질 수 있고 또 열매가 얼른 보이지 않으면 실망하는 수도 있습니다. 진정한 전도자가 되기 위해서는 심는 사람과 거두는 사람이 다를 수 있다는 것을 알아야 합니다. 저는 목사이기 때문에 많은 분에게 주님을 영접시키는, 즉 거두는 일을 할 때가 많습니다. 한 시간만 복음을 전해도 많은 분들이 눈물을 흘리시면서 예수님을 주님으로 영접하기도 합니다. 그런데 영접하신 분들의 간증을 들어보면 그 전에 많은 분들이 씨를 뿌린 것을 발견합니다. 그분에게 간증해 주셨던 분, 위해서 기도해 주셨던 분, 교회 나오기를 권했던 분, 이런 분들이 씨를 뿌렸기 때문에 제가 열매를 거둘 수 있었던 것입니다.

저는 뿌리는 역할만 하고 거두는 것은 다른 사람이 하는 경우도 있습니다. 제가 산호제에 있을 때 엔지니어 한 분이 계셨습니다. 생명의 삶을 수강했는데, 믿고자 나온 것이 아니라 예수 믿는 사람들은 무슨 생각을 하는지 알기 위해서 나왔다고 말했습니다. 숙제도 다 했고 개근도 했습니다. 그러나 끝까지 믿지는 않았습니다. 그런데 제가 휴스턴에 오기 2~3달 전, 생명의 삶 공부를 끝낸 지 2년 반 만에 이분이 저를 만나자고 했습니다. '뭘 또 따지려나' 하고 내키지 않았지만 만났습니다. 그런데 이분이 크리스천이 되어있는 것을 발견하였습니다. 어떤 미군 목사를 만나서 감화 받기 시작했고 예수를 믿게 되었습니다. 그리고는 책 하나를 내밀었습니다. "미국 목사님이 추천해 주신 책인데 읽고 많은 감명을 받았습니다. 저와 비슷한 사람들에게 읽히려고 자비로 그 책을 번역하고 출판했습니다. 목사님, 이 책을 몇 권 드릴 테니까 옛날의 저와 비슷한 사람 만나면 주세요." 그리고는 말했습니다. "목사님이 성경 공부 가르쳐 주실 때 제가 반항적으로 듣고 있었지만, 지금 지내놓고 보니까 제가 그 공부 때문에 하나님께 가까이 가게 되었습니다. 목사님, 먹혀 들어가지 않는 것 같아도 계속 복음을 전하십시오." 이 말이 얼마나 제게 큰 용기를 주었는지 모릅니다.

우리는 씨를 뿌려야 될 때가 있고, 열매를 거둬들여야 될 때가 있습니다. 씨 뿌리라고 하시면 뿌리고, 거두라고 하시면 거두고, 하나님께서 여러분을 쓰기 원하실 때에, "주님 제가 여기 있습니다" 고백하고 쓰임 받으시는 전도자가 되시기를 부탁드립니다.

교회는 병원이다

3. 신앙의 기초

옛 계약, 새 계약(렘 31:31~34)
말구유에 담긴 사랑(눅 2:1~7)
부활이 없으면 우리 믿음은 헛것이다(고전 15:3~19)
부활은 역사적 사실이다(행 4:5~14)

옛 계약, 새 계약

예레미야 31:31~34

여호와의 말씀이니라 보라 날이 이르리니 내가 이스라엘 집과 유다 집에 새 언약을 맺으리라…
곧 내가 나의 법을 그들의 속에 두며 그들의 마음에 기록하여 나는 그들의 하나님이 되고
그들은 내 백성이 될 것이라(31, 33).

교인들 중에서는 구원의 확신 없이 신앙 생활하시는 분들을 종종 봅니다. '나는 지금 죽는다 할지라도 천국에 간다.' 이런 확신은 크리스천이면 누구나 가질 수 있는 특권인데 이런 구원의 확신이 없이 신앙 생활을 하시는 분들이 계십니다.

구원의 확신이 없는 이유 중의 하나는 확신의 근거를 확실히 모르기 때문입니다. 많은 분들에게 있어서 구원 확신의 근거가 자기 기분에 의해 좌우됩니다. 어떤 때는 구원받은 것 같은 느낌이 들다가도, 어떤 때는 구원받지 못한 것 같은 느낌이 듭니다. 부흥 집회에 참석했을 때에는 자신이 거룩해지는 것 같아 천국에 갈 것 같은데, 집회 끝내고 돌아오는 차 속에서 말다툼이라도 하고 나면 천국 가긴 다 틀린 것 같습니다. 그래서 어떤 분은 부흥회 자리에 앉아 있을 때 예수님이 오셨으면 좋겠다고 하시는 분도 계십니다.

구원의 확신의 근거는 감정이나 느낌이 아니라 하나님과의 약속에

두어야 합니다. 그 이유는 하나님께서 우리를 계약 밑에서 만나 주시기 때문입니다. 하나님께서 우리와 계약을 두 번 맺으셨습니다. 첫 번째 맺은 것이 옛 계약, 즉 구약입니다. 두 번째 맺은 것은 새 계약, 즉 신약입니다. 하나님과의 계약은 인간끼리 맺는 계약과는 다르기 때문에 영어로는 세상에서 흔히 쓰는 'contract'라는 단어 대신에 'covenant'라는 단어를 사용하고 있습니다. 이 단어를 우리말로는 '언약'이라고 번역했습니다.

제가 오늘 설교 중에 '언약'이라는 단어 대신에 '계약'이라는 단어를 사용하고 있습니다. 그 이유는 '언약'이라고 하면 약하게 들리기 때문입니다. 예를 들어서 내가 당신하고 결혼하겠다는 언질 정도 주는 것처럼 생각할까봐 그렇습니다. 언약은 계약서와 마찬가지로 구속력이 있습니다. 저는 1978년에 처음으로 집을 샀습니다. 그런데 저는 집에 관하여 잘 모릅니다. 그래서 제 아내가 혼자 찾아다니면서 두 집을 골라놓고는 제게 선택을 하도록 했습니다. 어떤 집이 좋으냐고 해서 '이것' 하고 손가락질한 집이 장래 우리 집으로 결정이 되었습니다. 그래서 가계약을 하고, 융자를 신청하고, 얼마 후 계약서에 사인을 함으로 그 집이 우리 집이 되었습니다. 그런데 제가 그 집의 소유주가 됐다는 것이 믿어지지가 않았습니다. 그러나 계약서에 사인을 했으면 내 집입니다. 계약서에 약속한 날짜가 되면 집주인이 집을 비워 줄 것이고 그 집은 내 집이 될 것이므로 불안해 할 필요가 없습니다. 어떤 분이 집을 샀느냐고 물으면 "두고 봐야 알죠"라고 대답할 필요가 없습니다. 아직 이사는 하지 않았지만 계약을 끝낸 집은 내 집이기 때문입니다. 마찬가지로 언약도 구속력이 있습니다. 구원의 확신은 하나과 우리 사이에 맺어진 계약 내용을 토대로 해야 합니다.

계약이 두 개가 있을 때에는 새로 맺은 계약이 유효합니다. 옛 계약은 파기됩니다. 현재 우리와 하나님의 관계는 신약에 기초합니다. 그런데 성도님들 가운데에는 아직도 구약 밑에 사시는 분이 계시는 것을 볼 때 답답함을 느낍니다.

하나님께서는 예수님을 통하여 우리들과 새로운 계약을 맺으셨습니다. 미국에서는 계약을 맺을 때에 사인을 하고, 한국에서는 계약을 맺을 때에 도장을 찍습니다. 하나님과 맺은 새 계약은 그리스도께서 방울방울 흘리신 그 붉은 피로 맺어진 계약입니다. 예수님께서는 십자가에서 우리를 위하여 하나님과 새로운 계약을 맺어 주시고 새로운 삶의 길을 열어 주셨습니다. 누가복음 22장 20절을 보면 예수님께서는 십자가에 달려 돌아가시기 바로 전날 제자들과 저녁을 같이 잡수실 때 말씀하십니다. "이 잔은 내 피로 세우는 새 언약이니 곧 너희를 위하여 붓는 것이라." 내가 흘리는 이 피는 새로운 언약을 위해서 내가 흘리는 피다. 이 사건을 상기하면서 사도 바울은 고린도 교인들에게 고린도전서 11장 25절에서 이렇게 말합니다. "식후에 또한 그와 같이 잔을 가지시고 이르시되 이 잔은 내 피로 세운 새 언약이니 이것을 행하여 마실 때마다 나를 기념하라 하셨으니." 교회에서 성찬식을 행할 때마다 우리는 예수님께서 피를 흘려주셔서 현재 새 계약 밑에서 살고 있다는 것을 상기하는 것입니다.

우리는 이 새 계약에 근거하여 구원의 확신을 가질 수가 있습니다. 새 계약의 내용은 신약 성경에 기록되어 있습니다. 요한복음 1장 12절에 이렇게 쓰여 있습니다. "영접하는 자 곧 그 이름을 믿는 자들에게는 하나님의 자녀가 되는 권세를 주셨으니." 계약서에 이렇게 쓰여 있기 때문에 우리가 예수님을 영접하면 하나님의 자녀가 되는 권세가 주어진다는 것을 확신할 수가 있습니다. "나는 예수님을 영접했으니까 오늘밤에 죽더라도 천국에 갑니다." 좀 뻔뻔스러운 기분이 들 때도 있지만 계약서에 그렇게 써있으니까 이렇게 말할 수 있어야 합니다.

예수님이 인간으로 태어나기 전, 천 년에 걸쳐서 약 40명이 예수님에 관하여 예언을 하였습니다. 그 예언이 다 성취되었습니다. 그 중의 한 예언이 바로 이 새 계약에 관한 예언입니다. 예레미야서 31장 31절에 하나님께서 예수님을 통해 새로운 계약을 맺으시리라는 것이 예언되어 있습니다. 예레미야는 주전 650년에 태어났던 사람입니다. 이스라엘이 남과 북으로 나뉘어 북쪽 이스라엘은 아시리아에게 망하고, 남쪽 유다는 얼마 후 바빌로니아에게 망했습니다. 나라가 망해 가는 모든 과정을 지켜봤던 슬픔의 예언자 예레미야를 통해 하나님께서는 새 계약을 약속하셨습니다. "여호와의 말씀이니라 보라 날이 이르리니 내가 이스라엘 집과 유다 집에 새 언약을 맺으리라"(31절).

이스라엘 백성들이 애굽의 압제하에서 400년 동안 노예 생활을 하던 때에 하나님께서 모세라는 지도자를 불러 일으키셔서 이스라엘 백성들을 구출해 내셨습니다. 지금의 시나이 반도에서 계약을 맺으셨는데 이것이 구약입니다. 십계명도 구약 안에 포함되어 있습니다. 구약은 조건부 계약입니다. 신명기 28장을 보면, 하나님께서 계명을 주신 다음 이렇게 말씀하셨습니다. "네가 네 하나님 여호와의 말씀을 청종하면 이 모든 복이 네게 임하며 네게 이르리니 성읍에서도 복을 받고 들에서도 복을 받을 것이며… 들어와도 복을 받고 나가도 복을 받을 것이니라"(2~6절). 계약의 의무를 다했을 때의 결과입니다. 그러나 계명을 지키지 못 했을 경우가 15절 이하에 기록되어 있습니다. "네가 만일 네 하나님 여호와의 말씀을 순종하지 아니하여 내가 오늘 네게 명령하는 그의 모든 명령과 규례를 지켜 행하지 아니하면 이 모든 저주가 네게 임하며 네게 이를 것이니… 네가 들어와도 저주를 받고 나가도 저주를 받으리라." 벌칙 조항입니다. 그러나 이스라엘 백성들은 계약을 맺어 놓고 지키지를 못했습니다. 그 결과로 나라가 망하는 비운을 겪지 않을 수가 없었습니다.

이스라엘 백성들은 왜 구약을 지키지 못했습니까? 하나님의 뜻대로 살고 싶은 마음이 없었고, 하나님의 명령대로 살 능력이 없었습니다. 계명대로 살고 싶은 마음도 없고 능력도 없으니까 계약이 지켜질 리가 없습니다. 그래서 하나님께서는 새로운 계약을 약속하시며 새 계약은 옛 계약과는 다를 것이라고 말씀하셨습니다. "이 언약은 내가 그들의 조상들의 손을 잡고 애굽 땅에서 인도하여 내던 날에 세운 것과 같지 아니할 것은 내가 그들의 남편이 되었어도 그들이 내 언약을 깨뜨렸음이라"(렘 31:32).

새 계약의 내용은 무엇입니까?

첫째, 하나님의 뜻대로 살고 싶은 마음을 주겠다고 하셨습니다. "그러나 그 날 후에 내가 이스라엘 집과 맺은 언약은 이러하니 곧 내가 나의 법을 그들의 속에 두며 그들의 마음에 기록하여 나는 그들의 하나님이 되고 그들은 내 백성이 될 것이라"(33절). 하나님의 뜻과 계명이 좋은 줄 알면서도 지키고 싶은 마음도 없었고 지킬 수 있는 능력도 없었습니다. 그래서 새 계약 밑에서는 하나님의 뜻대로 살고 싶은 마음도 넣어주고 그의 뜻대로 살 수 있는 능력도 심어 주겠다고 약속하신 것입니다. 이것이 '마음에다 새겨주리라' 는 의미입니다.

두 번째, 누구든지 하나님을 알 수 있게 해주겠다고 하셨습니다. "그들이 다시는 각기 이웃과 형제를 가리켜 이르기를 너는 여호와를 알라 하지 아니하리니 이는 작은 자로부터 큰 자까지 다 나를 알기 때문이라"(34절). 여기서 안다는 것은 머리 속으로 아는 것이 아닙니다. 체험적으로 아는 것입니다. 창세기에 '아담이 하와를 안즉' 이라고 했는데 이는 아담이 하와와 동침했다는 뜻입니다. 사람에게 제일 친밀한 사람이 누구입니까? 부부입니다. 부부끼리 제일 친밀할 때는 성 관계를 가질 때입니다. 하나님께서 새 계약 밑에서는 젊은이에서 노인에 이르기까지 하나님을 친밀하게, 체험적으로 알게 될 것이라고 약속하셨습니다.

세 번째, 우리 죄를 사하신 다음 다시는 기억치 않으시겠다고 하셨습니다. 34절 하반절입니다. "내가 그들의 악행을 사하고 다시는 그 죄를 기억하지 아니하리라." 우리가 새 계약 밑에 있으면 하나님께서는 우리에게 하나님 뜻대로 살 수 있는 마음과 능력을 주시고, 체험적으로 그를 알게 하시며, 우리의 모든 죄를 용서하여 주십니다. 그러므로 아직도 예수님을 주님으로 영접하지 않으신 분들은 예수님을 주님으로 영접해서 이 계약 관계에 들어오시는 것이 우선입니다.

어떤 분들은 끊을 것 끊고, 버릴 것 버려서, 생활을 정리하고 난 다음에 믿겠다고 하십니다. 그러나 스스로 생활을 정리할 수 있는 힘이 우리에게 있으면 우리에게는 하나님이 필요치 않습니다. 생활을 정리하기 위하여 우리는 하나님의 도움이 필요한 것입니다. 예수님을 영접해서 새로운 계약 밑에 들어오면 생활을 정리할 수 있는 힘이 주어집니다. 어떤 분들은 기독교에 대해서 좀더 알아본 후에 믿겠다고 합니다. 그러나 예수님을 진정으로 알기 위해서는 우선 이 계약 속에 들어오셔야 됩니다. "그들이 다시는 각기 이웃과 형제를 가리켜 이르기를 너는 여호와를 알라 하지 아니하리니 이는 작은 자로부터 큰 자까지 다 나를 알기 때문이라." 이 계약 관계에 들어온 후에야 성경이 이해되기 시작하고 하나님을 알게 됩니다. 워낙 죄가 많아서 교회 못 나가겠다고 하시는 분도 마찬가지입니다. 죄가 많기 때문에 이 계약 관계에 들어와야 합니다. 그래서 죄를 용서받아야 합니다.

우리는 더 이상 구약 밑에서 살아서는 안 됩니다. 구약에는 하나님의 백성이 해야 할 일들이 하나하나 열거되어 있습니다. 그러나 신약에서는 삶의 많은 부분에서 원칙만 제시되어 있지 구체적으로 어떻게 하여야 할지는 설명되어 있지 않는 경우가 많습니다. 이유는 성령님 때문입니다. 성령님이 상황에 따라 하나님의 뜻을 가르쳐 주실 것이기 때문에 많은 규정이 필요하지 않은 것입니다. 예를 들어서 그리스도인이 TV를 봐도 되는지 안 되는지에 관해서는 규정이 없습니다. 그러나 염려하실 필요가 없습니다. 성령님의 음성에 귀를 기울이면 어떤 TV 프로그램은 보고 어떤 TV 프로그램은 보지 않는 것이 좋은지 가르쳐 주실 것입니다. 하나님이 우리 안에 계셔서 삶을 살아주시기 때문입니다.

아직도 구약 밑에서 사시는 분들은 더 이상 구약 시대에 살던 사람들처럼 의무감과 죄의식 가운데서 머물러 있지 마시고 하나님의 새로운 계약 속에 뛰어드시기 바랍니다. 그분의 인도하심을 받으며 사시는 여러분들이 되시기를 부탁드립니다. 신약 밑에 있는 사람은 하나님을 알 수 있다고 했습니다. 그러므로 신약 밑에 사는 사람이 하나님의 음성을 듣기 원하면 하나님의 음성을 들을 수 있습니다. 이것이 새 계약 밑에서 누리는 특권입니다. 하나님은 이제 멀리 계신 분이 아닙니다. 외로울 때에 위로해 주시고, 지혜가 필요할 때 지혜를 주시고, 능력이 필요할 때 능력을 주시는 분이십니다. 새 계약 밑에 사는 우리들은 모든 죄를 용서받았습니다. 지난날의 죄 때문에 괴로워하시지 말기 바랍니다. 하나님께서 이제 기억조차 아니하신다고 하셨습니다. 뜻하지 않은 사고를 당하면 옛날에 지은 죄 때문에 벌을 받는 것이라는 말씀을 하시는 분들이 계십니다. 이 말씀은 옳지 않습니다. 예수님께서 우리가 받아야 될 천벌을 다 받으셨습니다. 하나님 앞에 당당히 나오시기 바랍니다. 하나님께서 '죄를 사하고 기억치 않겠다' 하시면 그런 줄 알고 담대하게 나와서 아버지의 도움을 청하시기 바랍니다.

　믿음의 근거를 기분이나 감정, 또는 느낌에 두지 말고, 새 계약 위에 두시기 바랍니다. 그리스도께서 십자가에서 피 흘려서 이루어 주신 새 계약의 내용을 잘 이해해서 이 계약에 근거한 신앙 생활을 하시기를 바랍니다.

말구유에 담긴 사랑

누가복음 2:1~7

모든 사람이 호적하러 각각 고향으로 돌아가매 요셉도 다윗의 집 족속이므로 갈릴리 나사렛 동네에서 유대를 향하여 베들레헴이라 하는 다윗의 동네로 그 약혼한 마리아와 함께 호적하러 올라가니 마리아가 이미 잉태하였더라 거기 있을 그 때에 해산할 날이 차서 첫아들을 낳아 강보로 싸서 구유에 뉘었으니 이는 여관에 있을 곳이 없음이러라(3-7).

저는 예수를 서른 살에 믿기 시작했지만, 저의 할아버지께서 목사님이셨기 때문에 어릴 적부터 크리스마스가 아주 중요한 명절 중의 하나였습니다. 그 당시에는 미국 냄새나는 초콜릿 하나면 굉장한 크리스마스 선물이라고 기뻐했고 아껴서 천천히 빨아먹던 기억이 아직도 생생합니다. 요즈음 아이들은 선물을 받고서도 기뻐하지를 않습니다. 아이들 뿐만 아니라 어른들도 선물을 받고도 별로 고마워하지를 않습니다. 고마움을 별로 느끼지 않는 이유는 주고받는 선물 가운데 희생이 들어가지 않았기 때문이 아닌가 싶습니다.

선물에 희생이 들어갔을 때에 기쁨이 있고 감사가 있습니다. 생각하면 지금까지도 가슴이 찡해지는 희생이 들어간 선물이 하나 기억납니다. 저는 6·25 때 부모님을 잃고 일곱 살 때부터 할머니 밑에서 컸습니다. 그래서 경제적으로 여유가 별로 없었습니다. 배우고 싶은 악기가 있었지만 배우지 못했고 학교에서도 돈이 많이 드는 클럽 활동은 참여를 못했습니다. 한 시간을 걸어 다니면서 전차표 값을 절약하여 용돈으로 썼던 적도 있었습니다.

고교 시절 어느 날, 할머니께서 저를 부르시더니 평소에 저희와 잘 알고 지내는 의사 분이 경영하는 병원에 가보라고 하셨습니다. 영문도 모른 채 병원에 갔더니 의사 선생님이 다짜고짜 저를 침대에 누이셨습니다. 그리고 링거 주사를 제 팔목에 꽂는 것이었습니다. 할머니에게 제가 피곤하게 보였던 모양입니다. 노인 생각에 얘가 영양부족인가 싶어서 영양주사를 놓아달라고 부탁하신 것입니다. 빠듯한 살림에 생활비를 쪼개어 멀쩡한 손자에게 링거를 꽂아 주신 그 사랑은 희생이 들어간 사랑이기에 지금도 가슴을 찡하게 합니다.

크리스마스는 하나님의 희생이 들어간 선물을 기억하는 날입니다. 하나님께서 우리에게 주신 희생의 선물이 말구유 안에 놓인 아기 예수입니다.

지금부터 2천 년 전, 아구스도가 로마의 황제였고 구레뇨가 수리아 총독일 때, 세금을 거두기 위한 자원조사를 목적으로, 황제는 전국에 호적을 명령했습니다. 호적하기 위하여 모두들 본적지로 향했습니다. 예수를 잉태한 마리아와 정혼한 요셉도 호적을 위한 여행을 떠났습니다. 요셉은 다윗의 후손이었기 때문에 다윗의 고향인 베들레헴으로 향했습니다. 요셉이 만삭인 마리아를 동행한 이유는 무엇일까요? 아마도 출산한 후에 있을지도 모르는 이웃의 손가락질이나 조롱을 피하기 위한 배려가 아닐까 싶습니다. 당사자들 이외에는 마리아가 임신한 것은 성령의 감동으로 된 것을 모르기 때문입니다. 그러나 여관마다 다 사람들로 차고 넘쳐서 빈방이 없었습니다. 그들은 마구간을 빌

교회는 병원이다

렸습니다. 말구유를 깨끗하게 닦고 짚을 덮어서 아기 침대로 삼았습니다. 그리고 아기를 낳아 강보로 싸서 그곳에 뉘였습니다.

이 사건을 통하여 우리에게 향하신 하나님의 사랑의 두 가지 면을 봅니다.

첫째는 하나님 사랑의 능력을 봅니다.

예수님이 태어나시기 700년 전에 예언자 이사야를 통해 하나님께서는 평화의 왕을 주시겠다고 약속하셨습니다. 우리에게 선물로 주시겠다고 약속하셨습니다. 이 선물은 영생을 담고 있습니다. 이 선물은 죄의 용서를 담고 있습니다. 이 선물은 하나님과의 관계 회복을 담고 있습니다. 귀한 선물입니다. 우리에게 선물로 주실 그리스도에 관해서 예언한 선지자 중의 하나가 미가입니다. 미가는 이사야와 동시대 사람입니다. 이사야는 왕과 귀족들을 대상으로 예언 활동을 벌였는데 미가는 주로 평민을 대상으로 예언을 했습니다. 미가는 미가서 5장 2절에서 이렇게 예언했습니다. "베들레헴 에브라다야 너는 유다 족속 중에 작을지라도 이스라엘을 다스릴 자가 네게서 내게로 나올 것이라 그의 근본은 상고에, 영원에 있느니라."

여기에 하나님의 딜레마가 있습니다. 미가를 통해서 메시아가 남쪽 베들레헴에서 태어날 것이라고 말씀하셨는데 마리아와 요셉은 북쪽 갈릴리 지방에 살고 있었기 때문입니다. 그래서 하나님께서는 황제의 마음을 움직이셨습니다. 본적지에 가서 호적을 하라고 명하도록 하셨습니다. 황제는 자신이 하나님의 뜻을 이루고 있다는 사실을 물론 몰랐을 것입니다. 호구령에 순응해서 마리아와 요셉이 길을 떠나다 보니 베들레헴에서 아기를 낳게 되었고, 그러다 보니 하나님의 예언이 성취된 것입니다. 이것이 하나님의 능력입니다. 제 아무리 황제라 할지라도 하나님께서 쓰시고자 하시면 도리가 없습니다. 순종해야 합니다. 자기가 순종하는 것조차 모르면서 순종하게 되어있습니다. 인간의 사랑에는 능력을 수반하지 못하는 경우가 많습니다. 직장에서 목이 달아나고, 가정에 불화가 생기고, 질병으로 고생하고 있을 때에 불쌍히 여기고 위로의 말씀은 드릴 수 있지만 실제로 도울 수 없을 때가 많습니다. 그러나 하나님의 사랑은 능력을 수반한 사랑입니다. 사랑하는 사람을 위해서 무엇인가 해주실 수 있는 사랑입니다.

하나님의 능력 있는 사랑이 우리 삶 가운데 역사하고 있는 것을 우리는 믿어야 합니다. 아구스도는 호구령을 내리기로 한 것이 자신의 생각이라고 믿었을 것입니다. 요셉과 마리아는 호구령이 내렸을 때 불평을 했을지도 모릅니다. 로마 황제가 세금을 걷기 위하여 인구 조사를 하는데 그 대상이 된다는 것은 유대인들에게는 치욕적인 일이었기 때문입니다. 그러나 아구스도도, 요셉도, 마리아도 모르고 있었지만 이러한 일련의 사건을 통하여 하나님은 역사하고 계셨습니다. 그리고 메시아가 베들레헴에서 태어나리라는 예언의 말씀을 이루셨습니다. 이것이 하나님의 능력입니다.

바울이 말합니다. "하나님을 사랑하는 자 곧 그 뜻대로 부르심을 입은 자들에게는 모든 것이 합력하여 선을 이루느니라"(롬 8:28). 여러분은 정말 하나님을 사랑하십니까? 여러분은 정말 예수님을 영접하셨습니까? 그러면 하나님께서 여러분들의 삶 가운데 역사하셔서 그분의 뜻을 이루고 계심을 믿으시기 바랍니다. 모든 것이 합력하여 선을 이루고 있다는 것을 믿으시기 바랍니다. 하나님의 사랑은 추상적인 사랑이 아니라 능력 있는 사랑입니다. 여러분이 진정으로 하나님을 사랑하신다면 하나님께서 왜 여러분을 사랑하지 않으시겠습니까? 예수님을 영접하는 것은 하나님의 부름 없이 될 수 없을진데 목적이 있으셔서 여러분들을 부르셨다면 왜 하나님께서 여러분을 의미 없는 어려움 가운데에 내버려두시겠습니까? 저는 햄버거 가게를 하는 남편을 둔 한 자매님의 간증을 기억합니다. 이 자매님의 가정은 십일조를 하지 않았었습니다. 그러다가 은혜를 받고 십일조를 하시기로 결정하였습니다. 결정한 다음 날 비가 퍼부었습니다. 햄버거 가게를 하는 분들에게는 비오는 날은 공치는 날입니다. 일부러 비를 맞아가며 햄버거를 사먹으러 오는 사람들이 많지 않기 때문입니다. 그래서 공쳤다고 생각했는데 이상하게도 그날만은 사람들이 구름처럼 모여들었다고 했습니다. 이것은 하나님께서 십일조해도 생활에 궁핍을 느끼지 않게 해줄 테니 염려하지 말라고 확인을 시켜주신 것이라고 간증을 하였습니다. 이런 간증을 들으면 믿지 않는 사람들은 이렇게 말할 것입니다. "예수 믿는 사람들은 잘도 둘러댄다. 어쩌다 그렇게 된 거지 하나님이 사람들을 보내 주셨다고 말할 수 있느냐." 사실 십일조하기로 결심했다고 해서 비가 올 때마다 가게에 손님을 구름 떼처럼 보내 주시지는 않습니다. 그러나 필요할 때에 황제 아구스도의 마음을 움직이신 하나님께서 하나님이 살아 계심을 보여주기 원하실 때에 사람들의 마음을 움직여서 비가 오는 데도 불구하고 햄버거 가게로 보내 주시는 것이 무엇이 힘들겠습니까? 하나님의 사랑은 능력 있는 사랑입니다.

하나님께서 어떤 분에게 더 좋은 직장을 주셔서 더 많은 헌금을 할 수 있도록 해주기를 원하십니다. 그런데 본인은 별 볼일 없는 현재 직장에 연연해하고 있습니다. 하나님이 이런 상황하에서는 어떻게 하십니까? 직장에서 해고당하도록 할 수밖에 없습니다. 해고당한 본인은 하나님이 무심하시다고 원망을 할지도 모릅니다. 그러나 모든 일이 하나님의 섭리 가운데에 이루어지고 있습니다. 선이 이루어지고 있는 것입니다. 그러므로 하나님을 사랑하는 우리는 어떠한 상황 아래에서도 불평해서는 안 됩니다. 하나님의 사랑은 능력을 수반하는 사랑임을 믿어야 합니다.

둘째는 하나님 사랑의 깊이를 봅니다.

아기 예수를 낳아서 말구유에 누이는 마리아와 요셉의 심정은 어떠했겠습니까? 그들은 먼저 구유를 깨끗이 닦았을 것입니다. 깨끗한 새 짚을 갖다 깔았을 것입니다. 그러나 평소에 밴 더러운 냄새가 쉽게 없어집니까? 젊은 부모들은 아무리 경제적으로 어려워도 남이 쓰던 요람은 쓰지 않으려고 합니다. 아기가 곧 크니까 헌 것을 빌어 쓰라고 해도 부득부득 새 것을 사겠다고 합니다. 왜 그렇습니까? 자녀를 사랑하는 부모의 마음 때문입니다. 식비, 잡비를 줄일지라도 세상에 태어나는 아기를 위해서는 뭔가 새 것, 좋은 것을 주고 싶은 것이 부모의 마음입니다. 이것이 부모의 마음인데 아기를 낳아 냄새나는 구유에 누인 마리아와 요셉의 마음은 어떠했겠습니까? 한 걸음 더 나아가 하나님의 마음은 어떠했겠습니까?

한국에서 군대에 갈 때는 보통 새벽에 집합을 합니다. 그러면 어머니들은 새벽 두세 시에 일어나 곰국을 끓이고 고기를 구워 성찬을 준비합니다. 그리고는 졸려서 눈도 못 뜨는 아들의 입에 갖다 떠 넣어줍니다. 훈련소에서는 배곯는다고 하니까 떠나기 전에 조금이라도 더

먹이고 싶어지는 부모의 마음 때문입니다. 자녀를 향한 부모의 이 애틋한 마음이 어디에서 왔겠습니까? 하나님에게서 왔습니다. 그런데 하나님의 아들이 인간으로 태어나서 말구유에 뉘여 있는 것을 보는 하나님의 마음은 어떠했겠습니까?

하나님께서 당신의 아들이 말구유에 태어나도록 하신 이유를 생각해 보셨습니까? 하나님의 사랑의 깊이를 보여주시기 위함이었습니다. '너희를 사랑하되 이처럼 사랑한다. 이런 희생을 치르면서까지 너희를 사랑한다'는 것을 보여주시기 위해 외아들을 더러운 말구유에 담으셨습니다. 말구유에 누워 있는 아기 예수는 우리를 향하신 하나님의 사랑이 얼마나 깊은가를 나타내는 표적입니다.

하나님께서는 예수 그리스도를 우리에게 선물로 주셨습니다. 그러나 선물이 우리의 것이 되기 위해서는 받아야 합니다. 예수님을 주님으로 영접하지 않으신 분들은 이 그리스도라는 선물을 받으시기 바랍니다. 구원과 영생이 따르고 죄의 용서가 따르는 이 선물을 받으시기 바랍니다.

이미 이 구원의 선물을 받으신 분들에게 부탁드립니다. 받은 선물을 즐기시기 바랍니다. 선물을 준 사람이 가장 기쁠 때는 선물 받은 사람이 기뻐하면서 즐길 때입니다. 제가 넥타이를 선물로 받으면 제 아내는 그 다음 주일에 선물 받은 넥타이를 착용하고 교회에 가라고 말합니다. 선물하신 분을 즐겁게 해주기 위해서입니다. 여러분들은 예수님을 즐기시기 바랍니다. 차를 타고 가다가 아름다운 경치를 보면 주님께 말하십시오. '아, 주님 참 아름답지요.' 어려운 일이 생기면, '주님, 저 좀 도와주십시오.' 기도 응답해주시면, '주님, 감사합니다.'

즐거운 대화를 나누시기 바랍니다. 어떤 분들은 예수님을 주님으로 모시고서도 항상 죄책감 가운데 삽니다. 하나님께서 그리스도를 우리에게 선물로 주신 것은 죄책감을 심어 주기 위해서가 아니라 즐거워하라고 주셨습니다. 즐거워하는 방법은 따로 없습니다. 임재하심을 즐기면 됩니다. 그리스도는 인격체이시기 때문입니다. 주님과 대화를 나누는 것이 처음에는 허공에 대고 얘기하는 것 같아서 어색하기도 하지만 계속하다보면 하나님의 임재하심을 몸 가까이 느낄 수 있습니다.

그리스도를 즐기기 위해서는 성경을 읽어야 합니다. 그리스도를 알아야 그리스도를 즐길 수 있습니다. 일주일에 나흘 이상을 하루에 세 장씩 읽고 주무시는 습관을 들이시기 바랍니다. 그리스도를 즐기기 위해서는 기도하여야 합니다. 기도는 자신에게 필요한 것을 요청하는 것이라고 생각하는 분들이 많습니다. 그러나 진정한 기도는 하나님과의 대화입니다. 기도 시간은 하나님의 임재를 즐기는 시간입니다. 찬양도 하고, 마음속에 어려움이 있을 때는 하소연도 하고, 문제가 있을 때는 부탁도 하고, 감사가 떠오르면 감사도 하고, 잘못한 것이 생각나면 회개도 하는 시간이 기도의 시간입니다. 기도 시간은 사귐의 시간입니다. 이러한 사귐을 위해서 적어도 하루에 20분 이상씩 기도해야 합니다. 선물로 주신 예수님을 즐기시기 바랍니다. "나는 주님을 매일 즐기면서 삽니다"라고 간증하는 성도님들이 되시기를 부탁드립니다.

부활이 없으면 우리 믿음은 헛것이다

고린도전서 15:3~19

만일 죽은 자가 다시 살아나는 일이 없으면 그리스도도 다시 살아나신 일이 없었을 터이요 그리스도께서 다시 살아나신 일이 없으면 너희의 믿음도 헛되고 너희가 여전히 죄 가운데 있을 것이요 또한 그리스도 안에서 잠자는 자도 망하였으리니 만일 그리스도 안에서 우리가 바라는 것이 다만 이 세상의 삶뿐이면 모든 사람 가운데 우리가 더욱 불쌍한 자이리라 (16~19).

교회를 안 다니시는 분들은 모든 종교가 다 똑같다고 합니다. 종교의 목적을 마음의 평안을 얻거나 도덕적인 사람이 되는 것에 둔다면 이렇게 말할 수도 있습니다. 불교에서는 자비를, 유교에서는 인을, 기독교에서는 사랑을 강조하는데, 인이나 자비나 사랑이나 다 비슷한 윤리 철학이기 때문입니다.

그런데 모든 종교와 비교할 때 유독 기독교에만 다른 것이 있습니다. 창시자의 무덤이 없다는 것입니다. 공자님도 돌아가셔서 공자묘가 있고, 마호메트도 무덤이 있고, 석가모니도 화장해서 생긴 재를 여섯 군데 흩어서 묻은 무덤이 있습니다. 그러나 예수님만은 무덤이 없습니다. 그래서 회교도들처럼 무덤에 가서 참배하고 싶어도 참배할 무덤이 없습니다. 예수님께서는 부활하셨기 때문입니다. 다른 종교의 창시자들도 좋은 가르침을 주었습니다. 그러나 죽음 앞에서는 한결같이 무력했습니다. 우리 주님께서만이 죽으셨다가 부활하셔서 죽음을 정복하셨습니다.

사람이 죽었다가 서너 시간만에 살아났다는 얘기를 종종 듣습니다. 그러나 부활은 그런 것이 아닙니다. 부활은 완전히 죽었다가 영원히 다시 죽지 않는 몸으로 살아나는 것을 말합니다. 그러므로 요한복음에 등장하는 나사로는 죽었다 살아나기는 했어도 부활한 것은 아닙니다. 언제인가 나사로는 또 죽었기 때문입니다.

예수님께서 부활하셨다는 사실은 다른 종교와 기독교를 구분짓는 가장 큰 차이점인 동시에 우리 믿음의 핵심이요 기초입니다. 만일 부활이 없었다면 예수를 믿어야만 구원받는다는 논리가 근거를 잃습니다. 안타까운 것은, 신자라고 하면서도 부활을 하찮게 여기는 사람이 있다는 것입니다. 성경대로 살려고 애쓰면 됐지 예수가 죽었다가 부활했는지 안했는지를 따지는 것이 왜 필요하냐고 말하는 사람들이 있습니다. 그러나 부활에 대한 확신이 없으면 믿음이 자라지 않고, 하나님과의 올바른 관계가 성립되지 않습니다.

제가 아는 어떤 분은 젊었을 때 불교에 심취했습니다. 삭발, 수도, 금식, 독경 등등 스님들이나 하는 것을 다 해보신 의학도였는데 평소에 굉장히 존경하던 스님의 임종자리를 지키게 되었습니다. 임종을 앞두고 이 의학도가 스님에게 물었습니다. "스님은 득도를 하셨습니까?" 그러자 스님이 대답하셨습니다. "우리가 그저 애쓰는 것이지 어떻게 득도했다고 장담을 하겠나." 정직한 대답이었지만 이 청년에게는 큰 실망을 심어 주었습니다. 자신이 존경해 마지않는 생불 같은 분이 애만 쓰고 득도를 못했다면 자신 같은 사람은 어림도 없겠구나 하는 회의를 느껴 그만 산을 내려왔다고 합니다. 그러다가 이민 와서, 먼저 예수 믿고 변화되어 가는 아들을 보시고는 저를 만나기를 청하셨습니다. 앞으로 성경도 열심히 읽고 배울 터이니 믿는 방법만 말해 달라고 했습니다. 그래서 복음을 전해서 예수님을 영접하도록 했습니다. 안타까운 것은 그 후에 믿음이 자라지 않는 것입니다. 성경도 두세 번 통독을 하셨다고 하는데도 말입니다. 부활에 대한 확신이 없이 윤리적인 차원에서 기독교를 받아들였기 때문이 아닌가 생각합니다.

그리스도인들은 부활에 관하여 확신이 있어야 합니다. 성경을 보면 고린도 교회에도 부활을 믿지 못했던 분들이 있었던 것 같습니다. 바울도 12절에서 "그리스도께서 죽은 자 가운데서 다시 살아나셨다 전파되었거늘 너희 중에서 어떤 사람들은 어찌하여 죽은 자 가운데서 부활이 없다 하느냐"고 했습니다. 부활이 믿기 힘든 것은 지금이나 2천 년 전이나 마찬가지인 것 같습니다. 고린도 교인들은 죽고나면 모든 것이 무로 돌아간다고 생각한 것 같지는 않습니다. 예나 지금이나 상식적인 사람이면 죽고나서도 끝은 아닐 것이라고 생각합니다. 믿기 힘든 것은 육체의 부활입니다. 믿기 힘든 이유는 상상하기가 힘들기 때문입니다. 바울은 부활이 없다면 예수님께서도 부활하셨을 리 없다고 강조합니다. 역으로 말하자면 예수님이 부활하셨다면 부활이 없을 수가 없습니다. 그러나 예수님이 부활하신 것이 사실이라면 우리도 부활할 것입니다. 이것이 사도 바울의 논지입니다.

만일 부활이 없다면 목사는 전부 사기꾼입니다. 성경에 등장하는 사도 바울도, 사도 베드로도, 기독교 최초의 순교자인 스데반도 다 사기꾼들입니다. 이들이 전파한 복음의 핵심이 한결같이 부활이기 때문입니다. "그리스도께서 만일 다시 살아나지 못하셨으면 우리가 전파

하는 것도 헛것이요 또 너희 믿음도 헛것이며 또 우리가 하나님의 거짓 증인으로 발견되리니"(14, 15절). 예수님이 부활하신 것이 역사적인 사실이 아니라면 복음을 전하는 자는 하나님의 이름을 팔아서 사기를 치는 사기꾼이라는 뜻입니다. 부활은 기독교 사상의 핵심입니다. 예수님께서 부활하지 않으셨다면 예수를 믿었기 때문에 죄 사함을 받았다고 믿는 것이 착각에 지나지 않습니다. 주님을 영접했기 때문에 이 순간 죽더라도 천국 간다고 믿는 것은 환상에 지나지 않습니다.

예수를 따르던 제자들은 예수님이 체포되어 십자가에 달렸을 때에 다 흩어졌습니다. 이들은 예수님이 장차 이스라엘의 왕이 될 것이라는 기대가 있었습니다. 그런데 그가 정치범으로 몰려 체포되고 십자가에 처형되자 그들의 꿈은 산산조각이 나고 말았습니다. 그들을 더욱 당혹시켰던 것은 예수님께서는 그냥 죽은 것이 아니라 나무에 달려 저주받은 죽음을 죽었다는 것입니다. 신명기 21장 23절에 의하면 나무에 달린 자는 하나님께 저주받은 자라고 했습니다. 예수님이 저주받은 자라는 사실이 그들을 당혹시켰습니다. 그들은 다 흩어져 옛날 본업으로 돌아갔습니다.

이처럼 실의에 빠졌던 제자들이 용감무쌍한 제자로 변화된 것은 부활하신 예수님을 만났기 때문입니다. 부활한 주님을 만났을 때에 이들은 비로소 구약의 시편 16편 10절이 이해되기 시작하였을 것입니다. "이는 주께서 내 영혼을 스올에 버리지 아니하시며 주의 거룩한 자를 멸망시키지 않으실 것임이니이다." 예수님은 완전히 의로우신 분이므로 죽음이 가두어 둘 수가 없었다는 것을 깨닫게 되었을 것입니다. 예수님이 저주받은 죽음을 죽어야 했던 것은 당신이 받을 저주 때문에 죽은 것이 아니라 온 인류가 받을 저주를 대신 받으시고 돌아가신 것이라는 사실을 깨닫게 되었을 것입니다. 그리고는 예수님께서 내가 세상에 온 것은 너희들의 죄를 속해주러 왔다 하셨던 말씀이 이해되기 시작했을 것입니다.

베드로는 베드로전서 2장 24절에서 이렇게 말합니다. "친히 나무에 달려 그 몸으로 우리 죄를 담당하셨으니 이는 우리로 죄에 대하여 죽고 의에 대하여 살게 하려 하심이라 그가 채찍에 맞음으로 너희는 나음을 얻었나니." 예수님을 주님으로 영접하면 죄를 용서받을 수 있다는 확신은 이 고백이 자신의 고백이 될 때 가능해집니다. 예수님께서 십자가에 돌아가신 것은 자신의 죄 때문이 아니라 우리의 죄 때문이라는 것을 우리는 부활이 있기 때문에 믿을 수 있습니다. 바울도 로마서 10장 9절에서 이렇게 말합니다. "네가 만일 네 입으로 예수를 주로 시인하며 또 하나님께서 그를 죽은 자 가운데서 살리신 것을 네 마음에 믿으면 구원을 받으리라." 결론적으로 부활이 없으면 믿음의 근거가 없어지고, 부활에 대한 확신이 없으면 굳건한 믿음을 가질 수가 없습니다.

바울은 부활의 확실성을 다음 두 가지 근거에 의하여 증거합니다. 성경의 예언과 부활하신 예수님을 만난 사람들입니다. 바울은 고린도전서 15장 3~4절에서 이렇게 말합니다. "내가 받은 것을 먼저 너희에게 전하였노니 이는 성경대로 그리스도께서 우리 죄를 위하여 죽으시고 장사 지낸 바 되었다가 성경대로 사흘만에 다시 살아나사." 성경을 증거로 제시하고 있습니다. 다음에 예수를 만난 사람들을 열거합니다. "게바에게 보이시고"(5절). 게바는 베드로입니다. "후에 열두 제자에게와 그 후에 오백여 형제에게 일시에 보이셨나니"(5~6절). 한두 사람이 아니라 오백 명에게 일시에 나타났다고 했습니다. "그 중에서 지금까지 대다수는 살아 있고 어떤 사람들은 잠들었으며"(6절). 잠들었다는 것은 죽었다는 뜻입니다. 고린도전서라는 편지가 쓰여질 때에 부활하신 예수님을 만났던 사람들인 오백 명이 대부분 살아 있음을 말하고 있습니다. "그 후에 야고보에게 보이셨으며"(7절). 예수님의 동생 야고보는 예수님이 돌아가시고 부활하기 전까지는 형님이 메시아라는 것을 믿지 않았던 사람입니다. 그래서 형님이 제자들을 데리고 집에 오면 슬슬 비꼬았던 사람입니다. "형이 그렇게 훌륭한 사람이면 여기서 썩고 있을 게 아니라 바깥에 나가서 사람들에게 보여야 되지 않습니까?" 이러했던 사람이 예루살렘 교회 목사가 됐습니다. 부활하신 예수님을 만났기 때문입니다. "그 후에 모든 사도에게와 맨 나중에 만삭되지 못하여 난 자 같은 내게도 보이셨느니라."

예수님의 부활을 직접 경험한 많은 증인들이 있습니다. 증언의 신빙성은 증인의 신뢰도와 비례합니다. 그런데 여기 열거되어 있는 증인들은 다 믿을 만합니다. 바울 하나만 예로 들어봅시다. 바울은 어떤 사람입니까? 예수 믿는 것이 사교라고 해서 신자라면 남녀 할 것 없이 다 잡아서 감옥에 가두었던 사람이었습니다. 요즈음 외계인을 보았다는 사람은 많은데 그것을 위해 순교한 사람은 없습니다. 그러나 예수의 부활을 증거하기 위해서 수많은 사람들이 순교했습니다. 칼에 맞아 죽고, 톱에 켜서 죽고, 십자가에 달려 죽고, 돌에 맞아 죽었습니다. 우리들은 이분들의 증언을 믿을 수밖에 없습니다.

예수님께서는 부활하셨습니다. 모든 종교가 삶에 도움을 줄 수는

교회는 병원이다

있습니다. 그러나 영생의 문제를 해결해 주는 것은 기독교뿐입니다. 예수님께서는 부활하셨기 때문에 우리의 죄가 용서받은 것을 믿을 수 있습니다. 예수님을 주님으로 영접하면 지금 죽는다 할지라도 천국에 간다는 것을 믿을 수가 있습니다. 예수님께서 부활하신 것이 역사적인 사실이기 때문에 우리가 죽고 나면 인생이 끝나는 것이 아니고 새로운 인생이 시작된다는 것을 믿을 수 있습니다.

저는 요즈음에 장례식을 집례하면서 하관식을 할 때에 마음이 편합니다. 전에는 사랑하는 분이 누워 있는 관 위에 흙을 덮는다는 것이 끔찍하게 생각되었습니다. 그러나 이제는 우리가 묻는 것은 돌아가신 그분이 아니라는 것을 압니다. 그분은 지금 예수님과 더불어 천국에 있습니다. 흙을 덮어서 묻는 것은 그분이 세상 살 때에 잠시 필요해서 입었던 몸입니다. 이러한 것을 깨닫고 나니 얼마나 마음이 편한지 모르겠습니다. 몸은 우리의 옷입니다. 우리가 지금 입고 있는 육신은 낡은 옷과 같습니다. 그러나 우리가 죽었다가 부활할 때에 하나님께서는 우리에게 새 옷, 즉 새 몸을 주십니다. 그것이 어떤 몸인지 상상할 수는 없지만 한 가지 틀림없는 사실은 그 몸은 우리의 영혼을 가장 아름답게 표현할 수 있는 몸이라는 것입니다.

어떤 목사님에게서 들은 예화가 생각이 납니다. 95층에 세 청년이 살았습니다. 어느 토요일 저녁 셋이 나가서 즐거운 시간을 가졌습니다. 근사한 곳에서 저녁 식사를 하고 볼링 장에 가서 볼링을 하고 기분이 좋을 만큼 적당히 피곤해져서 자기들이 사는 빌딩으로 돌아왔습니다. 그런데 정전이 되어서 엘리베이터가 작동하지 않는 것을 발견하였습니다. 별 도리 없이 95층을 걸어서 오를 수밖에 없었습니다. 다리아픈 것을 잊기 위해 세 친구는 살아온 이야기를 돌아가며 하기로 하였습니다. 첫째 청년이 얘기를 했습니다. 초등학교 때 여자 선생 좋아했던 이야기로부터 시작해서 지금까지의 인생을 쭉 얘기하고 나니 한 20~30층을 올라왔습니다. 다음에 두 번째 청년이 얘기를 했습니다. 군대 이야기, 직장 상사 골려 주던 이야기를 다 하고 나니 거의 60~70층을 올라왔습니다. 한 발짝도 떼 놓을 수 없을 정도로 다리가 아팠지만 청년들은 계단을 계속 걸어 올라갔습니다. 그러나 다음 세 번째 청년의 일생 얘기를 다 듣고 나니 어느덧 95층까지 올라왔습니다. 기어가다시피 문 앞까지 다가온 세 청년이 열쇠 가진 청년한테 말했습니다. "야, 빨리 문 열어. 죽기 일보직전이다." 그때에 열쇠를 가진 청년이 이렇게 대답했습니다. "아차, 열쇠를 차에다 놓고 내렸다."

힘든 인생을 열심히 살다 죽어서 천국 문 앞에 이르러서 '아차, 내가 예수님을 영접하지 않아 못 들어가는구나' 라고 후회하지 맙시다. 죽음은 마침표가 아닙니다. 영원한 삶의 시작입니다. 예수님의 부활이 이것을 증명해 보여주고 있습니다.

부활은 역사적 사실이다

사도행전 4:5~14

너희와 모든 이스라엘 백성들은 알라 너희가 십자가에 못 박고 하나님이 죽은 자 가운데서 살리신 나사렛 예수 그리스도의 이름으로 이 사람이 건강하게 되어 너희 앞에 섰느니라 이 예수는 너희 건축자들의 버린 돌로서 집 모퉁이의 머릿돌이 되었느니라 다른 이로써는 구원을 받을 수 없나니 천하 사람 중에 구원을 받을 만한 다른 이름을 우리에게 주신 일이 없음이라(10-12).

지금으로부터 약 2천 년 전 이른 봄, 예루살렘 성은 감격과 불안으로 팽팽히 긴장되어 있었습니다. 예루살렘에 예수라는 청년이 등장한 것입니다. 이스라엘 사람들은 거의 3년에 걸쳐 이 청년에 대한 소문을 들어왔습니다. 이 청년은 이스라엘 변방을 돌아다니며 백성들을 가르쳤습니다. 병자를 고치고 죽은 자를 살렸다는 소문이 끊이지 않았습니다. 떡 다섯 덩이로 오천 명을 먹였다는 소문도 들립니다. 소문으로만 듣던 청년 예수가 드디어 예루살렘에 등장한 것입니다. 기대감에 부풀어 청년 예수를 맞이하는 예루살렘 시민들의 환영은 대단한 것이었습니다.

예수라는 청년에 대한 군중들의 열광은 이스라엘 지도자들을 불안하게 만들었습니다. 청년 예수는 예루살렘에 들어오자마자 성전으로 들어가서 환전 센터를 뒤엎었고, 제사용 짐승들을 파는 상인들에게 채찍을 휘둘렀습니다. 그리고는 천연덕스럽게 매일 성전에 와서 백성

3. 신앙의 기초 *91*

들을 가르쳤습니다. 가장 똑똑하다는 율법학자들이 신학적인 질문을 던져 궁지에 몰아넣으려 했지만 예수의 대답에는 거침이 없었고, 거꾸로 그들을 궁지로 몰아넣음으로써 민중들의 인기를 더 고조시키는 꼴이 되어버리고 말았습니다.

유대인 지도자들은 이 청년 예수를 죽이기로 결심했습니다. 시기심도 있었지만 자칫하다 민중 봉기라도 일어나면 로마 군인들에게 자기네들까지 피해를 받을 것이 두려웠기 때문입니다. 그러나 예수의 인기가 대단해서 당장은 손을 댈 수가 없었습니다. 그러던 차에 예수의 측근 가룟 유다라는 제자가 대제사장을 찾아와서 흥정을 벌였습니다. 은 서른 냥을 주면 예수 있는 곳으로 안내해주겠다는 것입니다. 은 서른 냥이면 당시 노예 한 사람을 살 수 있는 액수였습니다. 그들은 체포일을 금요일 밤으로 잡았습니다. 금요일 밤, 유월절 만찬이 끝날 때쯤해서 제사장들은 성전을 지키는 경비병들에게 칼과 몽둥이를 주고 횃불을 들려서 예수가 기도하고 있다는 감람산으로 파견했습니다. 공회 회원들에게는 심야 특별 재판을 준비하라고 당부했습니다. 당시 이스라엘을 다스리고 있던 총독 빌라도에게도 새벽에 급히 처리해야 될 죄인이 있으니까 재판 준비를 해달라는 부탁도 해 놓았습니다.

가룟 유다는 경비병들에게 자기가 입맞추는 사람이 예수이니 체포하라고 미리 일러두었습니다. 자기를 배반하는 제자를 슬픈 눈으로 바라보시며 예수님은 자기를 잡으러 온 사람들에게 물었습니다. "너희가 누구를 잡으러 왔느냐?" "우리가 나사렛 예수를 잡으러 왔다." 예수님은 한 걸음 나서시면서 "내가 나사렛 예수다" 하셨는데 그 태도에 얼마나 위엄이 있었는지 예수를 잡으러 왔던 사람 중의 일부는 땅에 고꾸라지기까지 했습니다. 예수님은 말씀하셨습니다. "너희들은 나만 잡아가고 내 제자들에게는 손대지 마라." 그러나 이미 제자들은 뺑소니치고 없었습니다. 성전 경비병들은 그 당시 대제사장인 가야바의 장인, 안나스의 집으로 예수를 끌고 갔습니다. 밤 11시에서 12시 사이였을 것입니다. 안나스는 예수를 심문했지만 사형 선고를 내릴 만한 꼬투리를 잡을 수가 없었습니다. 거짓 증인들을 내세워보았지만 별 신통한 증언을 얻을 수 없었습니다. 기껏해야 이 사람이 예전에 성전을 무너뜨리면 사흘만에 짓겠다고 했다는 정도였습니다.

답답해진 가야바는 예수님에게 선서를 시켰습니다. "네가 그리스도냐?" 예수께서 대답했습니다. "그렇다." 이 대답이 떨어지자 가야바는 외쳤습니다. "자기가 그리스도라고 인정을 했는데 더 물어 볼 것이 무엇이 있느냐?" 이들은 예수님을 묶어서 공회에 데리고 갔습니다. 같은 날 밤 세 번째 받는 재판입니다. 예수를 잡아 죽여야 한다고 법석을 떠는 대제사장과 그의 동료 앞에서 반대하는 사람 없이 예수님은 사형 선고를 받았습니다.

새벽녘이 되었습니다. 이들은 예수님을 빌라도 총독 앞으로 데리고 갔습니다. 이스라엘 백성들은 로마의 통치 밑에 있었기 때문에 그들에게는 사형권이 주어지지 않았습니다. 그래서 총독이 사형 선고를 내려 주기 바랐습니다. 그러나 예수를 심문하여 본 빌라도 총독은 예수가 죄가 없다는 것을 발견하고 매나 때려서 놓아주려고 했습니다. 다급해진 유대인 지도자들은 예수를 단순한 종교범으로 몰아선 되지 않겠다고 생각했습니다. 예수를 정치범으로 몰면서 빌라도를 협박했습니다. "이 자가 자신이 유대인의 왕이라고 하는데 만일 이 사람을 놓아줄 것 같으면 당신은 가이사에게 반기를 드는 것입니다." 이 말에 총독은 굴복하고 말았습니다. 물을 가져오라고 하고 손을 씻으면서 말했습니다. "나는 이 사건에서는 손을 뗀다. 나는 무죄하다." 그리고는 예수를 십자가에 처형하도록 내어 주었습니다.

십자가는 노예나 처형하는 치욕적인 사형 방법입니다. 그래서 로마 시민권을 가진 사람은 십자가에 못 박는 대신에 목을 베었습니다. 사형선고가 내리자 군인들은 예수의 옷을 벗기고 40대의 매를 때리기 시작했습니다. 가죽에 뾰족뾰족한 소의 이빨이나 납덩이를 달아 만든 매이기 때문에 등허리에 떨어지면 살을 쫙쫙 찢고 피가 튀게 만들었습니다. 십자가에 달려 죽는 사람은 자기가 매어 달릴 십자가를 자기가 메고 가야 됩니다. 그들은 예수님에게 십자가를 지우고 처형 장소인 골고다로 향해 걷기 시작하였습니다. 그러나 밤이 새도록 재판을 받으시고 심한 매를 맞으신 예수님께서는 십자가를 지고 갈 수가 없었습니다. 힘이 없어서 자꾸만 쓰러지셨습니다. 안되겠다 싶어 한 군인이 옆에서 구경하고 있던 구레네에서 온 시몬이라는 사람에게 십자가를 대신 지게 했습니다.

골고다라는 언덕에는 예수 외에도 강도 두 명이 처형을 받게 되어 있었습니다. 군인들은 십자가를 땅 위에 눕혀놓고 예수님을 뉘인 다음 못을 박았습니다. 오른 손에, 그리고 왼 손에 못을 대고 망치질을 했습니다. 두 발을 모으고 그 위에도 못을 대고 망치질을 했습니다. 예수님이 십자가에 못 박힌 것을 본 유대 지도자들은 비로소 안도의 숨을 내쉬었습니다.

청년 예수는 십자가에 매달렸고 그의 제자들은 흔적도 없이 사라졌

 교회는 병원이다

습니다. 유대 지도자들은 이제는 모든 것이 끝났다고 생각했습니다. 그래서 공회 위원 중의 한 사람인 아리마대 요셉이 빌라도에게 가서 예수의 시체를 내어 달라고 해서 자기 무덤에 묻었다는 이야기를 들었어도 특별히 신경 쓰지 않았습니다. 더군다나 시체를 내리기 전에 백부장이 염통을 찔러서 죽음을 확인했다는 보고도 있었기에 마음을 놓았습니다. 그러나 예수가 살아 생전에 자기가 죽었다가 다시 살아날 것이라고 말했다는 소문이 기억나서 빌라도에게 무덤 입구에 로마 군인들을 배치해 줄 것을 요청했습니다. 그 결과로 삼엄한 경비가 세워졌습니다.

이때로부터 두 달이 지났습니다. 비겁했던 제자들이 용감한 전도자로 변해서 예루살렘을 누비기 시작합니다. 예수의 추종자가 마구 늘어납니다. 어떤 날은 하루에 3천명이 예수의 추종자가 되기로 결심했다는 소문이 들립니다. 예수의 추종자들이 만 명이 되었다는 소문도 들립니다. 그러던 중 예수의 추종자 두 명이 성전 미문 앞에서 구걸하는 날 때부터 앉은뱅이인 거지를 고쳤다는 소문이 들립니다. 이스라엘의 지도자들은 이 두 사람을 급히 체포해 오도록 하였습니다. 다음날 재판이 벌어졌습니다. 이 재판을 주재한 사람은 예수를 십자가에 못 박도록 판결을 내렸던 안나스와 가야바의 일당들이었습니다.

이상이 오늘 본문의 배경입니다. 베드로와 요한을 앞에 세우고 유대 지도자들은 물었습니다. "너희가 무슨 권리로 성전에 와서 이런 소동을 부리느냐?" 베드로와 요한은 대답합니다. "너희가 십자가에 못 박고 하나님이 죽은 자 가운데서 살리신 나사렛 예수 그리스도의 이름으로 이 사람이 건강하게 되어 너희 앞에 섰느니라"(10절). 베드로와 요한은 전연 두려운 기색이 없습니다. 자기네들을 죽일 권리를 가진 높은 지도자들 앞에서 구원의 도를 전하려고까지 했습니다. 4장 12절을 보면 베드로와 요한은 이렇게 선포합니다. "다른 이로써는 구원을 받을 수 없나니 천하 사람 중에 구원을 받을 만한 다른 이름을 우리에게 주신 일이 없음이라." 별로 학식도 없어 보이는 사람들이 이처럼 지혜롭고 담대히 자신의 의사를 표시해 왔을 때에 지도자들이 어리둥절했을 것은 당연합니다.

두 달 전, 자신의 선생이 잡혀갔을 때만 해도 뺑소니치기에 급급했던 비겁했던 제자들이 무슨 계기로 이렇게 변할 수 있었을까? 이것이 지도자들의 마음속에 떠올랐던 의문이었을 것입니다. 이것은 또한 우리의 의문이기도 합니다. 무엇이 이들을 이처럼 극적으로 변화시켰을까? 이들을 변화시킨 것은 예수님의 부활 사건이었습니다.

의지하던 선생님이 십자가에 달려 처형당했을 때에 제자들은 실망과 좌절에 빠지지 않을 수 없었을 것입니다. 살길을 찾아 뿔뿔이 흩어졌고 어부였던 제자들은 3년 전에 버렸던 그물을 다시 잡았습니다. 바로 이때 예수님께서 나타나셨습니다. 부활하신 주님을 이들은 직접 눈으로 확인했습니다. 만져보았습니다. 그러면서 그들은 깨달았습니다. "그가 찔림은 우리의 허물 때문이요 그가 상함은 우리의 죄악 때문이라 그가 징계를 받으므로 우리는 평화를 누리고 그가 채찍에 맞으므로 우리는 나음을 받았도다"(사 53:5).

부활의 사건이 제자들을 용감한 사람으로 만들었습니다. 이들은 예수님이 베다니에서 하신 약속의 말씀을 기억했을 것입니다. "나는 부활이요 생명이니 나를 믿는 자는 죽어도 살겠고 무릇 살아서 나를 믿는 자는 영원히 죽지 아니하리니." 예수님의 부활 사건은 그들에게 영원히 죽지 아니하리라는 소망을 주었습니다. 이제는 죽음을 두려워할 필요가 없어졌습니다. 죽음이 두렵지 않기에 이제는 무서울 것도 없어졌습니다. 예수를 잡아죽인 적들이 자신들을 잡아죽이려고 하였지만 담대할 수 있었습니다. 예수가 부활했으면 자신들도 부활하리라는 확신이 생겼기 때문입니다.

우리도 예수님을 영접하면 영원한 생명을 소유합니다. 그래서 우리도 제자들처럼 죽음을 두려워하지 않으면서 살 수 있습니다. 믿지 않는 사람들은 앞으로 죽어야 될 사람들이지만, 예수를 믿는 여러분과 저는 이미 죽은 사람입니다. 죽음을 두려워해야 할 필요가 없습니다. 죽음을 두려워하지 않는 사람처럼 무서운 사람은 없습니다. 우리가 바로 이런 무서운 사람입니다.

저는 첫 직장 생활을 두려움으로 시작했습니다. 제가 일하던 연구소가 명문 스탠포드 대학 실험실이었기 때문에 연구원 중 60~70퍼센트는 스탠포드 출신이고 그 나머지도 거의 모두가 미국 일류 대학 출신입니다. 명문 사립학교에 비하면 시골 학교라고밖에 할 수 없는 오하이오 주립대학 출신인 저는 주눅이 들 수밖에 없었습니다. 게다가 연구소 소장은 기억력이 탁월하고 냉철한 영국인이었습니다. 파란 눈으로 쳐다볼 때면 나의 숨겨진 생각조차도 다 읽고 있는 것과 같은 두려움을 느꼈습니다. 그를 대면하는 것이 겁이 났습니다. 그래서 하루는 내 자신을 스스로 살펴보았습니다. 내가 무엇을 두려워하는 것인가? 내가 두려워하는 최악의 상황이 어떤 것인가? 내가 두려워했던 것은 해고였습니다. 그래서 실업자가 되는 것이었습니다. 그 결과로 굶어죽는 것이었습니다. 그러면서 깨달아지는 것이 있었습니다. 만일 죽는 것이 최악의 경우라면 나는 두려워할 필요가 없다는 것입니다. 나는 이미 죽은 사람이기 때문입니다. 이 생각이 들면서 저는 평온을 되찾기 시작했습니다. '기껏해야 죽기밖에 더 하겠느냐?' 하는 배포가 생기면서 점점 소장 대하기가 수월해졌고 나중에는 농담까지 주고받는 사이로 발전했습니다.

우리 크리스천들은 예수님과 더불어 죽었기 때문에 예수님과 더불어 부활할 것입니다. 바울은 로마서 6장 4절에 이렇게 말합니다. "그러므로 우리가 그의 죽으심과 합하여 침(세)례를 받음으로 그와 함께 장사되었나니 이는 아버지의 영광으로 말미암아 그리스도를 죽은 자 가운데서 살리심과 같이 우리로 또한 새 생명 가운데서 행하게 하려 함이라." 우리는 이미 죽은 사람들이기 때문에 죽음을 두려워할 필요가 없습니다. 용기 있는 삶을 살 수가 있습니다. "기껏해야 죽기밖에 더 하겠느냐?" 외치면서 용기 있게 사시는 성도님들이 되시길 바랍니다.

4. 크리스천의 삶

좋은 부모, 좋은 자녀(엡 6:1~4)
자유합시다(빌 4:10~13)
주를 섬기듯(골 3:22~4:1)
하나님의 음성을 듣는 법-성경적 근거(계 3:20)
하나님의 음성을 듣는 법-실제(약 1:5~7)
하나님의 음성을 듣는 법-경고(요 10:1~5)
끝 잘 맺는 인생(삼상 12:1~5)
하나님 마음에 드는 사람(삼상 16:6~13)

좋은 부모, 좋은 자녀

에베소서 6:1~4

자녀들아 주 안에서 너희 부모에게 순종하라 이것이 옳으니라 네 아버지와 어머니를 공경하라 이것은 약속이 있는 첫 계명이니 이로써 네가 잘 되고 땅에서 장수하리라 또 아비들아 너희 자녀를 노엽게 하지 말고 오직 주의 교훈과 훈계로 양육하라.

본문 말씀은 사도 바울이 에베소 교회에 쓴 편지 중 올바른 부모와 자녀 관계를 설명한 대목입니다. 올바른 관계는 영적인 것에서 시작됩니다. 그래서 바울은 영적인 차원에서 권면을 합니다. 성령 충만을 받으라고 말합니다. "술 취하지 말라 이는 방탕한 것이니 오직 성령으로 충만함을 받으라"(5:18). 그리고는 5장 22절~6장 9절에서 부부 관계, 자녀와 부모 관계, 상전과 종의 관계를 설명하고 있습니다. 그리고는 다시 영적인 차원에서 결론을 내립니다. "끝으로 너희가 주 안에서와 그 힘의 능력으로 강건하여지고 마귀의 궤계를 능히 대적하기 위하여 하나님의 전신 갑주를 입으라 우리의 씨름은 혈과 육을 상대하는 것이 아니요 통치자들과 권세들과 이 어둠의 세상 주관자들과 하늘에 있는 악의 영들을 상대함이라"(6:10~12).

바울이 관계성에 관한 말을 하면서 앞뒤에 영적인 권면을 넣는 것은 올바른 인간 관계를 유지하려면 영적으로 건강해야 하기 때문입니다. 역으로, 영적으로 승리하기 위해서는 부부 관계가 돈독해야 하고 부모 자녀와의 관계가 건실해야 합니다. 주종 관계가 분명해야 합니다. 그래서 바울은 가정 생활 규범 전후에 성령 충만하라는 영적 권면의 말씀과 영적 싸움에 승리하라는 말씀을 넣은 것입니다.

6장 1절에서 바울은 자녀들에게 "자녀들아 주안에서 너희 부모에게 순종하라 이것이 옳으니라"라고 했습니다. 하나님은 자녀들이 부모에게 순종하기를 원하십니다. 이유는 없습니다. 옳기 때문입니다. 옳은 일이기 때문에 마땅히 순종해야 됩니다. '옳다'는 '의롭다'와 어원이 같습니다. 의로운 사람, 하나님의 칭찬을 받는 사람이 되기 원하시면 부모에게 순종하여야 합니다.

2절에서는 같은 말을 조금 바꾸어 다시 반복합니다. "네 아버지와 어머니를 공경하라"고 했습니다. '순종하라'는 행동을 가리키고 '공경하라'는 마음가짐을 의미합니다. 공경은 영어로 honor라고 번역되어 있습니다. '영예스럽게 하라. 즉, 어떤 사람의 가치를 정확하게 판단하여 그 가치에 합당한 대우를 하라'는 것이 바로 honor라는 영어 단어로 번역된 헬라어의 의미입니다. 그래서 대통령이면 대통령에 합당한 대접을 하는 것이 그분을 영광스럽게 하는 것입니다. 부모도 합당한 대접을 하는 것이 바로 부모를 공경하는 방법입니다.

부모님이 자식을 위해 많은 것을 희생하신 것을 깨닫는 것이 공경의 첫 걸음입니다. 가끔 부모가 자신을 위해서 해 준 것이 없다고 말하는 분이 있는데 낳아 주시고 키워 주신 것 하나만으로도 이미 많은 것을 하셨고, 희생을 치르신 것입니다. 한 어머니가 아침 식탁을 치우다 종이 쪽지를 발견했습니다. 8살 난 아들이 학교 가기 전에 놓고 간 청구서입니다. 심부름 값 50센트, 말 잘 들은 값 20센트, 피아노 연습한 값 30센트, 기타 10센트, 합계 1불 10센트를 요구하는 청구서였습니다. 방과 후 아들이 집에 와서 보니 엄마가 식탁 위에 자신이 청구한 1불 10센트를 놓아 둔 것을 발견하였습니다. 그런데 돈 밑에는 엄마가 요구한 청구서가 놓여져 있었습니다. 사랑해준 값 0, 옷, 장난감, 신발 값 0, 아침, 점심, 저녁 값 0, 방 사용료 0, 합계 0이라고 적혀 있었습니다. 우리는 부모님의 희생은 값으로 따질 수 없이 크다는 사실을 알아야 합니다.

부모를 공경하라는 계명은 십계명 중 다섯 번째 계명으로 다른 계명과는 달리 약속이 첨부되어 있습니다. 출애굽기 20장 12절에 "네 부모를 공경하라 그리하면 네 하나님 여호와가 네게 준 땅에서 네 생명이 길리라" 했습니다. 네 생명이 길리라는 것은 개인적으로 오래 산다는 것만을 의미하지 않습니다. 부모를 잘 공경하면 그 땅에 잘 정착할 수 있는 뿌리 깊은 가정을 이룰 것이고, 그 땅에 오래오래 번성하리라는 축복의 약속입니다. 우리 주위에서 믿지 않는 사람이라 할지라도 부모를 잘 공경하는 자식들은 그 가정이 잘 되는 것을 봅니다. 하나님의 원하시는 방법에 따라 살면 안 믿는 사람에게조차도 축복이 따라오기 마련이기 때문입니다.

잘 되는 축복 중의 하나는 늙고 난 후에 자녀들의 효도를 받는 것입니다. 효자 집에 효자 난다는 말이 이 의미입니다. 요즈음 젊은이 중 더러는 부모 공경은 소홀히 하면서 자식들에게는 공경 받을 것을 기대하는 사람이 있습니다. 이것은 착각입니다. 자녀들에게 아무리 잘해 줘도 잘못해준 것을 기억하지 잘해준 것을 기억하지 않습니다. 부모가 해준 것이 없다고 느끼는 것은 부모가 해준 것이 없는 것이 아니라 기억하지 못하는 것입니다. 자녀들에게 공경 받기를 원하시면 부모를 잘 공경하시기 바랍니다.

자녀들은 듣고 배우는 것이 아니라 보고 배웁니다. 저는 제 조모님이 해주신 이야기를 지금도 기억하고 있습니다. 고려장에 관한 이야기입니다. 옛날에는 먹을 양식이 부족했기 때문에 부모가 아주 연로해지면 갖다 버렸습니다. 이 풍습이 고려 때 생겼다고 해서 고려장입니다. 옛날 어느 가난한 집 아들이 늙은 아버지를 갖다버리려고 지게에 얹고서 깊은 산 속으로 들어갔습니다. 먼길이라 돌아올 때에 심심할 것 같아서 자기 어린 아들도 데리고 갔습니다. 먼길을 걸어서 깊은 산 속 굴에다 아버지를 버렸습니다. 내려오다 뒤돌아보니 아들이 아버지를 지었던 빈 지게를 지고 내려옵니다. "야, 이놈아 그건 왜 지고 오냐. 재수 없게." 어린 아들이 대답했습니다. "이담에 아버지 늙으면 쓰려고요." 자녀들은 보고 배웁니다.

부모를 공경하는 방법은 자신이 늙게 될 때에 자녀들이 해주기를 바라는 것을 부모님한테 해드리는 것입니다. 1절을 보면, "자녀들아 주 안에서 너희 부모에게 순종하라"고 했습니다. 그러나 이 명령은 자녀가 결혼하기 전까지만 해당합니다. 어쩌면 성년이 되어서 대학교에 들어갈 때까지만이라고 말해야 할지도 모릅니다. 그러므로 연로한 부모들에게 보여드리는 공경은 순종이 아니라 필요를 채워드리는 것입니다.

부모님들의 필요가 무엇입니까?

첫째는 버림받지 않으리라는 확신입니다. 연로한 부모님들은 버림

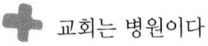

받고 외로이 살아야 하는 데에 대한 두려움이 있습니다. 그러므로 "부모님은 우리가 모시겠습니다." 마음을 놓으시도록 확신을 심어드리는 것이 공경하는 것입니다. 부모가 연로해지셨을 때에 꼭 부모를 모시고 살라는 것이 아닙니다. 부모님 자신들이 노인 아파트에서 홀로 사는 것을 선호하실 지도 모릅니다. 그러나 부모님의 노후는 우리가 책임지겠다고 하는 말과 태도가 필요합니다. 하나님의 사랑은 낮은 데로 고이는 사랑입니다. 부모님들이 힘을 다 잃고 낮은 자리에서 갈 곳이 없어 하신다면 하나님의 마음이 어떻겠습니까? 우리가 어차피 부모님을 모실 것이면 지금부터 모시겠습니다라고 말해서 마음을 편안하게 해드립시다.

둘째는 대화입니다. 부모님들하고 대화를 나누는 것이 부모님을 공경하는 것입니다. 미국에 살자면 손자, 손녀들은 영어만 쓰고, 텔레비전도 영어로만 나옵니다. 한국 비디오를 빌려다 소일을 하시지만 이것이 말하는 욕구를 채워주지는 못합니다. 이러한 부모님과 대화를 나누시기 바랍니다. 미국 생활을 잘 모르시더라도 집안에 일이 있을 때에 의논도 드리고 진행되고 있는 상황을 알려드리시기 바랍니다.

저는 연로하신 부모님께도 권면의 말씀을 드리고 싶습니다.

첫째, 자녀에 대한 기대치를 낮추시기 바랍니다. 사랑은 내리 사랑이기 때문에 부모가 자식을 사랑하는 것처럼 자식이 부모를 사랑할 수가 없습니다. 또 하나의 고려장 이야기가 있습니다. 옛날 어떤 가난한 집 아들이 연로한 어머니를 지게에 싣고 깊은 산 속으로 갑니다. 꼬불꼬불한 산 속을 올라가는데 모퉁이를 돌 때마다 지게 위의 어머니가 소나무 가지를 꺾어 놓습니다. 아들이 묻습니다. "어머니, 왜 소나무 가지를 꺾어 놓으세요?" 어머니가 대답했습니다. "애야, 길이 험한데 너 혹시 내려오다가 길 잃으면 어쩌니. 내가 꺾어 놓은 소나무 가지를 좇아 내려가거라." 이것이 어머님의 사랑입니다. 부모님의 사랑은 흉내도 낼 수 없습니다. 기대치를 낮추시면 좋은 일이 생깁니다. 기대를 하지 않으니까 속상하거나 화가 나지 않습니다. 그러다가 자녀들이 기대하지 않았던 것을 해주면 기쁨이 됩니다. 기대치를 낮추시기 바랍니다.

둘째, 자녀들을 위해서 기도해 주시기 바랍니다. 자녀를 양육하고 훈계하는 것은 결혼하기 전까지입니다. 결혼시킨 후에는 훈계보다 기도로 도우셔야 합니다. 아침, 점심, 저녁으로 10분, 20분, 30분씩 정해 놓고 기도해 주시기 바랍니다. 자녀들이 하나님 앞에서 올바르게 쓰임 받는 사람이 되고, 세상의 빛이 되기 위해서 기도해 주시기 바랍니다. 젊은 사람들은 시간이 없기 때문에 기도를 못합니다. 자녀들의 기도 제목들을 살피셔서 자녀들을 대신해서 기도해 주시기 바랍니다. 기도는 엄청난 힘을 갖고 있습니다. 무슨 문제가 있든지 하나님 앞에 갖고 가서 구하면 해결되게 돼 있습니다. 그러나 젊은 사람들은 이것을 잘 못합니다. 하나님께 기도하기보다는 자기가 해결하려고 하다가 일이 꼬이는 것을 종종 봅니다. 부모님들은 자녀들을 위해서 기도하시고 자녀들을 대신하여 기도하셔서 기도의 보호막을 씌워 주시는 좋으신 부모님이 되시기를 바랍니다.

사도 바울은 4절에서는 부모에게 권면합니다. "아비들아 너희 자녀를 노엽게 하지 말고 오직 주의 교훈과 훈계로 양육하라"고 했습니다. 우선 '아비들아'로 시작됩니다. 이것은 하나님께서 자녀를 양육하는 책임을 아버지에게 주셨다는 것을 알 수 있습니다. 우리 아버지들은 직장 생활에 바쁘다는 핑계로 어머니에게 맡겨 놓습니다. 그러나 자녀 양육은 어떤 형태로든 아버지가 책임을 져야 됩니다.

부모를 향하여 사도 바울은 해야 될 것 한 가지와 하지 말아야 할 것 한 가지를 말합니다. 하지 말 것은, 자녀를 노엽게 하지 말라는 것입니다. 해야 할 것은, 주의 교훈과 훈계로 양육하라는 것입니다. 노엽게 하지 말라는 것은 짜증이나 신경질 나게 만들지 말라는 것입니다. 하나님은 부모들에게 자녀를 주의 교훈과 훈계로 양육하라고 하셨는데, 많은 부모님이 자녀를 양육하지는 않고서 노엽게만 만듭니다. 특별히 한국 가정에서는 부모님이 자녀에게 하지 말라고 하는 것이 많습니다. 자녀들 입장에서는 하지 말라는 것만 많고, 할 수 있는 것은 별로 없으니 노엽지 않을 수 없습니다. 어린 시절부터 속에 쌓이고 쌓이다가 틴에이저가 되어서 이것들이 폭발합니다. 틴에이저가 반항하는 것은 어릴 때부터 쌓인 노여움이 표현되는 것뿐입니다.

자녀들이 부모에게 가장 원하는 것은 부모들이 관심 가져 주고 사랑을 쏟아 주는 것입니다. 자녀들이 제일 싫어하는 것은 야단맞는 것이 아니라 무시당하는 것입니다. 보통 부모들은 잘하고 있을 때는 가만히 있다가 말썽을 부리면 관심을 쏟아줍니다. 자녀들 입장에서는 문제를 일으켜야만 부모님의 관심을 받습니다. 많은 자녀들이 상습적으로 말썽을 일으키는 것이 당연합니다.

극성스러운 쌍둥이 남자아이들을 가진 어떤 엄마가 자녀교육 성경 공부 시간에 이 사실을 배웠습니다. 식사 시간에는 엄마가 밥숟가락을 들고 쫓아다니며 먹여야 하는 극성스러운 아이들입니다. 이 때문에 저녁 식사 때가 되면 직장에서 돌아온 피곤한 아빠는 신경질 부리고, 엄마는 엄마대로 속상합니다. 그래서 배운 대로 해 보기로 결심했습니다. 밥 안 먹고 막 뛰어다니면 가만 두었습니다. 그러다가 한 아이가 의자에 잠깐 걸터앉아서 밥을 두세 숟갈 떠서 입에 넣었습니다. 이때를 포착해서 엄마가 호들갑을 떨면서 칭찬을 해주었습니다. "야, 너 밥 두 숟갈이나 먹었구나. 얌전히 앉아서 잘도 먹네." 그러니까 이 아이가 신이 나서 더 먹습니다. 때를 쓰던 다른 아이가 보니까 자기는 무시하고 형은 칭찬을 합니다. 그러니까 자기도 "엄마, 나도 먹어"하며 의자에 앉아서 숟갈질을 하기 시작하였습니다. 잘못 할 때 무시하고 잘할 때에 칭찬해 주니까 자녀들이 놀라울 정도로 변했습니다.

  우리 성도님들은 안 된다, 안 된다, 못하게만 하지 말고 주의 교양과 훈계로 양육하시는 부모님이 되시기 바랍니다. 자녀들은 보고 배우지, 듣고 배우지 않는다는 사실을 기억하시기 바랍니다. 자녀들이 보고 배울 수 있도록 부모님을 공경하되 자신이 늙은 다음에 받고 싶은 것을 그대로 부모님께 해 드리시기 바랍니다. 이 다음에 내 자녀가 이렇게 되었으면 하고 바라는 그 사람이 먼저 되시길 바랍니다.

자유합시다

빌립보서 4:10~13

내가 궁핍하므로 말하는 것이 아니니라 어떠한 형편에든지 나는 자족하기를 배웠노니 나는 비천에 처할 줄도 알고 풍부에 처할 줄도 알아 모든 일 곧 배부름과 배고픔과 풍부와 궁핍에도 처할 줄 아는 일체의 비결을 배웠노라 내게 능력 주시는 자 안에서 내가 모든 것을 할 수 있느니라(11~13).

오늘 말씀의 주제는 자유입니다. 제가 연구실에서 일하다가 41세의 적지 않은 나이에 신학교에 들어가 보니 대부분의 학생들이 어렸습니다. 이 어린 친구들 중에서 안면이 있는 한국 학생들이 있었습니다. 그런데 이 젊은 친구들이 스쳐지나가면서 인사를 하지 않습니다. 그럴 때면 무척 속이 상했습니다. 저보다 적어도 열 살이 아래인 사람들인데 말입니다. 제가 다니던 골든 게이트 신학교는 캘리포니아에서도 가장 아름답다고 할 수 있는 곳에 소재하고 있어서 캠퍼스가 마치 아름다운 휴양지 같습니다. 그래서 아침마다 상쾌한 기분으로 공원을 산책하듯이 걸어서 기숙사에서 교실을 향해 걸어가곤 했는데 이런 일이 생기면 기분이 잡칩니다. 하루 종일 불쾌합니다. 그때 제가 자유함에 대해 생각하게 됐습니다. 그들로 인하여 불쾌해진다는 사실은 내 감정이 그들로부터 지배를 받고 있다는 결론을 내리게 되었습니다. 그래서 제가 앞으로는 그들의 구속을 받지 아니하고 자유스러워져야겠다고 결심하고 제가 먼저 인사를 하기 시작했습니다. 그렇게 했을 때에 그들도 먼저 인사를 하게 되었고 설혹 인사를 하지 않고 지나가더라도 내가 먼저 인사를 하니까 기분 나쁜 것이 없어졌습니다. 그 후로는 아침의 상쾌함을 하루 종일 즐길 수 있게 되었습니다.

우리 크리스천들은 자유할 수 있고, 자유해야 됩니다. 이것은 기독교인들의 특권이면서 의무입니다. 신앙 생활이 성숙하면서 점점 자유로운 사람이 됩니다. 점점 타인이나 환경의 영향을 받지 않게 됩니다. 그런데 주위에서 보면 정말 기독교인이 마땅히 누려야 될 자유를 누리지 못하면서 사는 분들이 많습니다.

오늘 본문에 나오는 바울에게서 진정한 자유인의 모습을 봅니다. 빌립보서는 바울이 감옥에 있을 때에 쓴 편지입니다. 빌립보 교인들이 보낸 헌금을 받고 바울이 감사해서 쓴 편지입니다. 바울은 로마 시민권 때문에 영창 신세를 면하고 연금 상태로 있었습니다. 그래서 생활비가 필요했습니다. 다른 교회는 바울의 속을 많이 썩였는데 빌립보 교회는 끝까지 바울을 기쁘게 했던 교회입니다. 빌립보 교회는 마케도니아에 있던 교회입니다. 바울이 무역을 크게 하는 어떤 여자 분을 만나서 시작한 교회입니다. 이 교회는 바울을 끝까지 잊지 아니하고 헌금을 보냈습니다.

한동안 빌립보 교회가 바울을 돕는 일에 좀 등한했던 것 같습니다. 한참만에 바울은 빌립보 교회로부터 사랑의 헌금을 받은 것으로 보입니다. "내가 주 안에서 크게 기뻐함은 너희가 나를 생각하던 것이 이제 다시 싹이 남이니"(10절). 바울은 빌립보 교인들이 무안해 할까봐 이런 말을 덧붙입니다. "너희가 또한 이를 위하여 생각은 하였으나 기

교회는 병원이다

회가 없었느니라"(10절 하반절). 그러면서 자유를 언급합니다. "내가 궁핍하므로 말하는 것이 아니니라 어떠한 형편에든지 나는 자족하기를 배웠노니"(11절). "나는 비천에 처할 줄도 알고 풍부에 처할 줄도 알아 모든 일 곧 배부름과 배고픔과 풍부와 궁핍에도 처할 줄 아는 일체의 비결을 배웠노라"(12절). 바울이 기뻐하는 것은 돈이 생겨서가 아니라 빌립보 교인의 사랑과 염려를 확인하게 되었기 때문임을 말하고 있습니다.

바울은 물질로부터 자유로운 사람입니다. 흔히들 돈이 많으면 자유로울 것이라고 생각하지만 아닙니다. 돈이 많으면 부자유해집니다. 욕심의 노예가 되기 때문입니다. 더 벌어야겠다는 욕망의 노예가 되기 때문입니다. 돈이 많아지면 살림이 늘어나기 때문에 모자라는 것은 마찬가지입니다. 살림이 커지면 모자라는 단위도 덩달아 커지기 때문입니다. 이렇게 항상 모자라는 것처럼 느껴지는 것이 돈에 대한 욕심입니다. 그렇다고 돈이 없으면 자유로워진다는 말은 아닙니다. 물질이 없어도 자유롭지 못할 수가 있습니다. 돈이 없기 때문에 시기심의 노예가 되기도 하고 원망에 매이기도 합니다. 아내는 돈 좀 시원시원하게 벌어오지 못하는 남편이 원망스럽습니다. 남편은 아내가 기술이라도 배워서 일을 좀 했으면 가계에 도움이 되겠건만, 무능하게 집에만 있는 것이 불만족스러울 수도 있습니다. 그러나 바울은 이러한 것들을 다 초월하고 자유함을 누렸습니다. 바울은 하나님께서 물질을 주시면 아무 가책 없이 주신 풍요를 즐기며 감사하며 지냈습니다. 그러나 물질을 안 주시면 없는 대로 감사하며 자유함을 누렸습니다. 크리스천들은 이렇게 자유해야 합니다. 자유하는 것은 우리의 특권이면서 책임입니다. 우리는 매인 것이 있어서는 안 됩니다.

바울이 이렇게 자유로울 수 있었던 이유가 13절에 적혀 있습니다. "내게 능력 주시는 자 안에서 내가 모든 것을 할 수 있느니라." 많은 분들이 이 구절 하나만 인용해서 '나는 능력 주시는 자 안에서 무슨 일이든 할 수 있다'는 의미로 해석을 합니다. 성경 구절은 문맥을 보고 해석해야 합니다. 문맥을 보면 '모든 것'이라는 것은 '무엇이든지'라는 의미가 아니라 모든 여건을 의미한다는 것을 알 수 있습니다. 바울 자신은 가난에도 거할 수 있고, 풍요에도 거할 수 있는 능력을 가졌다는 것입니다. 예수님이 세상에 오셔서 우리에게 주시고자 하시는 것은 바울이 누리는 것과 같은 자유함입니다.

하루아침에 이렇게 될 수 있는 것은 아닙니다. 11, 12절의 맨 끝에 보면 '배웠노라'는 말이 나옵니다. 우리가 주 안에서 자유하는 것은 저절로 되는 것이 아니라 배워 가는 과정을 통해서입니다. 배우려면 반복해서 연습해야 합니다.

우리는 어떻게 자유할 수가 있습니까? 다음 세 가지를 하면 자유할 수 있다고 생각합니다.

첫째, 자유하고자 하는 의지를 갖는 것입니다. 우리가 자유하기를 원한다면, 자신이 남의 말에 의하여 기분을 상할 때에 자신의 자유를 잃는 것이라는 것을 깨달아야 합니다. 자신의 환경을 원망하면서 사는 것이 환경에 구속을 받고 있는 의미라는 것을 깨달아야 합니다. 자유하기 위해서는 '무슨 일이 있더라도 자유하리라'는 의지가 필요합니다. 자매님들은 뚱뚱하다거나 못생겼다는 말을 들으면 언짢아합니다. 그런데 어떤 사람이 그렇게 말하지는 않지만 속으로는 그렇게 생각하고 있다고 합시다. 그러면 기분 나빠하시겠습니까? 무슨 생각을 하고 있는지 모르니까 그럴 수도 있지만 말만하지 않으면 기분 나빠하지는 않습니다. 똑같은 사실을 생각만 하면 괜찮고, 말로 표현하면 기분이 상한다는 것은 자신이 상대방의 입에 의하여 지배를 받고 있다는 뜻입니다. 신문 기사를 읽다가 갑자기 화내는 분이 있습니다. 기사에 지배를 받는 것입니다. 자유스러워지기 위해서는 자신의 감정이나 행동이 상대방의 조종을 받지 않기로 결심하는 것입니다. 누가 나를 화나게 만든다는 표현을 쓰는 분들이 있습니다. 그러나 사실 남이 나를 화나게 만드는 것이 아닙니다. 내가 화를 내는 것입니다. 내가 화를 낼 수도, 안 낼 수도 있기 때문입니다. 결정의 주체는 자신입니다. 우리가 자유롭기 위해서는 환경과 이웃에 지배받지 않기로 결심을 해야 합니다. 자유하고자 하는 의지가 있어야 됩니다.

둘째, 자신이 할 수 있는 일을 찾아서 하는 것입니다. 염려하고 근심해야 할 일이 생겼을 때에 당황하고 절망하는 것은 그 문제 속으로 끌려가는 것입니다. 상황에 매이는 것입니다. 자유하려면 이 상황에서 자신이 할 수 있는 것이 무엇인지 차분히 생각해야 합니다. 어떤 목사님은 복잡한 상황에 처하면 백지 가운데 아래위로 줄을 하나 그어 백지를 오른쪽, 왼쪽으로 나누고 시간을 내어 생각을 한다고 합니다. 이 상황을 헤쳐 나가기 위하여 자신이 할 수 있는 것이 생각나면 오른쪽 칸에 적고, 상황 가운데에 자신이 영향을 미칠 수 없는 사항이 생각나면 왼쪽 칸에 적는다고 합니다. 그리고 백지 오른쪽에 적혀진 사항은 실행에 옮깁니다. 백지 왼쪽에 적혀진 사항은 기도 제목으로 삼습니다. 자신이 할 것과 하나님이 해주셔야 할 것을 구별하는 것입니다.

이것이 자유로운 삶을 사는 방법 중의 하나입니다.

자신이 할 수 있는 일을 찾아서 하는 것 중의 하나에는 이런 것이 있을 수 있습니다. 저는 어떤 분이 저에게 섭섭하게 생각하고 있는 것 같으면 그분을 직접 만납니다. 만나는 데에는 두 가지 목적이 있습니다. 첫째는 제가 잘못한 것이 있다면 사과하고 고치기를 원하기 때문입니다. 둘째는 오해가 있으면 풀고 설명하기 위함입니다. 이렇게 할 때에 자신뿐만이 아니라 상대방도 자유할 수 있기 때문입니다.

셋째는, 자신을 변화시키는 것입니다. 노예는 환경이나 상전의 지배를 받습니다. 하라는 대로 하여야 합니다. 그러나 자유인은 선택권이 있습니다. 환경을 자신이 원하는 대로 변화시킬 권리를 갖고 있습니다. 자신이 처해 있는 환경을 바꿀 수 있는 것이 자유인의 특징입니다. 그런데 외부적인 조건 가운데에는 우리가 바꿀 수 없는 것이 많습니다. 예를 들어서 나라 전체가 불경기를 타고 있다면 개인의 힘으로는 그 환경을 바꿀 수가 없습니다. 이것은 내가 끼칠 수 있는 영향권 밖의 일이기 때문입니다. 내 주위 사람들의 감정도 내 영향 밖인 경우가 많습니다. 이웃의 불쾌지수를 내가 바꿀 수는 없습니다. 이 상황에서 바꿀 수 있는 것이 있다고 하면 나 자신입니다. 환경도 바꿀 수 없고 이웃도 바꿀 수 없지만 나 자신 하나만은 얼마든지 바꿀 수 있습니다. 자유스러워지기 위해서는 자신이 이웃과 환경의 지배를 받지 않도록 바꾸는 수밖에 없습니다. 까다로운 사람에게 친절하고 어려운 환경 가운데에 기뻐하는 것입니다. 이웃과 환경의 지배를 받지 않도록 하는 것입니다.

재미있는 것은 우리가 자신을 변화시킬 때에 주위 분들이나 환경에도 변화가 일어나는 것을 체험합니다. 갈라디아서 5장 22~23절에 있는 성령의 열매를 충분히 맺고 있으면 주위 사람들은 변하기 마련입니다. 그러므로 남편의 사랑을 받고 싶으신 자매님들은 남편에게 사랑을 강요하지 마시고, 자신이 사랑 받는 부인이 되십시오. 부인에게 존경받고 싶으신 남편들은 아내에게 존경을 강요하지 말고, 자신이 존경받는 남편이 되십시오. 환경도 그렇습니다. 교육을 많이 받지 못해서 차별 대우를 받는다고 느끼는 분들은 차별 대우하는 사회를 원망하지 마시고 배우시기 바랍니다. 아무리 늦은 것 같아도 너무 늦었다는 법은 없습니다. 늦게라도 배우시기 바랍니다. 차별 대우하는 사회를 아무리 원망하여도 사회는 변하지 않습니다. 내가 변화되는 수밖에 없습니다.

성령을 안에 모시지 못한 사람들은 자신을 바꾼다는 것이 참 어렵습니다. 불가능합니다. 바뀌어야 된다는 것도 알고, 바뀔 수 있는 방법도 알지만 실천할 능력이 없습니다. 술과 마약과 노름에 중독이 된 사람들이 그렇습니다. 중독에서 벗어나야 한다는 것도 알고 손가락 잘라 맹세도 하지만 벗어날 능력이 없습니다. 그러나 예수님을 주님으로 모신 사람들은 성령님께서 우리 안에 계시기 때문에 변화할 수 있습니다.

하나님께서는 즐기라고 삶을 우리에게 선물로 주셨습니다. 염려와 분노로 낭비하라고 주시지 않았습니다. 즐기기 위해서 우리는 자유해야 합니다.

사랑하는 성도님들, "나는 이제부터 자유하는 사람이 되겠다. 이제까지 내가 너무나 많은 사람의 지배를 받고 환경의 지배를 받아왔다.

이제부터 나는 자유로운 사람이 되어야겠다." 꼭 결심하시기 바랍니다. 위기 상황이 생겼을 때에 당황하거나 절망하지 마시고, "지금 이 상황에서 내가 할 수 있는 것이 무엇이냐?" 질문을 던지셔서 상황의 노예가 되지 않도록 조심하시기 바랍니다. 자신이 할 수 있는 것은 행동으로 옮기고, 할 수 없는 것은 기도 제목으로 삼으시기 바랍니다. 무엇보다도 나 자신이 변하여 성령의 열매를 맺음으로써 주위 사람과 환경을 변화시키겠다는 의지 가운데에 노력하시기 바랍니다. 그러다 보면 언젠가는 여러분들도 바울처럼 "비결을 배웠노라" 말할 수 있는 축복의 날을 맞으실 것입니다.

주를 섬기듯

골로새서 3:22~4:1

종들아 모든 일에 육신의 상전들에게 순종하되 사람을 기쁘게 하는 자와 같이 눈가림만 하지 말고 오직 주를 두려워하여 성실한 마음으로 하라 무슨 일을 하든지 마음을 다하여 주께 하듯 하고 사람에게 하듯 하지 말라 이는 기업의 상을 주께 받을 줄 아나니 너희는 주 그리스도를 섬기느니라 불의를 행하는 자는 불의의 보응을 받으리니 주는 사람을 외모로 취하심이 없느니라 상전들아 의와 공평을 종들에게 베풀지니 너희에게도 하늘에 상전이 계심을 알지어다.

저는 얼마 전에 조그만 가게를 경영하시는 분과 대화하면서 큰 충격을 받았습니다. 이분은 자기 가게를 새로 단장하거나 고칠 때 교회 다니는 사람에게 일을 맡기지 않는다고 합니다. 이유는 신자들이 비신자보다 일을 소홀히 하고 허술하게 하기 때문이라고 합니다. 참 마음이 아팠습니다. 객관적으로 볼 때 많은 신자들이 훨씬 더 성실하게, 충실하게 일합니다. 그러나 교회 다니는 분 중 자기 생업에 소홀하거나 성실하지 못한 분도 있는 것은 사실입니다. 제일 큰 이유는 교회에서 생업에 관해 제대로 가르치지 않았기 때문입니다. 교회 생활은 이렇게 하고 구령 사업은 저렇게 하라고 가르치지만 사회 생활은 어떻게 해야 되는가에 대해서는 별로 가르침이 없습니다.

많은 분들이 생업이 지닌 하나님의 뜻을 모르기 때문에 자신의 생업에 별로 큰 보람과 재미를 느끼지 못합니다. 그래서 어떤 분들은 은혜 받으면 직장 그만 두고 신학교에 갈 생각부터 합니다. '세상에서

하는 일은 별로 큰 의미가 없고, 하나님께 인정받고 칭찬 받는 일은 교회 일 아니면 직접적인 구령사업뿐이다'라고 생각하기 때문입니다. 틀린 생각입니다. 그래서 저는 오늘 이 시간에 본문을 통해서 우리 크리스천들의 직업관에 대해서 말씀을 드리고자 합니다.

오늘 읽어드린 말씀은 바울이 종에게 주신 말씀입니다. 1세기 초에는 많은 사람들이 예수를 믿게 되었지만 대부분 사회적으로 신분이 낮은 사람들이었습니다. 그 중에는 종이나 노예 출신도 많았습니다. 이 사람들에게 바울은 이렇게 권면을 합니다. "종들아 모든 일에 육신의 상전들에게 순종하되 사람을 기쁘게 하는 자와 같이 눈가림만 하지 말고 오직 주를 두려워하여 성실한 마음으로 하라"(22절). '사람을 기쁘게 눈가림만 한다'하는 말은 일할 때 내용보다는 겉보기만 좋게 대충대충한다는 뜻입니다. 제 아내가 결혼 전에 일하던 회사에서 있었던 이야기를 들었습니다. 과장인가 하는 분이 사장이 없을 때는 다방에도 가고 사우나에도 갔다 오고 신문 보다가 사장만 나타나면 태도가 확 틀려진답니다. 서류철을 끼고 걷는 것도 종종걸음으로, 책상 앞에 앉는 것도 꼿꼿하게, 일부러 사장 앞을 왔다 갔다 하는 모습이 참으로 측은해 보였다고 합니다. '먹고사는 것이 뭐기에 저렇게까지 아첨해야 하나.' 하는 생각이 들어서 이 다음에 내 남편은 돈에는 비굴하지 않게 해야겠다고 결심을 했답니다. 그래서 제 아내는 제가 목사가 된 다음에도 일했고, 앞으로도 할 것입니다.

남 앞에서 비굴해지거나 눈가림으로 일하는 사람들에 대해 바울은 성실한 마음으로 일하라고 권면합니다. 이것은 구태여 성경에서만 아니라 다른 종교의 경전에도 다 기록된 말입니다. 아니, 종교가 없는 사람들도 다 알고 준수하는 사회 윤리입니다. 그렇다면 기독교적 윤리가 타종교나 일반 윤리와 다른 점을 짚고 넘어가야 할 필요를 느낍니다. 윤리적인 내용은 똑같습니다. 그러나 목적이 다릅니다. 왜 해야 하는지가 그 차이입니다. 성실함이 기독교적 윤리가 되는 것은 성실하게 일하는 자체가 우리 주님의 주권을 인정하는 것이 되기 때문입니다.

우리들은 그리스도를 교회의 머리 되시고 주인 되신 분으로 압니다. 그런데 우리가 미처 생각하지 못하는 것은 우리 그리스도는 교회의 주인일 뿐만 아니라 온 세상의 주인이시고 온 우주의 주인이시라는 사실입니다. 모든 자연 세계와 사람, 조직과 단체를 다 소유하시고 주관하시는 분이십니다. 믿는 자들은 주님의 소유권과 주권을 인정하는 사람들이고 안 믿는 사람들은 그것을 인정하지 않는 사람들입니다. 그러나 인정하지 않는다고 해서 소유권이 변질되는 것은 아닙니다.

성경에서는 처음부터 끝까지 하나님의 주권과 소유권에 대해 언급하고 있습니다. 십일조는 주님의 주권과 소유권을 인정하는 가장 구체적인 표현입니다. 이제는 우리 교회도 이 표현을 하시는 분이 점점 늘어나는 것을 보면서 하나님께 감사를 드립니다. 그래서 십일조는 내 것의 10분의 1을 바친다고 생각하면 큰 잘못입니다. 주님 것에서 10분의 9를 내가 차지했다고 생각하셔야 합니다. 이스라엘 백성에게는 경작할 땅을 주시면서 소유와 관리의 구분을 철저히 해주셨습니다. 이 백성들이 애굽을 탈출해서 가나안에 들어간 다음 점령한 땅을 나눌 때, 하나님께서는 소유주가 되시고 백성들은 땅을 받아 경작하지만 어디까지나 관리인이었습니다. 그 구체적인 표현이 희년제입니다. 사람들이 땅을 경작하다 어떤 경제적인 이유로 경작지를 팝니다.

땅이 남의 손에 넘어갔지만 50년 만에 찾아오는 희년이 되면 산 땅을 원래 주인에게 돌려줘야 하는 제도입니다. 땅이 하나님의 것이기 때문에, 남의 것 가지고 사고 팔 수 없다는 의미를 지닙니다. 모든 것의 주인은 하나님이시기 때문에 무슨 일이든 성실하게 섬길 때 주님을 섬기는 것입니다. 우리는 이것을 꼭 깨달아야 됩니다.

어떤 분들은 겉과 속을 너무 구별합니다. 영적인 것과 세상적인 것도 너무 구별합니다. 하나님 뜰 안에서는 그런 구별이 없습니다. 무엇을 하든지 간에 주님을 섬기듯이 해야 합니다. 그래서 23~24절에 "무슨 일을 하든지 마음을 다하여 주께 하듯 하고 사람에게 하듯 하지 말라 이는 기업의 상을 주께 받을 줄 아나니 너희는 주 그리스도를 섬기느니라"고 말씀하셨습니다. 내가 상전을 섬기는 것이 아니라 그리스도를 섬기는 것입니다. 그렇기 때문에 우리가 교회 사역, 구령 사역을 열심히 해도 상이 있지만, 생업도 주를 섬기듯 열심히 종사할 때 상이 있습니다. 그래서 24절에 "이는 기업의 상을 주께 받을 줄 아나니"라고 했습니다.

그 당시 종이나 노예들에게는 이것이 엄청난 위로의 말씀이었습니다. 이 종들이 예수를 영접해서 신자가 된 다음에 주를 위해 봉사하고 싶었을 것입니다. 주님 앞에서 뭔가 보일 것이 있어 상 받을 삶을 살아야 되는데 종들은 가진 것이 없으니 드릴 것도 없었습니다. 소유권이 없어서 헌금도 못하고 종이기 때문에 자기 시간이 없습니다. 성경공부를 인도하고 싶어도 교육받은 것이 없습니다. 자신들은 하나님 앞에 가서 상 받을 일이 하나도 없다고 생각했을 것입니다. 그런데 '네 주인을 그리스도 섬기듯 섬겨라. 그러면 하늘에서 상이 있다' 라는 바울의 약속은 이 종들에게 크나큰 격려가 되었을 것입니다.

상이 있기 때문에 이 사역을 잘못하면 꾸중도 듣습니다. 그래서 25절에 "불의를 행하는 자는 불의의 보응을 받으리니…" 하나님께서 맡겨주신 직장, 사업, 가정의 일들도 주님의 뜻대로 잘하지 않으면 불의를 행하는 자가 됩니다. 우리가 예수님 앞에 섰을 때 예수님께서는 교회 생활 어떻게 했느냐 이것 한 가지만 물어보시지 않으십니다. 너는 사업을, 직장 생활을, 가정 생활을 어떻게 했느냐고 물으십니다. 이것을 꼭 깨달으셔서 성도님들은 교회 일을 도울 뿐만 아니라 가정에서, 사업체에서, 여러 직장에서도 잘 섬기셔서 예수님에게서 많은 칭찬을 듣고 많은 상 받으시기를 간절히 부탁드립니다.

어떻게 사는 것이 상 받는 삶인가를 말씀드리겠습니다. 첫 번째는, '주께 하듯 하라'고 했습니다. 23절에 "무슨 일을 하든지 마음을 다하여 주께 하듯 하고 사람에게 하듯 하지 말라." 저도 직장 생활하면서 그렇게 하려고 애썼습니다. 구체적인 방법으로는 상관이 없는데서 흉을 보지 않으려고 애썼습니다. 이분이 나의 주라고 하면 제가 그분 흉 보는 것이 주님을 흉보는 것이 되기 때문이었습니다. 사업하시는 분들은 여러분의 고객들에게 주님 섬기듯이 하시기 바랍니다. 부인들은 남편들을 주님 대하듯 섬기시기 바랍니다. 에베소서 5장 22절에 "아내들이여 자기 남편에게 복종하기를 주께 하듯 하라"고 하였습니다. 자매님들, 여기에 모욕감 느끼지 마시기 바랍니다. 자매님들에게 상 받을 기회가 주어진 것입니다. 뿐만 아니라 우리가 만나는 모든 사람을 주를 섬기듯 해야 합니다.

주님은 모든 것을 소유하신 절대 주권자이기 때문에 우리 주변의 모든 사람은 크건 작건 하나님을 대표하는 사람입니다. 우리가 이분들의 필요를 채워주고 사랑을 보이는 것이 주님의 필요를 채워드리는 것이고 주님께 사랑을 보이는 것입니다. 마태복음 25장 34절에 잘 묘사되어 있습니다. 왕은 하나님을 상징합니다. "그 때에 임금이 그 오른편에 있는 자들에게 이르시되 내 아버지께 복 받을 자들이여 나아와 창세로부터 너희를 위하여 예비 된 나라를 상속받으라 내가 주릴 때에 너희가 먹을 것을 주었고 목마를 때에 마시게 하였고 나그네 되었을 때에 영접하였고 헐벗었을 때에 옷을 입혔고 병들었을 때에 돌아보았고 옥에 갇혔을 때에 와서 보았느니라"(34~36절). 당사자들은 얼떨떨했습니다. "이에 의인들이 대답하여 이르되 주여 우리가 어느 때에 주께서 주리신 것을 보고 음식을 대접하였으며 목마르신 것을 보고 마시게 하였나이까 어느 때에 나그네 되신 것을 보고 영접하였으며 헐벗으신 것을 보고 옷 입혔나이까 어느 때에 병드신 것이나 옥에 갇히신 것을 보고 가서 뵈었나이까"(37~38절) 하니 "임금이 대답하여 가라사대 내가 진실로 너희에게 이르노니 너희가 여기 내 형제 중 지극히 작은 자 하나에게 한 것이 곧 내게 한 것이니라"(40절). 지극히 작은 자에게 한 것이 우리 주님께 한 것이라고 했습니다.

둘째로, 무슨 일을 하시든지 내 일처럼 하시기 바랍니다. "종들아 모든 일에 육신의 상전들에게 순종하되 사람을 기쁘게 하는 자와 같이 눈가림만 하지 말고 오직 주를 두려워하여 성실한 마음으로 하라"(22절). 이 성실한 마음으로 하라는 말을 직역하면 한가지 마음(with a single heart)으로 섬기라는 것입니다. 오늘 내가 해야 될 일이 이것 하나밖에 없는 것처럼 하라는 뜻입니다. 생각이 다른 곳에 가 있으면 건성으로 합니다. 주님의 일이 얼마나 큰 특권인지 모르셔서 건성으로 하시는 분이 있습니다. 출근 시간은 잘 맞추면서 교회 오실 때 10분, 15분, 늦게 오셔도 아무렇지도 않으신 분들이 있습니다. 교회 일로 잠을 못 주무신 적이 몇 번이나 됩니까? 교회에 문제가 많고 싸움이 많을 때는 화가 나서 못 주무신 적은 있겠지만 맡은 사역 때문에 못 주무신 적이 있습니까? 우리는 모든 사역을 내 일처럼 해야 됩니다.

세 번째, 우리가 주님 앞에 상 받기 위해서는 즐거움으로 하셔야 됩니다. 본문 말씀 3장 22~25절의 이 네 절이 종에 관한 권면의 말씀이고 상전에 관해서는 딱 한 절입니다. "상전들아 의와 공평을 종들에게 베풀지니 너희에게도 하늘에 상전이 계심을 알지어다"(4:1). 상전에게 하는 권면의 말씀은 종들을 어떻게 부렸는지 보고드릴 때를 대비해서 의와 공평하게 대하라고 했습니다. 월급 밀리지 말고 제때 주고, 쉴 때는 쉬게 해주라는 것입니다. 상전에게 하는 권면은 딱 한 절뿐입니다. 그러나 종에게는 네 절이나 됩니다. 왜 그렇습니까? 그 당시에 크리스천 상전은 몇 안되고 대부분 종이었기 때문이라고 하시는 분도 있습니다. 일리는 있습니다. 그러나 저는 그보다 더 큰 이유가 있다고 생각합니다. 종들은 이런 권면의 말씀이 없어도 어차피 자기 생사권까지 갖고 있는 상전에게 순종해야 되는 삶입니다. 섬기지 않을 도리가 없는 사람들입니다. 그런데도 이런 권면의 말씀을 주신 것은 바울 사도께서 종들에게 자부심을 심어주기 위함입니다. 22절을 보면 "종들아 모든 일에 육신의 상전들에게 순종하되"라고 했습니다. 육신의 상전이 있으면 또 다른 상전도 있다는 논리입니다. 바울은 종들에게 '하늘에 상전이 있다. 그분이 진정한 상전이다'라는 사실을 일깨워 줍니다.

당시의 상전들에게도 또한 너희도 하늘에 상전이 있다는 이야기를 했습니다. 바울이 여기서 결론적으로 하시는 말씀은 종이나 주인이나 다 같이 하나님 앞에서는 그분의 통치권에 속하는 같은 종이라는 사실입니다. 그러나 이 세상 사는 동안은 하나님께서 한 사람은 종 되게, 한 사람은 상전 되게 하셨습니다. 그래서 '상전이 너를 소유한 것이 아니다. 너의 소유권은 주님에게 있다. 그러나 네가 현재의 위치로서는 종의 위치에 있고 섬겨야 되는 위치에 있으니까 네가 억지로 마지 못해서 끌려가지 말고, 자발적으로 섬기라'고 격려하는 말씀입니다.

제가 아는 한 자매님은 지금 연세가 50이 넘었는데, 30대에 혼자되셔서 재혼도 하지 않고 아들 셋을 잘 키우셨습니다. 그런데 막내 아들이 선교사가 되고 싶어 고등학교를 졸업한 후 신학교에 들어갔습니다. 형들이 동생을 보조할 만큼 경제적인 여유가 없으니까 이 자매님이 두 가지 일을 하셨어요. 새벽 6시부터 3시까지는 가게 가서 일하시고, 그 다음에 잠깐 쉬시고 저녁 때 또 들어가서 일을 하십니다. 하루에 16~17시간씩 일합니다. 그래서 이 자매님에게 피곤하지 않느냐고 물으면 "아니요, 전 너무 좋아요. 미국까지 와서 하나님이 직장 주시고 건강 주셨을 뿐 아니라 지금 내가 하는 일은 내 아들을 하나님의 종으로 만드는 것이기 때문에 난 사역으로 생각합니다." 이것이 바로 우리 크리스천들이 가져야 될 직업 의식이라고 생각합니다.

제가 산호세에서 16년을 살았기 때문에 San Francisco 49ers를 참 좋아합니다. 미식 축구 챔피언십을 세 번이나 따낸 팀입니다. 세 번 딸 수 있었던 것이 존 몬타나라는, 역사상 가장 훌륭한 쿼터백이라는 평을 듣는 선수 때문이었습니다. 그런데 금년에 존이 캔자스로 옮겼습니다. 옮기기 전, 그가 작년에 입은 부상 때문에 뛰지 못하는 동안 대리로 뛴 후보 선수가 너무 잘해서 제일 훌륭한 선수로 뽑혀 버렸습니다. 너무 잘 한데다가 나이도 젊으니까 금년에도 그 사람을 쿼터백으로 선정했는데 존이 여기에 불만을 품게 되어 팀을 바꿨습니다. 샌프란시스코에 그냥 남아서 놀기만 해도 1년에 한 200만 달러는 버는데 운동선수로서 뛸 수 있는 기회가 주어지지 않았기 때문에 떠난 것입니다.

세상일에도 이토록 뛸 기회가 주어지기를 바라고 기회를 찾아 팀을 바꾸는 엄청난 결정을 내립니다. 주님을 섬기고 교회 사역하시는 분들이 하나님이 주신 기회가 얼마나 귀한 것인지 모르고, 못한다고 사양하거나 억지로 맡고서도 상 받을 수 있는 그 귀한 기회를 낭비하는 것을 보면 참 안타깝습니다. 뭘 몰라도 한참 모릅니다. 그래서 저는 교회 사역을 두 번 다시 부탁하지 않습니다. 제 자존심 때문이 아니라 주님 사역을 싸구려로 만들어서는 안 된다는 생각 때문입니다. 자신이 없어서 머뭇머뭇하는 분에게는 격려의 말씀을 드리지만 귀한 줄 모르는 분에게는 부탁을 안 합니다.

성도님들, 주님께서 맡겨 주시는 사역 귀한 줄 알아야 됩니다. 그러나 우리가 주님께 받는 상은 교회 사역으로 끝나지가 않습니다. 하나님께서는 교회만 소유하신 분이 아니라 온 세상을 소유하시고 주관하시는 분이시기 때문에 여러분들이 직장에서 상관을, 회사를 위해 열심히 일할 때 상이 있습니다. 하나님께서는 교회와 직장과 사업만이 아니라 우리의 가정도 소유하시기 때문에 가정에서 자녀를 하나님 뜻대로 잘 양육하고 섬기실 때 상이 있습니다. 그래서 크리스천은 사는 것이 재미가 나지 않을 수가 없습니다. 교회에 와도, 직장에 가도, 집에 와도 재미있어야 합니다. 여러분의 삶에서 이런 재미를 느끼십니까?

나는 모든 면에서 적극적이고 열심히 일하니까 상을 무진장 받겠구나 하고 생각하시는 분을 위해서 제가 한 말씀 덧붙여야 하겠습니다. 열심히 한다고 해서 자동적으로 상이 따르는 것이 아닙니다. 동기가 옳아야 합니다. 사업과 생업이 상 받는 사역이 되기 위해서는 그리스도의 주권과 그리스도의 소유권을 인정하셔야 됩니다. 그래서 무엇을 하든지 남을 섬기는 마음으로 해야 됩니다. 곧 그리스도를 섬기는 마음으로 해야 됩니다. 직장을 그리스도의 사랑을 나타내는 그런 장소로 생각할 때 비로소 상이 있습니다. 교회 봉사도 마찬가지입니다. 하나님은 일의 분량을 보시지 않고 동기를 보십니다.

그 다음 하나님이 원하시는 방법으로 하셔야 됩니다. 예를 들면 술집을 차려놓고 개업 예배를 부탁해 오면 거절합니다. 안 가는 것이 아니라 못 갑니다. 거기 가서 장사 잘되게 해달라고 기도할 수 없습니다. 사업체가 정말 주님이 원하시는 사역이 되고 상 받을 기회가 되기 위해서는 사업을 올바르게 하셔야 됩니다. 사업체 주인이 우리 주님이심을 인정한다면 세금을 속일 수 없습니다. 또 가정이나 교회를 돌보지 않고 사업과 직장 생활에만 너무 몰두하시는 분은 우리 하나님 앞에서 상 대신 꾸중 들을 것 같다는 생각이 듭니다.

우리는 주님을 섬기는 데에 인생의 목표를 맞춰야 되고 직업의식이 분명해야 됩니다. 성도 여러분, 무엇을 하든지 간에 주님의 주권과 소유권을 인정하는 삶을 사셔서 하나님 앞에 서는 날이 상 많이 받는 기쁨의 날이 되시기를 부탁드립니다.

✚ 교회는 병원이다

하나님의 음성을 듣는 법-성경적 근거

요한계시록 3:20

볼지어다 내가 문 밖에 서서 두드리노니 누구든지 내 음성을 듣고 문을 열면
내가 그에게로 들어가 그와 더불어 먹고 그는 나와 더불어 먹으리라.

주님의 사역을 할 때에는 사전에 주님의 음성을 듣고 시작하는 것이 필수입니다. 자신이 하고자 하는 사역은 자신의 적성이나 의욕에 의하여 결정되는 것이 아니라 주님께서 허락하시고 주님께서 맡겨 주셔야 할 수 있기 때문입니다. 주님의 음성은 예수님을 영접하신 분이라면 누구나 들을 수 있습니다. 예수님을 주님으로 영접했다는 것은 자신은 예수님의 종이 되고, 예수님은 자기 인생의 주인이 되셨다는 의미입니다. 종이 주인의 음성을 듣지 못한다면 종 노릇을 할 수 없습니다. 그래서 저는 세 번에 걸쳐 하나님의 음성을 듣는 법에 관해 말씀드리겠습니다.

하나님의 뜻을 발견하는 데에 성경만 있으면 됐지, 음성까지 들어야 하는가? 음성을 듣는다고 하다가 자칫하면 하나님의 뜻을 주관적으로 해석하는 위험에 빠지는 것은 아닌가? 이러한 의문은 하나님의 음성을 듣는다고 할 때에 떠오르는 생각 중의 하나입니다. 그러므로 저는 오늘은 성경 몇 군데를 찾아봄으로써 하나님의 음성을 듣는다는 것은 성경적으로 근거가 있을 뿐만 아니라 성경이 명령하고 있다는 것을 증명해 보이고자 합니다.

첫 번째로 상고하고 싶은 성경구절이 야고보서 1장 5절입니다. "너희 중에 누구든지 지혜가 부족하거든 모든 사람에게 후히 주시고 꾸짖지 아니하시는 하나님께 구하라 그리하면 주시리라." 지혜는 지식과는 다릅니다. 지식은 의식 가운데에 축적되는 정보를 의미한다면, 지혜란 어려운 환경이나 문제를 해결해야 할 때 필요한 삶의 도구를 의미합니다.

야고보가 이 편지를 쓸 당시에는 우리가 현재 소유하고 있는 신약 성경은 형성이 되지 않았습니다. 기독교 신자들도 구약 성경만 갖고 있었습니다. 신약 성경이 기록된 시기는 예수님 돌아가신 지 25년 후부터 60년 사이입니다. 예수님이 인간으로 세상에 계셨을 때에, 그분이 하신 말씀을 직접 들었고, 행적을 직접 눈으로 보았고, 몸으로 직접 만났던 사람들이 거의 다 살아 있을 때 쓰여졌습니다. 이 기간에 예수님의 측근으로 그를 가장 가까이 접할 수 있었던 사도들이 예수님의 행적과 가르침을 기록하기 시작하였습니다. 교회에 문제가 생길 때에는 이들을 권면하고 가르치는 편지를 쓰기 시작하였습니다. 이러한 것들이 모여서 신약 성경을 이루기 시작하였습니다. 성령님의 역사 가운데서 자연스런 과정을 거쳐서 우리가 소유하고 있는 27권으로 된 신약 성경이 정경으로 형성되기까지는 대략 200~300년이 걸렸습니다.

야고보가 야고보서를 기록할 때에는 신약 성경이 형성되기 전입니다. 그러므로 그 당시 그리스도인들은 성경을 통하여 하나님의 뜻을 발견하기가 어려웠을 것입니다. 구약을 통해서 지혜를 얻을 수가 있지만 예수님의 십자가의 돌아가심과 부활이라는 사건에 비추어 구약을 이해하기 위해서는 성령님의 특별한 조명이 필요하였을 것입니다. 일상 생활의 지혜를 찾을 때에도 성령님의 특별한 인도하심이 필요했을 것입니다. 그래서 야고보는 이 구절에서 지혜가 필요하면 하나님에게 직접 구하라고 명령하고 있다고 생각합니다. 야고보는 하나님에게 지혜를 구할 때에 응답하시리라는 확신이 있었습니다. 하나님의 음성을 들을 수 있다는 확신입니다.

초대교회에는 하나님께서 직접 말씀해주시리라는 확신이 있었기 때문에 사도 바울도 고린도 교인들에게 이렇게 권면합니다. "그런즉 내 형제들아 예언하기를 사모하며"(고전 14:39). 성경이 아직 형성되지 않은 그 시절에 하나님께서 교회에 하시고 싶으신 말씀이 있을 때 예언자들을 통해 말씀하셨기 때문에 이렇게 말씀하신 것이라고 생각합니다. 하나님께서는 초대교회 때에도 음성을 들려 주셨고 지금도 한결같이 들려 주시고 있다고 저는 생각합니다. 하나님께서 2천 년 전에만 말씀하시고 지금은 침묵하신다고 저는 생각지 않습니다. 우리는 하나님의 음성을 듣는 귀를 가져야 되겠습니다.

두 번째로 살펴보고 싶은 성경구절이 마가복음 13장 11절입니다. 예수님께서 제자들에게 이러한 약속의 말씀을 하십니다. "사람들이 너희를 끌어다가 넘겨 줄 때에 무슨 말을 할까 미리 염려하지 말고 무엇이든지 그 때에 너희에게 주시는 그 말을 하라 말하는 이는 너희가 아니요 성령이시니라." 너희들이 내 이름으로 핍박을 받을 것이고 너희들이 내 이름으로 체포되어서 왕들과 관원들과 고관들 앞에서 재판을 받을 것인데 너희들은 거기서 굴하지 말고 복음을 전하라. 나의 증인이 되라' 고 말씀하신 것입니다. 제자들은 순박한 시골 사람들입니다. 이런 사람들이 임금 앞에서나 관원 앞에서, 혹은 고관 앞에서, 예수님을 증거해야 된다는 것은 감히 엄두조차 낼 수 없는 겁나는 일입니다. 그러한 제자들을 향하여 예수님께서는 말씀하십니다. "겁내지 말아라. 그때그때 생각나는 말만 하면 된다. 왜냐하면 그 말은 너희가 하는 것이 아니고 성령님이 하시는 것이기 때문이다." 필요한 때가 되면 하나님이 할 말을 들려 주신다는 것, 제자들에게는 얼마나 큰 위로와 용기를 주었겠습니까?

하나님께서는 제자들이 해야 할 말을 들려 주시고 제자들은 들은 음성을 듣고 전달하기만 하면 되는 것입니다. 이 음성은 해야 할 말이 필요한 현장에서 필요한 때에 들려 주시겠다고 했습니다. 하나님께서 제자들에게 주신 이 약속의 말씀이 사도들에게만 해당하고 다른 제자들에게는 해당되지 않는다고 믿어야 할 이유가 없습니다. 이 약속의 말씀이 1세기 제자들에게만 해당하고 20세기를 사는 제자들에게는 해당되지 않는다고 믿어야 할 이유가 없습니다. 그러므로 우리는 필요할 때에 들려 주시는 하나님의 음성을 들을 수 있어야 하겠습니다. 하나님께서는 지혜를 구하면 꾸짖지 않고 후히 주시겠다고 야고보를 통하여 약속하셨습니다. 전도할 때에도 상담할 때에도 우리는 하나님이 들려 주시는 음성을 듣고 전달해야 하겠습니다. 하나님께서는 지금도 말씀하십니다. 우리는 다 하나님의 음성을 듣는 귀를 가져야겠습니다.

세 번째, 상고할 구절이 요한1서 2장 27절입니다. 예수님이 가장 사랑하셨던 요한은 편지를 쓰면서 이렇게 말합니다. "너희는 주께 받은 바 기름 부음이 너희 안에 거하나니 아무도 너희를 가르칠 필요가 없고 오직 그의 기름 부음이 모든 것을 너희에게 가르치며 또 참되고 거짓이 없으니 너희를 가르치신 그대로 주 안에 거하라." 무슨 말인지 잘 이해가 되지 않으면 기름 부음이라는 단어를 성령으로 바꿔서 읽으시면 이해가 쉬울 것입니다. "너희는 주께 받은 바 성령이 너희 안에 거하나니 아무도 너희를 가르칠 필요가 없고 오직 그의 성령이 모든 것을 너희에게 가르치며 또 참되고 거짓이 없으니 너희를 가르치신 그대로 주 안에 거하라." 성령께서 우리 안에 거하셔서 진리를 가르쳐 주시니까 가르쳐 주시는 그대로 순종하라는 말씀입니다. 일반적으로 성령께서는 성경을 통하여 우리에게 가르쳐 주십니다. 일반적인 진리를 가르쳐 주실 뿐만이 아니라 개개인에게 처해진 환경에 합당한 꼭 필요한 진리의 말씀을 우리에게 주십니다.

어떤 분들은 구약과 신약의 차이를 '율법과 은혜'라고 합니다. 그래서 신약 시대를 사는 우리는 더 이상 율법의 구속을 받지 않기 때문에 마음대로 살아도 된다는, 잘못된 해석을 하기도 합니다. 그러나 구약과 신약을 구별할 때에 '율법과 은혜'로 구별하는 것보다 '율법과 성령'으로 구별하는 것이 더 좋을 것입니다. 하나님께서는 구약에서 십계명을 포함한 여러 가지 계명을 주셨습니다. 이스라엘 백성들의 문제는 이러한 계명들이 좋다는 것은 알면서도 지킬 능력이 없는 것이었습니다. 그래서 신약 시대에는 성령님을 주셨습니다. 예수님을 영접할 때에 성령님께서 우리 안에 들어오셔서 내주하십니다. 그리고 우리의 삶에 관하여 직접 코치를 하십니다. 지혜로운 말을 해야 할 상황에 처했을 때에는 해야 할 말을 주십니다. 해결해야 할 문제가 닥쳤을 때에는 지혜를 주십니다. 하나님께서 우리를 통하여 이루고 싶은 일이 있을 때에는 우리에게 소원을 주시고 해낼 수 있는 능력을 주십니다. 예수님이 세상에 오셔서 율법을 폐했다 하는 의미는 율법의 구애를 받지 않고 마음대로 살아도 된다는 의미가 아닙니다. 성령님이 우리 안에서 성령의 열매를 맺어주시기 때문에 율법이 필요가 없어졌다는 뜻입니다. "오직 성령의 열매는 사랑과 희락과 화평과 오래 참음과 자비와 양선과 충성과 온유와 절제니 이 같은 것을 금지할 법이 없느니라"(갈 5:22~23). 이제는 성령님께서 우리 안에서 하나님의 뜻대로 살고 싶은 마음을 주시고 소원대로 살 수 있는 능력을 주시기 때문에 율법의 지배를 받을 필요가 없어졌다는 의미입니다. "너희 안에서 행하시는 이는 하나님이시니 자기의 기쁘신 뜻을 위하여 너희에게 소원을 두고 행하게 하시나니"(빌 2:13).

마태복음 5장 20절에서 예수님은 이렇게 말씀하셨습니다. "내가 너희에게 이르노니 너희 의가 서기관과 바리새인보다 더 낫지 못하면 결코 천국에 들어가지 못하리라." 바리새인들과 서기관들은 철저하게 율법을 지키려고 했지만 외식하는 사람들이 되고 말았습니다. 그러나 이제는 우리 안에 성령님께서 내주하셔서 하나님의 음성을 들려주시고 갈 길을 인도하여 주십니다. 우리를 보호하여 주시고 지혜를 허락하여 주십니다. 그러므로 우리는 이제 유치한 율법에 매일 필요가 없어졌습니다.

하나님께서 지금도 우리에게 음성을 들려 주시고 말씀해 주시지 않으시면 이러한 일들이 이루어질 수 없습니다.

"볼지어다 내가 문 밖에 서서 두드리노니 누구든지 내 음성을 듣고

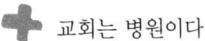

문을 열면 내가 그에게로 들어가 그와 더불어 먹고 그는 나와 더불어 먹으리라"(계 3:20). 여기서 먹는다는 것은 생활을 같이한다는 뜻입니다. 항상 더불어 먹는 사람들은 식구들입니다. 예수님께서는 2천 년 전에 우리의 죄를 위해 돌아가셔서 하나님과 관계가 회복될 길을 마련해 놓으셨을 뿐만 아니라 지금 현재도 우리 안에 계셔서 우리와 더불어 생활을 같이하십니다. 우리의 문제를 염려해 주시고 우리의 갈 길을 인도해 주십니다. 우리가 알아야 될 것을 가르쳐 주시고 지혜의 음성을 들려 주십니다. 이렇게 살아서 역사하시는 하나님을 체험하지 못하고, 베풀어 주시는 능력을 체험하지 못하기 때문에, 신앙 생활이 재미가 없고 짐으로 느껴지는 것입니다. 하나님께서는 우리를 고아와 같이 버려두지 않겠다고 하셨습니다. 하나님은 멀리 계시는 분이 아닙니다. 우리 안에 거하시는 분이십니다. 우주를 만드셔서 주관하시는 분일 뿐만이 아니라 우리 생활의 작은 부분까지도 주관하시는 분이십니다.

하나님의 음성을 듣는 법-실제

야고보서 1:5~7

너희 중에 누구든지 지혜가 부족하거든 모든 사람에게 후히 주시고 꾸짖지 아니하시는 하나님께 구하라 그리하면 주시리라 오직 믿음으로 구하고 조금도 의심하지 말라 의심하는 자는 마치 바람에 밀려 요동하는 바다 물결 같으니 이런 사람은 무엇이든지 주께 얻기를 생각하지 말라.

하나님께서는 우리에게 어떻게 말씀하시는가?

하나님께서 우리에게 말씀하실 때에는 음성을 귀에 들려 주시는 것이 아니라 마음에 들려 주십니다. 마음에 들려 주신다는 말은 우리에게 생각을 심어 주신다는 말입니다. 물론 하나님께서 육성으로 말씀하실 수도 있습니다. 바울은 하나님의 음성을 육성으로 들었습니다. 사울이라는 이름을 갖고 유대인들을 핍박하던 바울은 다마스커스로 가는 도중에 빛과 함께 나타나신 예수님을 만났습니다. 이때에 예수님께서 이렇게 육성으로 말씀하셨습니다. "사울아 사울아 네가 어찌하여 나를 핍박하느냐?" 「참회록」을 쓴 유명한 성 어거스틴도 하나님의 육성을 들었습니다. 인생에 관한 깊은 문제로 번민하고 있을 때에 이런 음성을 들었습니다. "열어서 읽어라, 열어서 읽어라." 이 음성을 듣고 성경을 폈더니 로마서의 한 구절이 눈에 들어왔습니다. "너희가 육신대로 살면 반드시 죽을 것이로되 영으로써 몸의 행실을 죽이면 살리

교회는 병원이다

니." 이 사건을 계기로 어거스틴은 그리스도인이 되었습니다. 그러나 하나님께서 이런 식으로 육성을 들려 주시는 예는 흔치가 않습니다. 대부분의 성도들이 하나님의 육성을 일생 동안 한 번도 듣지 못하고 육성을 들었다는 분도 일생에 한 번 정도입니다. 내주하시는 성령님이 계시기 때문에 육성을 들려 주어야 할 필요가 없기 때문입니다. 그러므로 상습적으로 하나님의 육성을 듣는다는 분들을 조심하셔야 합니다. 저는 자신있게 그 음성은 마귀의 음성이라고 말하겠습니다. 악령에 들린 사람들은 수시로 소리를 듣습니다. 이것을 하나님의 음성으로 착각하여 걷잡을 수 없이 마귀에게 이용당하는 분들을 보았습니다. 또 이런 분을 악령으로부터 자유롭게 한 경험도 제게 있습니다.

하나님께서는 구태여 육성을 들려 주실 필요가 없습니다. 육성을 듣는다는 것이 무엇입니까? 말하는 사람의 성대가 진동해서 공기를 진동시키고, 공기를 통하여 전달된 진동이 고막을 통하여 청각신경을 자극하는 것입니다. 그래서 뇌가 진동을 통하여 전달된 정보를 처리해서 우리는 '알게' 되는 것입니다. 하나님께서는 이 중간 과정을 다 제거해버리고 직접 뇌에 생각을 심어 주실 수가 있으십니다. 우리가 하나님의 음성을 듣기 위해서는 우리에게 하나님께서 머리에 심어 주신 생각에 집중하여야 합니다.

그러나 머리에 떠오르는 생각이 다 하나님의 음성은 아닙니다. 생각에는 세 가지의 원천이 있습니다. 자기 자신이 있고, 마귀가 있고, 하나님이 있습니다. 그러므로 하나님이 심어 주신 생각이나 말씀을 구별하려면 영적인 성숙도가 필요합니다. 목사님들이 설교하시면서 가끔 세미한 하나님의 음성이라는 표현을 쓰십니다. 마귀가 심어 주는 생각은 감정적이기 때문에 언제든지 강렬합니다. 사람의 생각도 이기적이면서 강렬합니다. 이런 생각들 틈에서 들려 주시는 하나님의 음성은 상대적으로 세미합니다. 하나님은 강요를 하지 않으시는 분이시기 때문입니다. 그래서 하나님의 음성은 분별하는 귀가 필요합니다. 하나님의 음성을 듣기 시작하면서부터 신앙 생활이 재미있어집니다. 하나님이 심어 주시는 생각은 직관과 비슷합니다. 그래서 여러분들 마음 가운데 아무 특별한 이유없이 무엇을 하여야만 할 것 같은 심적 부담이 생기거든 부담을 좇아서 행동해 보시기 바랍니다. 이것이 하나님의 음성을 듣는 첫걸음입니다.

하나님의 음성은 언제든지 소망과 평화 가운데에 옵니다. 문제를 놓고 기도할 때에 어떤 생각이 떠오르면서 평화와 해방감을 맛보면 하나님의 음성이라고 생각할 수가 있습니다. 마음속에 지속되는 어떤 심적 부담에 순종하기로 결심하면서 마음에 평화가 오면 하나님의 뜻이라고 생각할 수 있습니다. 그러나 떠오르는 생각이 강박감이나 분노를 심어 준다던가 내가 즉시 지금 하지 않으면 안될 것 같은 긴박감을 줄 때는 하나님의 음성이 아닐 가능성이 큽니다. 무시하셔도 상관이 없습니다. 하나님께서는 지금도 우리에게 말씀해 주십니다. 우리가 이 세상을 살아가면서 해결하지 못할 일이 너무나도 많습니다. 어디로 가야 좋을지 몰라서 혼돈될 때도 많습니다. 의논 상대가 없어서 외로울 때도 많습니다. 우리는 같은 실수를 반복합니다. 그러나 우리는 이런 데에서 벗어날 수가 있습니다. 그것은 우리가 주님의 음성에 귀를 기울이는 것입니다.

하나님의 음성을 듣는 구체적인 방법을 몇 가지만 말씀드리겠습니

다. 하나님의 음성을 듣기 위해서는

첫째, 하나님께서 지금도 말씀하시고 우리가 그 말씀을 들을 수 있다는 사실을 확고히 믿으셔야 합니다. 이러한 확신이 없이는 다음 단계로 넘어갈 수가 없습니다.

둘째, 하나님의 음성을 갈구해야 합니다. 하나님의 음성은 세미하기 때문에 집중하지 않고서는 듣지를 못합니다. 많은 사람들이 모여서 떠들고 있는 가운데에도 다른 방에 잠재워 놓은 아기가 깨서 울면 아기 엄마는 이 울음 소리를 듣습니다. 무의식 중에 신경이 아기에게 집중되어 있기 때문입니다. 하나님의 음성을 들으려면 우리에게도 이런 관심이 있어야 합니다. 이런 관심을 갖고 집중하면 누구나 다 하나님의 음성을 들을 수 있습니다. 하나님께서는 지금도 우리에게 음성을 들려 주기 원하십니다. 하나님의 음성을 듣지 못한다면 문제는 하나님에게 있는 것이 아니라 우리에게 있습니다. 하나님께서는 지금도 우리들에게 말씀하고 계실지 모릅니다. "너는 사업에 너무 빠져있다. 좀 쉬어라. 건강 해칠라.", "너는 세상 일에만 너무 몰두하는구나. 그러다가 죽으면 내게 와서 무엇을 보이려느냐?" 그러나 우리는 이러한 하나님의 말씀을 외면하고 못 들은 체합니다. 그리고는 하나님의 뜻을 모르겠다고 말합니다. 아닙니다. 우리가 듣지 않는 것이지 하나님께서 음성을 들려 주시지 않는 것이 아닙니다.

셋째, 기도의 시간을 가져야 합니다. 우리가 영적으로 성숙하여 그리스도처럼 되어서 하나님과 깊은 관계 속에서 항상 머물면 따로 시간을 내지 않아도 하루종일 하나님의 음성을 들어가며 지낼 수 있을지도 모릅니다. 그러나 우리는 그만한 영성을 갖추지 못한 사람들이 대부분입니다. 자신의 욕망과 마귀가 심어 주는 생각으로 머리가 복잡해져 있기 때문에 일상의 삶 가운데에서 하나님의 음성을 듣기가 힘듭니다. 그러므로 따로 떼어서 기도하는 시간을 가져야 합니다. 자신의 문제를 놓고 기도해야 합니다. 하나님의 음성을 듣기 위해서는 적어도 한 번에 계속하여 20분은 기도해야 한다고 생각합니다. 왜 하필 20분이냐고 묻지 마시기 바랍니다. 제 경험에 의하면 그렇다는 것입니다. 자신의 복잡한 생각을 가라앉히고 하나님의 음성을 들을 수 있는 준비가 되기 위해서는 최소한 20분은 엎드려 있어야 합니다.

넷째, 하나님의 음성이라고 생각되면 즉시 순종하시기 바랍니다. 마음의 평안이 있으니까 하나님의 음성이라는 생각도 들지만 또 한편, 자신의 생각이 아닌가라는 의문이 생길 때도 있을 것입니다. 그러나 하나님의 음성을 오해하는 실수를 하는 일이 있더라도 성경에 어긋나지 않으면 일단 순종해 보십시오. 실습을 통해서 체험적으로 하나님의 음성과 자신의 생각을 구별하는 법을 배워야 합니다. 순종했을 때에 일이 풀리면 그것이 하나님의 음성이었다는 것을 확인할 수가 있습니다.

여러분들에게 이미 말씀드렸지만 저는 제가 서울침례교회 목회자라고 생각하지 않습니다. 예수님께서 담임목사이시고 저는 부목사라고 생각합니다. 담임목사이신 주님을 도와서 주님께서 어떻게 목회하시길 원하시는지 들어서 순종하는 것이 저의 사역이라고 생각합니다. 그래서 저에게는 주님의 음성을 듣는 것이 중요합니다. 주님의 음성을 들으려고 노력하며 목회해 왔던 지난 9개월을 되돌아보면 실수도 있었지만 좋은 결과가 많았습니다. 어떤 분들은 최 목사가 지혜가 있어서 그랬다고 말씀하십니다. 그러나 그것이 아닙니다. 주님의 음성에 순종했기 때문입니다. 저 자신으로는 해볼 생각조차 하지 않았을 많은 일을 시도했습니다. 결과도 좋았습니다. 하나님께서 원하시는 것이라고 생각되는 뜻을 좇아 순종하려 했기 때문입니다.

하나님의 음성을 듣는 습관을 들이기를 원하시면 마음속에 생기는 지속적인 부담이나 조용한 확신에 꼭 순종해 보시기 바랍니다. 자신의 생각이 아닌가 하는 생각이 들어도 일단 순종해보시기 바랍니다. 하나님의 음성을 듣는 데 대한 자신을 얻고 하나님의 음성과 자신의 생각을 구별하는 지혜를 얻기 위해서는 시행착오를 겪더라도 연습해 보는 수밖에 없습니다. 어쩌면 우리가 하나님의 음성을 듣지 못하는 가장 큰 이유가 이러한 순종의 마음이 없기 때문인지도 모릅니다.

마지막으로, 하나님의 음성을 들었던 어떤 분의 간증을 옮김으로써 하나님의 음성 듣는 것이 어떠한 것인지 예로 삼겠습니다. 「하나님 음성 듣기」(*Hearing God*)라는 책이 있습니다. 하나님의 음성을 듣는 것에 관하여 저에게 많은 도움을 주었던 책입니다. 이 책에는 저자 피터 로드 부인의 간증이 수록되어 있습니다. 그분에게는 수잔이라는 딸 아이가 있었습니다. 이 딸은 외모에 전혀 신경을 쓰지 않았습니다. 너무 먹어서 뚱뚱했지만 전혀 몸무게에 개의치 않았습니다. 10대가 되면서 몸맵시는 더욱더 엉망이 되어버렸습니다. 부스스한 머리, 허술한 옷, 돼지 소굴처럼 엉망인 자기 방. 이러한 것이 어머니에게는 자신에 대한 반항으로 보였습니다. 깔끔한 성격의 이 어머니는 견딜 수가 없었습니다. 그래서 수잔이 순종하는 깨끗한 딸이 되게 해 달라고 기도했습니다. 그러다가 하나님의 음성을 들었습니다. 하나님이 들려 주신 음성의 내용은 문제가 수잔에게 있는 것이 아니라 엄마인 자신에게 있다는 것이었습니다. "문제는 네 교만이다. 수잔에게 다이어트 해라, 옷을 단정하게 입어라, 머리를 단정하게 빗어라, 방을 깨끗이 치워라, 잔소리하는 것은 네가 목사 부인으로서 애를 잘못 키웠다는 비난을 듣기 싫어서이지 수잔을 위해서가 아니다." 이 충격적인 말을 들은 어머니는 회개했습니다. 그러나 딸은 여전히 반항적이었습니다. 이 반항의 문제를 어떻게 해결해야 할지 지혜를 얻기 위해 다시 기도하기 시작했습니다. 그때에 하나님께서 다시 음성을 들려 주셨습니다. "수잔이 너에게 반항하고 있는 것이 아니다. 수잔은 네가 오빠를 편애한다고 생각해서 그렇게 반응하는 것뿐이다." 이 엄마는 깜짝 놀랐습니다. "하나님, 아닙니다. 사실은 아들보다 수잔을 더 사랑하는데요." 그때 하나님께서 말씀하셨습니다. "수잔이 그 사실을 알고 있느냐?" 그때서야 이 어머니는 문제를 보게 되었습니다. 문제의 핵심은 딸의 반항심이 아니라 자신의 편애라는 것을 깨달았습니다. 이 어머니는 다시 하나님의 지혜를 구하였습니다. "어떻게 하면 제가 수잔을 사랑하고 있음을 알릴 수 있을까요?" 하나님은 한 걸음씩 인도해 주시기 시작하셨습니다. "오늘 그릇 사러 갈 때 혼자 가지 말고 딸을 데리고 가라." 또 어떤 때에는 이렇게 말씀해 주셨습니다. "네가 옷을 골라 주지 말고 딸보고 마음대로 고르라고 해라." 또 이렇게도 말씀하셨습니다. "딸이 좋아하는 음식을 만들어 놓고 너도 같이 맛있게 먹어라." 하나님께서는 이처럼 작은 일도 지시하셨습니다. 처음에는 하나님이 하라고 하시는 것이 시시한 것 같아 이런 것으로 문제가 해결될 수 있을까 하는 생각도 들었습니다. 그러나 이 어머니는 순종했습니다. 그랬더니 딸이 변하기 시작하였습니다. 처음엔 '엄마가 왜 그러지?' 수상쩍은 눈으로 보았습니다. 그러나 어머니가 계속해서 하나님의 음성에 귀를 기울이고 순종하였을 때에 딸의 마음속에 어머니에 대한 신뢰가 생기기 시작했습니다. 드디어 엄마에게 반항하는 모습이 깨끗이 사라졌습니다.

우리는 사람이나 상황을 평가할 때에 정확한 평가를 내리는 것이 힘듭니다. 충분한 데이터도 없고 상대방의 마음의 동기도 모르기 때문입니다. 그래서 잘못된 판단을 내릴 때가 많습니다. 그런 때에 우리가 구해야 될 것이 하나님의 지혜입니다. 또 올바른 판단을 내린다 해도 문제를 해결하는 효과적인 방법을 모르고 있습니다. 자신이 생각하기에 효과적이라고 생각되는 방법이 문제를 해결해주기보다 문제를 악화시키는 경우도 많습니다. 그러므로 우리는 하나님의 음성에 귀를 기울여야 합니다. 그리고 순종하여야 합니다.

하나님의 음성을 들어서 하나님의 인도하심과 기적을 체험하는 성도님이 되시기 바랍니다. 이웃 사람을 다치게 하는 실수, 나의 장래를 망치는 실수에서 벗어나는 성도님이 되시기 바랍니다. 지금까지 살아오면서 하나님의 음성에 귀를 기울이지 않았기 때문에 현재 어려운 형편에 처한 분들도 계실지 모릅니다. 그러나 늦지 않았습니다. 지금이라도 결심하시고 하나님의 음성에 귀를 기울이시기 바랍니다. 순종하시기 바랍니다. 하나님께서는 모든 것을 다 아십니다. 우리를 사랑하시고 우리에게 가장 좋은 것을 주시길 원하십니다. 하나님은 또한 우리를 변화시켜 주기를 원하십니다. 주님의 음성에 귀를 기울여서 변화받으시기 바랍니다. 주님의 음성을 들어서 누리는 가장 큰 축복이 자신이 변한다는 것입니다. '변하라'는 주님의 음성을 못들은 척 하지 마시기 바랍니다.

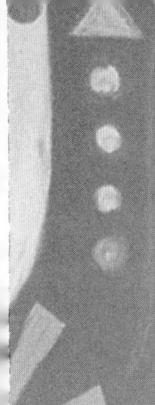

하나님의 음성을 듣는 법-경고

요한복음 10:1~5

내가 진실로 진실로 너희에게 이르노니 문을 통하여 양의 우리에 들어가지 아니하고 다른 데로 넘어가는 자는 절도며 강도요 문으로 들어가는 이는 양의 목자라 문지기는 그를 위하여 문을 열고 양은 그의 음성을 듣나니 그가 자기 양의 이름을 각각 불러 인도하여 내느니라 자기 양을 다 내놓은 후에 앞서 가면 양들이 그의 음성을 아는 고로 따라오되 타인의 음성은 알지 못하는 고로 타인을 따르지 아니하고 도리어 도망하느니라.

하나님께서 우리에게 말씀하실 때 머리 속에 직접 생각을 심어주십니다. 그러나 머리에 생각이 떠오를 때에 이것이 하나님이 심어주신 생각인지, 내 생각인지, 마귀의 생각인지 구별하기가 쉽지 않습니다. 오늘은 특별히 하나님의 음성과 마귀의 음성을 어떻게 구별하는지를 말씀드리겠습니다.

첫 번째는 그 어조를 보아서 압니다.

하나님께서 우리에게 말씀하실 때는 언제든지 부드럽게 타이르듯이 설득시키십니다. 오늘 본문의 말씀은 이렇게 말합니다. "내가 진실로 진실로 너희에게 이르노니 문을 통하여 양의 우리에 들어가지 아니하고 다른 데로 넘어가는 자는 절도며 강도요." 목자는 저녁이 되면 양들을 우리 안에 넣고 문을 잠급니다. 그때 정식으로 문을 통과하지 않고 담을 넘어 들어오는 자는 도둑입니다. 아침이 되어 문지기가 문을 열어줍니다. 3절을 보면 "문지기는 그를 위하여 문을 열고 양은 그

✚ 교회는 병원이다

의 음성을 들으니 그가 자기 양의 이름을 각각 불러 인도하여 내느니라." 다른 사람들의 눈에는 다 똑같이 보이는 양이 목자에게는 한 마리 한 마리가 구분되기 때문에 일일이 이름을 붙여 부른다고 합니다.

아침에 목자가 양의 이름을 부르면 양은 뛰어 나옵니다. "문지기는 그를 위하여 문을 열고 양은 그의 음성을 들으니 그가 자기 양의 이름을 각각 불러 인도하여 내느니라 자기 양을 다 내놓은 후에 앞서 가면 양들이 그의 음성을 아는 고로 따라오되 타인의 음성은 알지 못하는 고로 타인을 따르지 아니하고 도리어 도망하느니라"(요 10:3~5).

하나님의 음성은 양을 부르는 목자의 음성과 같습니다. 하나님께서는 우리를 인도하시지, 강요하시지 않으십니다. 하나님의 음성과 마귀의 음성은 어조에 따라 구별이 됩니다. 마귀의 음성은 협박조입니다. 긴박감을 심어줍니다. "너 이것 안하면 죽는다. 즉시 해라.", "너 지금 이 발언을 안하면 중대한 결과가 생긴다. 당장 말해라." 전에는 저도 이런 것이 하나님의 음성인 줄 알고 즉시 좇았던 적이 있습니다. 당장 전화를 하라고 하면 즉시 전화를 했습니다. 그러나 미처 준비가 안 된 상태로 상대방에게 전화를 해서 안 해야 할 말을 하게 되어 아주 좋지 않은 결과를 가져온 것을 몇 번 체험하였습니다. 그러나 이러한 실수를 통하여 조금씩 하나님의 음성을 듣는 귀가 열리기 시작하였습니다.

마귀는 빛의 모양을 하고 오기 때문에 성경을 인용하기도 하고, 거룩하게 들리는 말을 속삭이기도 합니다. 그래서 하나님의 음성이라고 착각하기가 쉽습니다. 그러나 마귀가 속삭이는 음성에는 보통 분노가 숨겨져 있습니다. 그러므로 우리는 음성의 어조에 주의하여야 합니다. 하나님께서는 절대 떠다 밀지 않으십니다. 앞서서 목자처럼 인도하십니다. 꼭 해야 할 일도 강압적이 아니고 부드럽고 끈질기게 말씀하십니다. '주일학교 봉사를 해야 하지 않을까?' 기도할 때에 이러한 생각이 떠오릅니다. 그러나 이내 지워버립니다. 그런데 다음에 기도할 때면 또 같은 생각이 떠오릅니다. '이제는 주일학교 봉사를 해야 하지 않을까?' 죄책감이나 강박감 없이 기도할 때마다 끈질기게 떠오르는 생각은 하나님의 음성일 가능성이 큽니다.

두 번째는 내용을 보아서 압니다. 성경은 하나님의 말씀입니다. 디모데후서 3장 16절에 "모든 성경은 하나님의 감동으로 된 것으로 교훈과 책망과 바르게 함과 의로 교육하기에 유익하니"라고 했습니다. 하나님께서는 성경에 어긋나는 음성을 들려 주지 않으십니다. 그러나 마귀는 그렇지가 않습니다. 마귀는 성경을 인용하기도 하지만 왜곡합니다.

한 자매님이 하나님의 음성을 들었다고 생각했습니다. "너는 아프리카에 선교사로 가라." 그 다음에 이런 음성이 들려왔습니다. "담임 목사님과 너는 영적 파트너다. 둘이서 결혼식을 올리고 아프리카로 떠나라." 그러나 그 목사님은 이미 결혼하신 분이었습니다. 간음하지 말라, 이혼하지 말라고 하신 하나님께서 한 가정을 깨어가며 선교사로 보내시겠습니까? 하나님의 음성일 수가 없습니다. 마귀가 우리에게 속삭일 때에는 언제든지 고상하고 거룩한 척하지만 성경에 어긋나는 짓을 시킵니다.

우리 하나님은 일구이언하시는 분이 아닙니다. 성경을 통하여 말씀을 주시고 성경에 어긋나는 일을 하라고 하지 않으십니다. 어떤 분들은 직장에서 일해야 하는 시간에 기도하고 성경을 읽습니다. 기도하고 성경 읽는 것은 하나님의 뜻이지만 근무 시간에 하는 것은 하나님의 뜻에 어긋나는 행동이라고 생각합니다. 자기 사업이라면 상관없겠지만, 남의 밑에서 일하는 것은 계약 관계이기 때문입니다. 하나님께서 우리에게 명령을 주셨을 때는 떳떳하고 의로운 방법으로 이루기를 원하십니다. 그러므로 성경에 합치된다고 무슨 방법을 써서든지 성취하려고 하면 안 됩니다. 하나님의 음성이라고 생각되시면 그 방법도 성경 말씀에 합당한지 살펴야 합니다. 하나님의 음성을 듣는 것이 사실 생각만큼 어렵거나 복잡하지 않습니다. 성경이 하나님의 음성을 담고 있기 때문입니다. 성경대로 살려고만 하면 세상 사는 문제의 80퍼센트 정도는 이미 해답이 있습니다.

세 번째는 회개냐 정죄냐를 통하여 압니다. 하나님께서는 우리가 죄를 지었을 때에 회개하기를 원하십니다. 그러나 하나님께서는 우리의 잘못을 구체적으로 지적해 주십니다. 이러한 음성에 순종하여 회개하고 나면 마음속에 기쁨과 평화가 있습니다. 하나님께서 죄를 지적해 주십니다. '영기야, 너 어제 누구누구와 이야기하는데 그렇게 말한 것은 아주 잘못된 것이다. 너 그러면 안 된다.' 그랬을 때에 회개합니다. '생각해 보니 그렇군요. 이제 안그러겠습니다.' 고백하고 나면 마음에 평화가 오고 마음에 찜찜하던 것이 싹 사라집니다. 이것이 하나님의 음성입니다. 하나님의 음성은 구체적이고 해결방법을 보여주십니다. 순종했을 때에 마음속에 평안과 기쁨을 주십니다.

그러나 마귀는 막연한 죄책감을 심어줍니다. "너는 신앙 생활 20년을 했는데 믿음이 그 정도냐? 너는 자신을 잠시도 크리스천이라고 불러서는 안 된다." 언뜻 들을 때에는 하나님의 음성인 것 같습니다. 그러나 아닙니다. 하나님께서는 이렇게 추상적으로 애매하게 우리를 정죄하시는 법이 없습니다. 목적이 우리를 변화시키는 것이기 때문입니다. 하나님은 죄를 구체적으로 지적해 주십니다. 꼬집어 낼 수 없는 죄책감, 자신은 쓸모없는 인간이라는 생각, 자신은 추한 크리스천이라는 절망감을 심어 주는 것은 마귀라는 것을 우리는 알아야 합니다.

저는 우연히 하나님의 음성을 듣는 방법을 발견하였습니다. 한참 됐습니다만, 여러 가지 생각에 머리가 복잡했던 때가 있었습니다. 어떻게 해야 좋을지 모르겠기에 앉아서 머리에 떠오르는 생각을 종이에 쓰기 시작했습니다. 한참 쓰다 보니 내가 누군가와 대화를 하고 있는 것을 발견하였습니다. 나의 생각을 쓰고 나면 대꾸하는 말이 쓰여지는 것을 발견했습니다. 그래서 내가 지금 하나님과 대화를 하고 있지 않나 하는 생각이 들었습니다. 그래서 다음부터는 대화체로 바꿨습니다. 하나님께 말하듯 내가 하고 싶은 이야기를 머리에 떠오르는 대로 적습니다. 그리고 대답 비슷한 생각이 떠오르면 그대로 다 적습니다. 이렇게 하면서 많은 지혜를 얻게 되었습니다. 그런데 이러한 일을 계속하면서 대답하는 목소리가 둘인 것을 발견하였습니다. 두 개의 다른 어조를 가진 목소리입니다.

하나는 정죄하는 목소리입니다. '넌 성경을 가르칠 자격이 없는 사람이다. 이제부터는 남 앞에서 누구를 사랑하라든지 하는 말은 하지도 말아라.' 그때 저는 이것이 하나님의 음성인 줄 알았습니다. '하나님, 그렇습니다. 저는 정말 추한 사람입니다. 입을 꼭 다물고 위선자가 되기를 거부하겠습니다.' 이 음성과의 대화를 다 적어 놓고 보면 그 내용은 좌절, 불안, 정죄함, 죄책감, 그리고 분노 투성이었습니다. 그런데 또 하나의 음성이 있는 것을 발견하였습니다. 미세한 음성이 있었습니다. 그 음성은 항상 평안과 용기를 주는 음성이었습니다. '네가 아직 부족한 것이 많지만 몇 년 전에 비하면 많이 나아졌다.' '네가 애쓰는 모습을 내가 사랑한다. 많은 문제를 차근차근 해결해 보자.'

막연한 죄책감, 막연한 정죄, 이런 것들이 절대 하나님의 음성이 아니라는 것을 우리는 알아야 합니다. 바울은 이렇게 말합니다. "누가 능히 하나님의 택하신 자들을 송사하리요. 의롭다 하신 이는 하나님이시니 누가 정죄하리요"(롬 8장 33~34). 우리는 형편없는 죄인이지만 예수님께서 우리를 위하여 천벌을 받으시고 우리를 피값으로 사셨기 때문에 아무도 우리를 정죄할 수 없습니다. 하나님께서 의롭다고 하셨기 때문입니다. 하나님께서는 우리를 정죄하지 아니하십니다. 우리를 정죄하는 것은 마귀입니다. 지금까지 죄책감에 시달리면서 이것을 하나님의 음성으로 착각하고 괴로워하셨던 분이 계시면 오늘 이 시간 정죄함으로부터 해방되기를 바랍니다.

네 번째, 관계회복을 통해 압니다. 마귀는 정죄함을 심어 주고, 하나님은 화목을 가져다주십니다. 예수님께서 마태복음 5장 23~24절에서 이렇게 말씀하십니다. "예물을 제단에 드리려다가 거기서 네 형제에게 원망 들을 만한 일이 있는 것이 생각나거든 예물을 제단 앞에 두고 먼저 가서 형제와 화목하고 그 후에 와서 예물을 드리라." 우리가 화목하지 못한 사람이 있으면 예배드릴 생각 말고 먼저 그 사람하고 화목하고 난 후 우리의 예배를 받겠다고 하실 정도로 화목을 중요하게 생각하셨습니다. 그래서 화목한 관계를 조성하는 내용이라면 하나님의 음성일 수밖에 없습니다.

그러나 마귀는 언제나 정죄의식을 심어 줍니다. 마귀는 성경을 인용할 줄도 알고 교묘하게 종교적인 용어를 써서 접근합니다. 그래서 우리가 속기 쉽습니다. '아무개는 가망이 없는 사람이다.' '아무 아무개는 위선자이다." 이런 부정적이고 남을 정죄하는 생각은 마귀한테서 온 것입니다. "나는 하나님의 음성을 듣지만 너는 못 듣는다." "나는 거룩하지만 남들은 거룩하지 않다." "나는 희생적인데 너는 이기적이다." 이렇게 나만 옳고 남은 다 틀렸다는 생각도 하나님께서 심어주신 것이 아니라 마귀가 심어준 생각입니다. 마귀의 음성에 속지 마시기 바랍니다.

사실 우리가 하나님의 음성을 듣기 시작하면 남의 결점이나 약점이 눈에 잘 들어옵니다. 영의 눈이 밝아졌기 때문입니다. 하나님께서 어떤 분의 문제가 무엇인지를 보여주시기도 합니다. 그러나 문제점을 보여주신 다음에는 반드시 이러한 말씀을 들려 주십니다. "그 사람 문제가 있기는 하지만 좋은 점도 있다." 꼭 긍정적인 면을 보여주십니다. 하나님께서 우리에게 어떤 사람의 문제를 보여줄 때에는 그 사람을 정죄하라는 것이 아니고 위해서 기도하라는 뜻입니다. 그래서 이웃의 문제를 보여주시는 동시에 정죄하지 못하도록 자신의 문제도 보여주시는 경우가 많습니다. 하나님께서는 어떻게 하든지 화목하게 하시려는 분이십니다. 이웃을 정죄하고, 거부하고, 나쁜 사람으로 돌리도록 만드는 음성은 하나님의 음성이 아닙니다.

하나님의 음성을 구별하기 위해서는 방법에만 의존해서는 안 됩니다. 관계에 의존하여야 합니다. 하나님의 음성을 정확하게 듣기 위해서는 평소에 하나님과 친밀한 관계를 가져야 합니다. 하나님과의 대화에 익숙해야 합니다. 이런 얘기를 들었습니다. 어떤 부자가 납치당해서 돈을 요구하는 편지를 부인에게 쓸 것을 강요당했다고 합니다. 언제 어디로 정해진 액수의 돈을 가져오라는 내용이었습니다. 유괴범은 유괴 사실을 은폐시키기 위해 평소와 똑같은 식으로 편지를 쓰라고 명령하였습니다. 가능하면 부드러운 어조를 사용하라고도 하였습니다. 명령대로 이 남편은 부드러운 어조를 사용하여 편지를 쓰고 서명을 해서 발송했습니다. 그러나 그 편지를 뜯어 본 부인은 남편이 강요된 편지를 썼다는 것을 대뜸 알아차렸습니다. 발신인의 서명이 남편의 정식 이름이었기 때문입니다. 남편은 아내에게 편지를 쓸 때에는 한 번도 자신의 정식 이름을 쓴 적이 없었습니다. 항상 '당신을 사랑하는 남편이'라고 썼습니다. 평소에 남편을 잘 알았기에 이것이 남편이 스스로 쓴 것인지 아니면 강요받아서 쓴 것인지를 구별할 수 있었던 것입니다. 이처럼 우리도 하나님의 음성을 듣기 위해서는 하나님을 잘 알아야 합니다. 들려오는 여러 음성 가운데에서 그분의 음성을 구별할 수 있어야 합니다.

우리가 하나님을 아는 것은 성경을 통해서입니다. 그래서 성경 공부가 필요한 것입니다. 하나님을 알아야만 그분의 음성을 정확하게 들을 수 있습니다. 하나님의 음성을 반복해서 듣다보면 이것이 습관이 됩니다. 이 경지에 이르면 하나님의 음성을 들으면서 사는 것이 얼마나 재미있는지를 알게 됩니다. 일단 하나님의 음성을 듣고 순종하면 신기한 일도 많이 생깁니다.

사실, 하나님의 음성을 듣지 않고는 살 수 없는 세상이 되었습니다.

우리는 너무나도 지혜가 부족합니다. 내일 일을 모릅니다. 양심이 둔해져서 잘못하고 있으면서 잘못하고 있는지조차도 모릅니다. 하나님께서는 우리의 잘못을 바로잡아 주기를 원하시고, 우리를 인도해주기를 원하시고, 우리의 문제를 해결해 주시기를 원하십니다. 이런 하나님의 음성을 듣는 익숙한 귀가 생겨서 하나님은 생활의 작은 부분까지 염려해 주시고 머리털까지 세시는 자상하신 분이심을 알게 되시기를 바랍니다.

교회는 병원이다

끝 잘 맺는 인생

사무엘상 12:1~5

사무엘이 백성에게 이르되 너희가 내 손에서 아무것도 찾아낸 것이 없음을 여호와께서 너희에게 대하여 증언하시며 그의 기름 부음을 받은 자도 오늘 증언하느니라 하니 그들이 이르되 그가 증언하시나이다(5).

삶을 잘 시작하는 것도 중요하지만 잘 마치는 것은 더 중요하다고 생각됩니다. 성경에 보면 인생을 아름답고 멋지게 끝내신 분들이 나옵니다. 십자가에 달리셔서 "다 이루었다." 외치고 돌아가신 주님의 삶이 끝 잘 맺은 삶의 표본이라고 하겠습니다. 바울도 인생의 끝을 잘 맺은 사람 중의 하나입니다. 죽음을 눈앞에 둔 바울은 디모데후서 4장 6~8절에서 자신의 후회 없는 삶을 돌이켜 봅니다. '나는 이미 부어드리는 제물처럼 바쳐질 때가 되었고, 세상을 떠날 때가 되었습니다. 나는 선한 싸움을 다 싸우고, 달려갈 길을 마치고, 믿음을 지켰습니다. 이제는, 나를 위하여 의의 월계관이 마련되어 있으므로, 의로운 재판장이신 주께서, 그날에 그것을 나에게 주실 것이며'(표준새번역). 그러나 예수님이나 바울은 너무 차원이 높기 때문에 우리가 끝 잘 맺는 인생의 표본으로 삼기에는 조금 부담스럽습니다. 그런 의미에서 사무엘의 삶을 살펴보겠습니다.

4. 크리스천의 삶 *151*

사무엘은 예수님 오시기 약 천 년 전에 살았던 분인데 어머니 한나의 기도가 유명합니다. 아기가 없는 한나는 "아들을 주시면 낳아서 하나님께 바치겠습니다"라는 서원 기도를 했습니다. 그 기도의 응답으로 한나는 기적적으로 사무엘을 얻었습니다.

하나님께서는 우리 기도를 들어주십니다. 하나님께서 응답 안 하실 때에는 이유가 있습니다. 제가 산호제에 살 때에 한 집에서 16년을 살았습니다. 그당시 경제적인 여유가 없었기 때문에 싼 집을 샀습니다. 학군이 아주 나쁜 곳이었습니다. 애들이 커지자 학군 좋은 데로 옮기고 싶어 집을 내놓았습니다. 그런데 근 2년 동안 집을 내놓았는데도 집이 안 팔렸습니다. 제가 집 파는 문제로 심각하게 기도를 하지 않은 탓도 있겠지만 어쨌든 좀 의아하게 생각했었습니다. 그런데 지금 생각을 하니까 하나님께서 그 기도를 안 들어주신 데에는 이유가 있었습니다. 하나님께서는 이미 그때에 저희가 휴스턴으로 이사 올 것을 알고 계셨던 것입니다. 그때 만일 비싼 집으로 이사했으면 이사한 후에 집을 즉시 팔아야 했기 때문에 금전적으로 많은 손해를 보았을 것입니다. 저 혼자 휴스턴으로 이사 온 후에 집 팔리기를 위하여 기도를 했습니다. "선주 학교를 위하여 6월 말까지 팔리게 해주세요." 기도했더니 그 동네에서 집이 그렇게 안 팔린다고 하는데도 6월 말 이틀 전인 6월 28일에 팔렸습니다. 기도할 때에는 하나님의 뜻을 분별하고 하나님께 순종하는 마음이 아주 중요합니다.

한나는 사무엘이 젖을 떼자마자 그 당시 법궤가 있는 실로의 제사장 엘리에게 맡겼습니다. 그 밑에서 신앙 교육을 받으면서 주를 섬기는 사람이 되도록 했습니다. 이 사무엘이 크면서 하나님이 부르는 음성을 육성으로 듣고 사사가 되었습니다. 이스라엘의 지도자가 되어서 이스라엘 백성을 다스렸습니다. 그 당시 이스라엘에는 왕이 없고 하나님께서 사사를 통해서 다스리셨는데, 백성들이 왕을 원했습니다. 이 요청에 부응하여 사무엘은 사울이라는 사람을 왕으로 세우고 사사로서의 삶을 마감합니다.

오늘의 본문은 사무엘의 고별 인사입니다. 우리는 여기서 끝 잘 맺는 인생의 몇 가지 방법을 배울 수 있습니다.

인생을 아름답게 마감하기 위해서는 첫째로 과감하게 물러서야 됩니다. 본문 12장 1~2절에 "사무엘이 온 이스라엘에게 이르되 보라 너희가 내게 한 말을 내가 다 듣고 너희 위에 왕을 세웠더니 이제 왕이 너희 앞에 출입하느니라 보라 나는 늙어 머리가 희어졌고 내 아들들도 너희와 함께 있느니라 내가 어려서부터 오늘까지 너희 앞에 출입하였거니와"라고 했습니다. '내가 그동안 너희들을 위해서 많은 일을 하였지만 이제 너희들이 원하니까 왕을 세우고 나는 물러나야겠다.' 이것이 바로 사무엘의 과단성입니다. 백성들이 왕을 요구했다는 것은 하나님의 통치권을 거부하는 행위입니다. 그러므로 사무엘은 이것을 억지로라도 말려야 할 것 같은데 그렇게 하지 않았습니다.

인생을 잘 마감하기 위해서는 물러날 때를 잘 알아야 됩니다. 며느리 가지신 어머님들, 적당한 때 이런 과단성을 보이시기 바랍니다. 적절한 때 모든 권한을 며느리에게 넘기시고 은퇴하셔서 인생을 즐기시기 바랍니다. 자녀를 교육할 때에도 마찬가지입니다. 물러날 때를 알아야 합니다. 자녀들이 아주 작을 때에는 안아서 키웁니다. 걷기 시작하면 손을 잡아 키웁니다. 좀더 크면 말로 키웁니다. 자녀가 자라면서 부모들이 자신의 권한을 점점 축소시키는 것입니다. 이것이 물러나는 것입니다. 자녀들이 커갈 때에 점점 자율권을 주어서 스스로 결정할 수 있게 해주셔야 합니다. 실수할 수 있는 여유를 주어가며 키워야 합니다. 그렇게 하지 않고 꼭 잡고만 있으면 결정하는 능력을 배양하지 못합니다. 스스로 결정해 본 적이 없으니까 십대가 되면 나쁜 애들하고 휩쓸리고 생각지도 못한 일을 해버립니다. 한국 부모님들은 교육 원칙에 역행하는 방법을 써서 자녀를 교육시킵니다. 어릴 적에는 내버려두다가 틴에이저가 되면 꼭 잡으려 합니다. 부모가 돌볼 수 있는 기간은 고등학교 3학년 때까지입니다. 그 다음에는 물러나시기 바랍니다. 대학생이 되면 상담자가 되어 주시기 바랍니다. 결혼하고 나면 친구가 되어주시기 바랍니다. 이것이 과감하게 물러설 줄 아는 현명한 부모의 모습입니다.

교회도 마찬가지입니다. 목사님이 은퇴하신 후에 사역이 매끈하게 후임 목사님에게로 전수되는 예가 많지 않습니다. 전임 목사님이 과감하게 물러나지를 못하기 때문인 경우가 대부분입니다. 선임 목사님은 심혈을 기울여 성장시킨 교회에 미련이 있을 수 있습니다. 목회 경험에서 나온, 해주고 싶은 말도 있을 것입니다. 그러나 과감하게 넘겨주어야 끝 잘 맺는 목회가 될 것입니다. 최 목사가 은퇴할 때를 지켜봐 주시기 바랍니다. 아주 매정할 정도로 싹 물러나려고 합니다. 물러날 때 과감하게 물러나는 것, 이것이 인생의 끝맺음을 잘하는 첫째 비결입니다.

두 번째 비결은 깨끗하게 사는 것입니다. 끝이 아름답기 위해서는 과정이 아름다워야 합니다. 마음대로 막 살아놓고 인생을 아름답게 끝낼 것을 기대할 수는 없습니다. 인생을 깨끗하게 살기 위해서는 현재에 집중해야 됩니다. 오늘을 깨끗하게 살아야 합니다. 사무엘은 은퇴하면서 자신 있게 말합니다. "내가 여기 있나니 여호와 앞과 그의 기름 부음을 받은 자 앞에서 내게 대하여 증거하라 내가 누구의 소를 빼앗았느냐 누구의 나귀를 빼앗았느냐 누구를 속였느냐 누구를 압제하였느냐 내 눈을 흐리게 하는 뇌물을 누구의 손에서 받았느냐 그리하였으면 내가 그것을 너희에게 갚으리라"(3절). 백성들은 이렇게 대답합니다. "그들이 이르되 당신이 우리를 속이지 아니하였고 압제하지 아니하였고 누구의 손에서든지 아무것도 빼앗은 것이 없나이다"(4절).

사무엘은 깨끗해야 될 세 가지를 말하고 있습니다.

첫째, 말에 깨끗해야 됩니다. 4절에 "그들이 이르되 당신이 우리를 속이지 아니하였고 압제하지 아니하였다"고 했습니다. 인생을 아름답게 끝맺기 위해서는 내가 한 말은 책임질 수 있어야 됩니다. 그런데 진실을 말하면서 산다는 것이 쉽지가 않습니다. 그러므로 나 자신은 항상 정직하게 진리를 말하려고 애를 써야 하지만, 남이 그렇지 못할 때는 관대해야 됩니다. 어떤 경우에 상대방이 나에게 거짓말을 하는 것처럼 들릴 때도 있지만 사실은 거짓말이 아닌 경우가 많습니다. 관점이 틀린 것일 뿐입니다. 예를 들어서 상담을 하다보면 부부가 서로 다른 말을 합니다. 남편은 아내를 세상에 있을 수 없는 악처로 묘사합니다. 아내는 남편을 세상에 있을 수 없는 못된 사람으로 묘사합니다. 같은 사건을 설명할 때에도 내용이 틀립니다. 그러나 저는 압니다. 두 사람이 거짓말을 하는 것이 아닙니다. 둘 다 진실을 말하고 있지만 서로 다른 각도에서 본 진실을 말하고 있을 뿐입니다. 그러므로 우리가 어떤 사람이 거짓말을 하는 것 같은 생각이 들 때에는 그를 정죄하기 전에 관점이 달라서가 아닌가 생각해 보아야 합니다. 자신은 진리만 말하려고 채찍질해야 하지만 남에 대해서는 관대하시기 바랍니다.

둘째, 권력에 깨끗하여야 합니다. 말을 바꾸면 내게 힘이 있고 능력이 있을 때 이것을 남을 위해서 써야 된다는 것입니다. 사무엘은 왕을 세울 수도 있고 폐할 수도 있는 막강한 권좌에 있었습니다. 그런데 이 권력을 백성을 압제하는 데 쓰지 않았습니다. 깨끗한 삶을 살기 위해서는 권력을 갖고 있을 때에 자신을 위해서 쓰면 안 됩니다. 남을 압제하거나 핍박하는 데에 써도 안 됩니다. 장래를 위해서 아름답게 써야 합니다. 사무엘은 주어진 권력을 하나님을 섬기고 백성을 다스리는 데에만 사용하였습니다. 우리들도 돈 있을 때에 남을 돕고, 영향력 있는 위치에 있을 때 남을 위해서 일하여야 하겠습니다. 이것이 인생을 아름답게 마치는 준비를 하는 것입니다.

셋째, 물질에 깨끗하여야 합니다. 우리 주위에서 소유욕 때문에, 사업을 계속 확장해서 시간에 쪼들리고, 신앙 생활도 제대로 못하는 분들이 있습니다. 딱한 생각이 듭니다. 심지어는 건강까지 해칠 정도로 몰두하는 것을 보면 딱하다는 생각을 금할 수가 없습니다. 천국 갈 때에 소유한 물질은 다 놓고 갑니다. 그때를 준비하여야 합니다. 우리는 물질 관리를 잘 하여야 합니다. 하나님이 주신 물질 가운데 내가 쓸 것과 하나님이 쓸 것을 구별하는 것을 배워야 합니다. 남에게 꾼 돈은 반드시 갚아야 되고, 사업하실 때 나만 이익 보는 것이 아니라 상대방도 똑같이 이익 보는 방법으로 운영해야 합니다. 이것이 물질을 깨끗하게 관리하는 것입니다. 사무엘이 아름답게 인생을 끝마칠 수 있었던 것은 평소에 깨끗한 삶을 살았기 때문입니다. "그들이 가로되 당신이 우리를 속이지 아니하였고 말이 깨끗하였고, 압제하지 아니하였고 권력을 남용하지 않았고, 우리 손에서 아무것도 취한 것이 없나이다." 사무엘은 물질에 깨끗하였습니다.

인생을 잘 끝내는 세 번째 비결은 기도하는 사람이 되는 것입니다. 아름답게 끝낸 인생이란 하나님이 부르시는 날까지 생산적인 일을 하다가 끝마치는 인생입니다. 밥만 먹고 잠만 자다가 노년을 마치는 인생. 옛날 얘기나 늘어놓고 불평만 늘어놓다가 끝맺음하는 여생은 보기에도 처량합니다. 하나님이 부르시는 날까지 열매가 있는 생산적인 삶을 사는 인생이 끝 잘 맺는 인생입니다. 그런 인생이 되기 위해서는 기도를 일로 생각해야 합니다. 12장 23절에 사무엘이 "나는 너희를 위하여 기도하기를 쉬는 죄를 여호와 앞에 결단코 범하지 아니하고"라고 했습니다. 무슨 말입니까? '나는 지금 공직에서 물러나지만, 나의 일은 지금부터' 라는 뜻입니다. 이때까지는 내가 몸을 움직여 일했지만 이제부터 기도하는 일에 몰두하겠다는 뜻입니다.

우리가 주와 이웃과 가족을 위해서 할 수 있는 가장 큰 일은 기도하는 일입니다. 우리가 기도하는 사람이 되면 우리는 하나님이 부르시는 날까지 큰 일을 할 수 있습니다. 사무엘은 은퇴한 것이 아닙니다. 사역을 바꾼 것입니다. 기도는 우리 생활 중에서 가장 중요한 부분입니다. 그래서 우리는 언젠가는 지금 종사하고 있는 생업에서 은퇴하면 기도 사역에 집중할 수가 있습니다. 기도 사역이라는 더 중요한 사역이 우리를 기다리고 있습니다. 부모님들은 바쁜 젊은이들을 위하여 기도해 주시기 바랍니다. 기도도 갑자기 하려고 하면 잘 안 됩니다. 지금부터 기도하는 연습을 하시기 바랍니다. 이웃을 위해서, 자녀를 위해서, 친척들을 위해서, 목사를 위해서, 성도들을 위해서 기도하는 습관을 지금부터 쌓으시기 바랍니다. 그래서 은퇴하는 그날 허무감에 젖지 마시고, '이제야 정말 하고 싶은 일을 할 때가 왔구나' 하고 기뻐하실 수 있기를 바랍니다.

하나님 마음에 드는 사람

사무엘상 16:6~13

사무엘이 기름 뿔병을 가져다가 그의 형제 중에서 그에게 부었더니 이 날 이후로 다윗이 여호와의 영에게 크게 감동되니라 사무엘이 떠나서 라마로 가니라(13).

저는 철저한 계급 사회인 군대 생활을 하면서 한 가지 느낀 것이 있습니다. 편하게 지내려면 높은 사람의 마음에 드는 것이 중요하다는 사실입니다. 사회에도 이 원칙은 여전히 통합니다. 아무리 재주가 많고 실력이 있다해도 출세가 자동적으로 보장되는 것은 아닙니다. 능력이나 실력이 비슷한 경우 높은 분에게 잘 보인 사람이 승진이나 출세가 훨씬 빠릅니다.

따라서 세상을 잘 살려면 능력과 실력을 갖추는 것 못지않게 높은 사람에게 잘 보이는 것도 중요합니다. 이왕 잘 보이려면 제일 높은 사람에게 잘 보이는 것이 좋습니다. 이 세상에서 제일 높은 분이 하나님이십니다. 말씀으로 천지를 창조하셨고, 전지전능하시며, 살아서 역사하시는 하나님의 마음에만 들면 우리가 가진 모든 문제가 해결되는 평안한 삶을 살 수 있습니다. 그래서 오늘 여러분과 나누고 싶은 말씀은 우리 모두가 하나님 마음에 드는 사람이 되어야겠다는 것입니다.

하나님 마음에 들기 위해서는 하나님의 마음에 들게 산 인물을 찾아 그 삶을 모방하는 것이 좋습니다. 성경을 보면 하나님께서 다윗은 내 마음에 합당한 자라고 하셨습니다. 드문 칭찬입니다. 다윗이 어떠했기에 하나님의 마음에 드는 사람이 될 수 있었을까요.

첫 번째, 다윗은 믿음의 사람이었습니다. 하나님께서는 믿음의 사람을 마음에 들어 하십니다. 다윗은 예수님께서 나시기 천 년 전에 살았던 분인데 그 당시에 부족 국가를 형성해서, 부강한 나라의 기초를 쌓았던 장군이며, 시인이며, 음악가이며, 왕이었습니다. 본래 미천한 목동 출신이었지만 다윗은 어려서부터 국가에 공헌했습니다. 이스라엘과 이웃한 블레셋 사람들은 팔레스타인 해변가에 먼저 와서 정착한 사람들입니다. 이 사람들은 철기 문명을 이스라엘 사람보다 먼저 도입했고 항해술도 훨씬 앞섰기 때문에 이스라엘 백성이 당할 수가 없었습니다. 이 블레셋의 거인 골리앗을 다윗은 차돌 하나로 때려눕혔습니다. 골리앗의 칼을 빼 그 목을 쳐서 이스라엘 백성을 승리로 이끌었습니다. 이때부터 다윗은 사람들에게 알려지기 시작했고 신망을 얻어 마침내 왕위에 오르게 되었습니다.

어린 목동 다윗이 거인 골리앗에 도전할 수 있었던 것은 믿음 때문이었습니다. 골리앗이 나타나서 이스라엘 백성을 놀리면서 이스라엘의 하나님을 조롱하였습니다. 그때에 다윗이 골리앗 앞에 나서서 이렇게 외칩니다. "너는 칼과 창과 단창으로 내게 나아오거니와 나는 만군의 여호와의 이름 곧 네가 모욕하는 이스라엘 군대의 하나님의 이름으로 네게 나아가노라"(삼상 17:45). '주께서는 칼이나 창 따위를 쓰셔서 구원하는 것이 아니라는 것을 여기 모인 사람들에게 알게 하겠다. 전쟁에서 이기고 지는 것은 주께 달렸다. 주께서 너희를 모조리 우리 손에 넘겨주실 것이다' 고 확신한 다윗은 믿음의 사람이었습니다. 하나님께서는 다윗과 같은 믿음의 사람을 마음에 들어 하십니다.

예수님께서 육신을 입고 이 세상에 계실 때에 몇몇 사람을 칭찬하셨는데 이 사람들이 칭찬 받은 이유는 대부분 믿음 때문이었습니다. 마태복음 8장을 보면 백부장이 예수님에게서 칭찬을 듣습니다. 백부장이 자신의 사랑하는 종이 병에 걸려 죽게 되었을 때에 예수님을 찾아왔습니다. 그리고 주님께선 하나님의 아들이시니까 저희 집에 오실 필요도 없이 그냥 말씀 한마디만 해주시면 종이 나을 것이라고 했습니다. 이때에 예수님은 이스라엘 사람 가운데서 이런 믿음을 본 일이 없다고 칭찬해 주셨습니다. 마태복음 15장을 보면 귀신들린 딸을 가진 가나안 여인이 칭찬을 받습니다. 끈질기게 매달려 딸이 고침을 받습니다. 이때에 예수님이 이 여인의 믿음을 칭찬하셨습니다. 마가복음 5장에는 12년간 혈루증으로 고생했던 여자가 칭찬을 받습니다. 예수님 옷 끝이라도 잡으면 나을 것 같아서 예수님 옷 끝을 잡았습니다. 그때에 예수님이 말씀하셨습니다. "딸아 네 믿음이 너를 구원하였으니 평안히 가라 네 병에서 놓여 건강할지어다"(34절) 하고 여자의 믿음을 칭찬해주었습니다. 하나님께서 도와주시면 무엇이든 할 수 있다는 믿음 가운데서 담대하게 사는 사람들을 하나님은 마음에 들어하십니다. 우리 다같이 믿음의 삶을 살면서 하나님의 마음에 드는 사람이 됩시다.

두 번째, 다윗은 성령 충만한 사람이었습니다. 하나님께서는 성령 충만한 사람을 사랑하십니다. 다윗 이전에 왕 노릇을 했던 사람은 사울입니다. 이분이 처음엔 하나님께 순종하고 잘 나가다가 도중에 타락했습니다. 그래서 하나님께서 사울을 제거하시고 다윗을 왕으로 세웠습니다. 왕으로 세움 받는 장면을 사무엘상 16장 13절은 이렇게 묘사합니다. '사무엘이 다윗에게 기름을 부었다. 주의 영이 그 날부터 계속 다윗을 감동시켰다.' 기름 부음 받은 그 다음부터 성령께서 다윗에게 같이하시고 다윗은 그 순간부터 성령의 감동을 받으면서 살았습니다. 성령 충만하다는 것은 성령님의 인도하심을 받는 삶을 산다는 것입니다. 성령님의 지혜를 받는 것입니다. 그래서 다윗의 삶을 보면 다윗은 조그만 결정을 내릴 때도 언제든지 하나님께 여쭤봤습니다. 자신의 고집과 주장대로 하지 않고, 무슨 일을 결정하기 전에 하나님의 의견을 묻고 하나님의 인도하심을 받는 사람이 성령 충만한 사람입니다.

성령 충만한 사람은 영의 눈이 맑은 사람을 말합니다. 사물을 볼 때 세상의 눈으로, 상식의 눈으로 보지 아니하고, 영의 눈으로 보는 사람이 성령 충만한 사람입니다. 다윗은 무슨 일이 생기든지 그 중에서 역사하시는 하나님의 손길을 보고, 하나님의 뜻을 찾았습니다. 다윗은 영의 눈이 맑은 사람이었습니다. 시편을 읽어보면 다윗은 무슨 일이 생겨도 이것을 자신의 일로 생각하지 않고 하나님의 일로 만드는 것을 발견합니다. 이것이 바로 성령 충만한 사람의 특징입니다.

그렇기 때문에 다윗은 일생을 살면서 제일 두려워했던 것은 성령님이 떠나시는 것이었습니다. 다윗이 죄를 지었습니다. 자기가 사랑하는 부하의 부인과 간통죄를 범했습니다. 다윗은 이러한 회개기도를 합니다. "하나님이여 내 속에 정한 마음을 창조하시고 내 안에 정직한

영을 새롭게 하소서 나를 주 앞에서 쫓아내지 마시며 주의 성령을 내게서 거두지 마소서 주의 구원의 즐거움을 내게 회복시켜 주시고 자원하는 심령을 주사 나를 붙드소서"(시 51:10~12). 다윗이 죄를 지은 후에 가장 두려웠던 것이 성령님이 떠나시는 것이었습니다. 우리도 하나님이 기뻐하시는 사람이 되기 위해서는 성령 충만한 삶을 살아야 합니다. 무슨 일을 하든지 하나님의 음성에 귀를 기울이고, 하나님의 손길을 보아야 합니다. 고난을 해결해 주시는 하나님의 지혜를 보고, 외로울 때 세상 끝날까지 너와 같이 있겠다고 하신 예수님의 인자하심을 보아야 합니다. 영의 눈으로 사물을 보고, 주의 음성에 귀를 기울이는 성령 충만한 사람을 하나님은 마음에 들어하십니다.

세 번째, 다윗은 성전을 사랑하는 사람이었습니다. 하나님께서는 성전을 사랑하는 사람을 마음에 들어하십니다. 모세를 통해서 만든 언약궤가 그 당시에는 어떤 개인 집에 보관되어 있었습니다. 다윗이 왕위에 오르자 제일 먼저 한 일이 이 언약궤를 예루살렘으로 모셔 오는 일이었습니다. 그때 다윗이 언약궤 앞에서 춤을 추며 기뻐했습니다. 시편 27편 4절을 보면 "내가 여호와께 바라는 한 가지 일 그것을 구하리니 곧 내가 내 평생에 여호와의 집에 살면서 여호와의 아름다움을 바라보며 그의 성전에서 사모하는 그것이라." 이것이 다윗의 평생 소원이었습니다. 다윗은 성전을 사랑했습니다. 성전을 사랑하는 사람을 하나님은 기뻐하셨습니다.

그러나 정작 성전을 지은 왕은 다윗이 아닌 솔로몬입니다. 역대상 22장 14절에 다윗이 솔로몬에게 이런 말을 합니다. '죽기 전에 내가 주의 성전을 지으려고 금 십만 달란트와 은 백만 달란트를 준비하고 놋과 철은 너무 많아서 그 무게를 달 수 없을 정도로 준비하고 나무와 돌도 힘들여 준비하였다.' 성전을 짓기는 솔로몬이 지었지만 준비는 다윗이 다 해놓았습니다. 그 준비는 어마어마했습니다. 금 10만 달란트는 지금의 무게로 환산하면 3400톤이라고 합니다. 이것을 현 시가로 환산하니까 22억 달러입니다. 거기다 은까지 합치면 다윗이 성전 건축을 위하여 비축해 놓은 것은 거의 50억 달러에 상당할 것입니다. 다윗은 성전 짓는 것이 소원이어서 자기에게 있던 모든 것을 다 바쳐 성전을 위해 비축했던 것입니다.

이와 같이 성전을 사랑한 다윗을 하나님께서는 '마음에 합한 자'라고 칭찬하셨습니다. 그렇다면 그리스도의 몸인 교회를 사랑하는 우리 성도들이 하나님의 마음에 더 합한 자가 되지 않겠습니까? 여러분, 하나님의 마음에 드는 사람이 되기 위해서는 교회를 사랑하셔야 합니다. 주님께서 피 값을 치르고 세우신 교회인데 이런 교회를 무시하고, 나와 하나님과의 관계만 올바르면 된다면서 교회를 거부하는 사람이 있습니다. 이런 사람은 하나님의 마음에 들 수가 없습니다. 하나님의 마음에 드는 사람이 되기를 원하시면 교회를 사랑하시는 성도님이 되기를 부탁드립니다.

많은 분들에게 삶의 우선 순위가 첫째가 가정, 둘째가 직장, 셋째가 교회입니다. 어리석은 순위입니다. 자녀들에게 아무리 정성을 쏟아도 여러분이 원하는 자녀들이 되리라는 보장이 없습니다. 목숨을 걸다시피하고 사랑했는데도 잘못되는 자녀들이 있습니다. 왜 그렇습니까? 순서가 바뀌었기 때문입니다. 자녀 교육이고 사회 생활이고, 노력하고 애를 쓰면 노력하고 애쓴 만큼 성공한다는 법이 없습니다. 우리가 성공하려면 하나님 마음에 드는 것이 최고입니다. 교회를 사랑하고 교회를 삶의 제일 중요한 부분으로 삼아야 합니다. 하나님의 마음에 들면 하나님께서 가정도, 사업도 축복해 주십니다. 성도님들, 교회를 삶에서 가장 중요한 공동체로 생각하시기 바랍니다.

하나님의 마음에 들었던 다윗, 특별히 성전을 사랑했던 다윗인데, 성전을 짓는 특권은 맛보지 못했습니다. 하나님께서는 너는 많은 피를 흘려가며 큰 전쟁을 치렀으니 나의 이름을 위하여 성전을 건축할 수 없다고 하셨습니다(8절). 다윗이 얼마나 실망이 됐겠습니까? 다윗의 일평생 소원과 꿈은 역사에 '성전 지은 다윗'이라는 이름으로 알려지는 것이었을 것입니다. 유명한 장군, 임금님, 시인으로 알려지기보다도 성전을 지었던 다윗이란 이름으로 알려지기를 원했을 텐데, 다윗에게는 이러한 특권이 주어지지 않았습니다.

다윗에게도 주어지지 않은 특권이 서울침례교회 교인들에게 주어졌습니다. 하나님께서 우리에게 교육관을 건축하는 특권을 주셨습니다. 누차 공언해온 것처럼 저는 건물 짓는 것에 부담을 느낍니다. 가능하면 사역을 위하여 써야 할 아까운 헌금을 건물에 잠기도록 하지 말아야 한다는 것이 제 신념입니다. 그러나 주님께서 교육관 건축을 하지 않고는 안 될 필요를 보여주셨습니다. 보여주셨으니 순종해야 합니다. 건축 헌금 약정을 하는 것이 힘든 분도 계실 것입니다. 그러나 우리는 주를 위하여 건물을 지어 바친다는 것이 부담이 아니라 특권이라는 것을 깨달아야 합니다. 다윗도 갖지 못했던 특권을 누리고 있다는 것을 깨달아야 합니다. 우리가 주를 위해서 뭔가를 지어 바친다는 것은 일생의 한 번이나, 두 번밖에 없는 특권입니다. 이것을 깨닫고

4. 크리스천의 삶 *165*

주님께 감사하는 마음으로 바쳐서 주님이 원하시는 아름다운 건물이 지어지기를 저는 소원합니다.

안타깝게도 어떤 분은 바칠 것 다 바치고도 하나님 마음에 드는 사람이 되지를 못합니다. 그래서 하나님께서 기뻐하시는 헌금 태도에 대해 말씀드리겠습니다. 여기에는 세 가지의 원칙이 있습니다.

첫 번째는, 희생적으로 바쳐야 합니다. 하나님께 우리가 헌금을 바칠 때에는 얼마를 바쳤는지가 중요하지 않고 얼마나 희생하느냐가 중요합니다. 많은 분들이 이것을 모르십니다. 하나님께서 우리에게 물질을 바치라고 하실 때에는 하나님이 궁핍해서 그러시는 것이 아닙니다. 하나님이 보시는 것은 우리의 마음입니다. 하나님을 향한 우리의 감사의 마음을 구체적으로 표시하는 것이 헌금입니다. 그렇기 때문에 하나님께서 기뻐하시는 헌금은 액수가 아니라 마음입니다.

"예수께서 눈을 들어 부자들이 헌금함에 헌금 넣는 것을 보시고 또 어떤 가난한 과부가 두 렙돈 넣는 것을 보시고 이르시되 내가 참으로 너희에게 말하노니 이 가난한 과부가 다른 모든 사람보다 많이 넣었도다 저들은 풍족한 중에서 헌금을 넣었거니와 이 과부는 그 가난한 중에 자기가 가지고 있는 생활비 전부를 넣었느니라"(눅 21:1~4). 렙돈은 그 당시 로마 화폐 중에서 가장 작은 단위라고 합니다. 지금으로 치면 한 3, 4불이죠. 예수님이 하시는 말씀이 무엇입니까? 하나님이 기뻐하시는 헌금은 '얼마를 바쳤느냐가 아니라, 얼마나 희생했느냐'라는 것입니다.

두 번째 헌금의 원칙은, 성령님이 원하시는 만큼 바치는 것입니다. 예수님을 영접 안 하신 분이 아니라면 우리는 하나님의 음성을 듣습

 교회는 병원이다

니다. 주님을 영접하고 주님의 음성을 들으려고 애쓰고 기도하시는 분들에게는 하나님께서 원하시는 헌금 액수도 가르쳐 주십니다. 그러므로 약정할 때에는 하나님이 소원 주시는 것만큼만 바치시면 됩니다. 그러나 하나님께서 얼마를 하라고 하시는데 얼른 순종치 않고 자꾸 깊이 생각하면 액수가 줄어들기가 쉽습니다. 바치라고 하시는 액수를 바치지 않고 줄인 액수를 바치면 결국은 차액을 하나님께서 거두어 가십니다. 20세기에 사는 우리들이 하나님의 능력과 기적을 체험할 수 있는 영역이 재물입니다. 하나님께서 생활의 필요를 기적적으로 채워 주시는 것을 경험하는 것입니다. 신앙 생활에 가장 장애되는 것이 돈 욕심입니다. 돈을 사랑하는 것은 악의 근본이라고 성경은 말하고 있습니다. 하나님께서는 우리가 돈의 노예 되는 것을 막으시고 하나님만 의지하고 살게 하기 위하여 물질의 축복을 주기도 하시고 물질을 거두어 가기도 하십니다.

세 번째, 하나님께 바친 것은 하나님께서 채워 주실 것을 믿는 것입니다. 하나님께서는 우리가 바친 것을 몇 배로 갚아 주십니다. 마가복음 10장 29~30절에 "예수께서 이르시되 내가 진실로 너희에게 이르노니 나와 복음을 위하여 집이나 형제나 자매나 어머니나 아버지나 자식이나 전토를 버린 자는 현세에 있어 집과 형제와 자매와 어머니와 자식과 전토를 백 배나 받되 박해를 겸하여 받고 내세에 영생을 받지 못할 자가 없느니라"고 했습니다. 하나님과 복음을 위해서 우리가 바치면 주님께서 백 배로 갚아 주신다고 했습니다. 또 고린도후서 9장 7~8절에서 바울은 이렇게 말합니다. "각자 그 마음에 정한 대로 해야 하고 아까워하면서 내거나, 마지못해서 하는 일은 없어야 합니다. 하나님께서는 기쁜 마음으로 내는 사람을 사랑하십니다. 하나님께서는 여러분에게 온갖 은혜를 넘치게 주실 수 있습니다. 그러므로 여러분은 모든 일에 여러분이 쓸 것을 언제나 넉넉하게 가지게 되어서, 온갖 선한 일을 얼마든지 할 수 있습니다"(표준새번역). 이것이 주님의 약속입니다. 그래서 이 약속을 믿고 사시는 분들은 물질에 풍요함을 맛보면서 삽니다. 이 약속을 믿지 못하는 사람들은 궁핍함 가운데에서 삽니다. 하나님의 능력을 믿지 않고 자신이 애써야만 소유할 수 있다고 생각하며 사는 사람은 항상 모자람을 느끼며 산다는 말입니다.

성도 여러분, 이 진리를 깨달으셔서 하나님과 복음을 위해 여러분의 마음과 물질을 정성껏 희생을 담아서 드리십시오. 하나님이 반드시 채워주시리라는 믿음을 가지셔서 여러분의 삶이 하나님의 축복으로 풍성하기를 바랍니다. 무엇보다도 모든 일에 믿음과 성령이 충만하고 그리스도의 몸인 교회를 사랑하셔서 하나님의 마음에 드는 자, 하나님의 마음에 합당한 자라는 인정을 받는 삶을 사시기를 부탁드립니다.

5. 야고보서 강해

고난과 지혜(약 1:1~8)
좋으신 하나님(약 1:9~18)
자유하게 하는 율법(약 1:19~27)
외모로 판단하지 말라(약 2:1~13)
행함이 따르는 믿음(약 2:14~26)
혀의 위력(약 3:1~12)
하늘의 지혜, 땅의 지혜(약 3:13~18)
편을 정하라(약 4:1~10)
하나님 노릇 말라(약 4:11~17)
부자의 위험, 가난한 자의 소망(약 5:1~11)
병자를 위한 기도(약 5:12~20)

고난과 지혜

야고보서 1:1~8

내 형제들아 너희가 여러 가지 시험을 당하거든 온전히 기쁘게 여기라 이는 너희 믿음의 시련이 인내를 만들어 내는 줄 너희가 앎이라 인내를 온전히 이루라 이는 너희로 온전하고 구비하여 조금도 부족함이 없게 하려 함이라 너희 중에 누구든지 지혜가 부족하거든 모든 사람에게 후히 주시고 꾸짖지 아니하시는 하나님께 구하라 그리하면 주시리라(2-5).

야고보서에는, 크리스천들은 이렇게 살아야 한다는 주옥 같은 권면의 말씀들이 기록되어 있습니다. 1장 1절을 보면 "하나님과 주 예수 그리스도의 종 야고보는 흩어져 있는 열두 지파에게 문안하노라." 수신인과 발신인이 먼저 나옵니다. 우리들이 편지를 쓸 때는 '아버님 전상서'라는 수신인을 맨 앞에 쓰고 '불초 소자 이 아무개 올림' 하는 발신인은 맨 끝에 쓰는데 예수님과 야고보가 살았던 1세기에는 수신인과 발신인을 서두에 밝혔습니다.

야고보라는 이름은 유대인들 사이에서는 우리 나라의 복동이처럼 흔한 이름입니다. 그래서 어느 야고보가 이 서신의 저자인가 하는 문제가 성경학자들 간에 논란이 되어오고 있습니다. 예수님의 열두 제자 중에도 야고보가 둘이나 됩니다. 요한복음을 쓰신 세베대의 아들 요한과 형제인 야고보와, 열두 제자 명단 중에 항상 거의 끝에 등장하는 알패오의 아들 야고보입니다. 이 서신을 쓴 야고보는 예수님의 동생 야고보라는 것이 정설입니다. 마리아가 성령으로 예수님을 잉태했을 동안 남편 요셉은 예수님이 탄생하실 때까지 동침하지 않았습니다. 예수님이 탄생한 후에는 정상적인 부부 생활을 해서 예수님의 남자 동생, 여자 동생을 많이 낳았던 것 같습니다. 야고보는 이 동생 중에서 맏이입니다. 예수님이 살아 계셨을 때는 자기 형이 하나님의 아들이라는 사실이 믿어지지가 않아 예수님을 거부했고, 어떤 때는 미친 사람이라고까지 생각했던 사람입니다. 그가 부활하신 예수님을 만나서 이분이 내 형일 뿐만 아니라 하나님의 아들이심을 깨달은 후엔 곧바로 신자가 되었습니다. 그리고 예루살렘 교회에서, 지금으로 치면, 목사로 섬기다가 끝내는 거룩한 순교의 길을 밟았던 분입니다.

야고보는 말을 돌려서 하는 적이 없습니다. 그래서 저는 야고보가 좋습니다. 직선적으로 표현하기 때문에 문장들이 짧습니다. 따라서 야고보서는 신약 중에서 명령형이 제일 많이 쓰인 책이기도 합니다. 야고보는 흩어져 있는 열두 지파에게 문안한다고 했습니다. 열두 지파는 야곱의 열두 아들에게서 시작된 이스라엘 민족을 가리키지만 유대인을 지칭한다 생각하시면 됩니다. 야고보서가 쓰이던 당시 전도 대상자는 크게 둘로 나뉘었습니다. 야고보와 베드로는 주로 유대인들에게 전파했고 바울은 이방인들에게 전파했습니다. 야고보는 열두 지파에게 문안한다고 썼지만 내용은 유대인 크리스천뿐만이 아닌 주님을 영접한 모든 사람들에게 주는 교훈입니다.

오늘의 본문은 시험과 지혜에 관한 것입니다. 2절에서 야고보는 '시험을 만나면 온전히 기쁘게 여기라' 고 했습니다. 시험이 닥칠 때 우리는 보통 낙심합니다. 이 낙심은 원망으로 변하기도 합니다. 그런

교회는 병원이다

데 야고보는 '시험을 당하거든 온전히 기쁘게 여기라'고 했습니다. 공동번역 성경에는 이 부분을 '더할 나위 없는 기쁨으로 여겨라' 라고 번역했습니다. 예를 들어서 우리가 경제적인 문제라든지, 건강, 신앙, 가정 문제로 스트레스를 받게 되면 야고보는 더할 나위 없는 기쁨으로 여기라고 말할 것입니다. 이유는 시험이 우리에게 아름다운 결과를 가져오기 때문입니다. 시험 자체가 좋은 것은 아닙니다. 시험을 잘 통과하면 좋은 결과가 생기기 때문에 기쁨으로 여기라는 것입니다.

과정은 힘들지만 결과가 좋기 때문에 기뻐하는 일이 종종 있습니다. 임신이 좋은 예입니다. 임신하면 자매님들은 기뻐합니다. 10개월 간의 고통과 해산의 진통이 좋아서 기뻐하는 것입니까? 아닙니다. 한 생명을 탄생시킨다는 보람된 결과 때문에 기뻐하는 것입니다. 우리도 하나님이 원하시는 새로운 인격으로 다시 태어나기 위해서는 진통을 겪어야 합니다. 아픔 없이는 새로이 태어남도 없습니다. 그리스도를 닮은 사람이 되기 위해서는 시험이라는 과정을 반드시 거쳐야 합니다. 그때에 우리는 세상의 빛과 소금이 될 수 있습니다. 좋은 결과를 위해 거쳐야 할 과정이기 때문에 우리는 시험을 기쁘게 여길 수 있습니다.

인격 변화는 고난 가운데서 일어납니다. 고난 가운데서 겸손과 사랑과 동정심을 배웁니다. 그래서 하나님께서는 우리에게 시험을 허락하십니다. 하나님께서는 시험을 '허락' 하신다고 했습니다. 하나님은 우리에게 시험을 '주시지' 않습니다. 시험은 대부분은 우리가 만들어 낸 것입니다. 경제적인 시험은 내 욕심에서 만들어집니다. 신앙적인 시험은 내가 사랑의 모습을 보이지 못했기 때문에 생기는 수가 많습니다. 설사 내가 만들지 않았어도 하나님은 시험을 주실 필요가 없습니다. 우리를 괴롭힐 시험은 이미 세상에 존재하기 때문입니다. 우리가 죄인들 틈에서 생활하고 있기 때문에 주님 뜻대로 살려고 하면 시험과 핍박은 저절로 겪게 되어있습니다.

하나님께서는 우리에게 시험을 주시지 않습니다. 그분은 사랑이시기 때문입니다. 우리를 시험 가운데서 건져 주시는 것이 그분의 소원입니다. 그러나 가끔은 훈련을 위해 시험을 허락하십니다. 그리스도와 같은 인격이 만들어져야 하기 때문입니다. 우리는 하나님이 맘대로 쓰실 수 있는 사람으로 변해야 합니다. 인격 변화를 위한 시험이기 때문에 우리는 시험을 기쁘게 여길 수 있습니다.

우리가 시험을 당할 때 하나님께서는 무엇을 하십니까? 우리를 도와주시고 돌보아 주십니다. 하나님께서는 절대로 우리를 시험 가운데 내버려두시지 않습니다. 시험 기간이 무한정 길어지는 것도 허락지 않으십니다. 군대 훈련소에서 훈련받는 훈련 기간은 정해져 있습니다. 훈련 기간이 끝나지 않을 것같이 느껴질 때도 있지만 훈련은 반드시 끝이 납니다. 우리의 영적 훈련도 시작이 있고 끝이 있습니다. 또, 하나님은 견디지 못할 시험은 아예 허락하지 않으십니다. 고린도전서 10장 13절에서 바울은 "사람이 감당할 시험밖에는 너희가 당한 것이 없나니 오직 하나님은 미쁘사 너희가 감당하지 못할 시험 당함을 허락하지 아니하시고 시험 당할 즈음에 또한 피할 길을 내사 너희로 능히 감당하게 하시느니라" 하셨습니다. 우리가 받는 시험은 훈련을 위한 시험이라는 사실을 기억하시고 기쁘게 여기시기 바랍니다.

실제로 기쁘지 않은데 어떻게 기뻐할 수 있습니까? 기쁨을 감정으로만 이해할 때에 이러한 의문이 생깁니다. 그렇습니다. 감정은 의지

교회는 병원이다

의 명령에 순종하지 않습니다. '슬퍼하십시오'라고 명령한다고 슬퍼집니까? 마음이 슬퍼야 슬픕니다. 그러나 여기에서 말하는 기쁨은 '의지의 결단'을 의미합니다. 내가 기뻐하기로 결정하는 것입니다. 마음은 그렇지 않지만, 하나님 앞에서 기뻐하기로 결정하는 겁니다. 힘든 것은 사실이지만 기뻐하기로 결정하는 겁니다. 이것은 의지로 가능합니다. 의지적으로 기뻐할 때 기대감이 생깁니다. 어려움이 낙심을 가져오기보다는 도전으로 느껴지면서 무슨 좋은 일이 생기려나 기대를 하게 만듭니다.

시험 가운데에서도 의지적으로 기뻐하기로 결정한 다음에는 필요한 것이 있습니다. 지혜입니다. 지금 겪는 가난이 훈련을 위한 시험이라는 사실을 알고 의지적으로 기뻐한다고 해도 당장 먹여 살려야 할 가족들은 여전히 배고픈 채 남아 있을 수가 있습니다. 이때 하나님이 주신 지혜가 필요합니다. "내 형제들아 너희가 여러 가지 시험을 당하거든 온전히 기쁘게 여기라 이는 너희 믿음의 시련이 인내를 만들어 내는 줄 너희가 앎이라 인내를 온전히 이루라 이는 너희로 온전하고 구비하여 조금도 부족함이 없게 하려 함이라"(2~4절). 야고보가 말하고, 곧 이어서 5절에 지혜를 말합니다. 지혜는 시험과 관련지어서 생각해야 됩니다. 시험 가운데서 내가 도대체 무엇을 해야 될지 모를 때, 내가 어디를 가야 될지 모를 때, 어떻게 해결해야 될지 모를 때, 하나님께 지혜를 구하라는 권면의 말씀이 5절에 있습니다. 지혜를 구하면 어떻게 됩니까? 야고보의 대답은 간단합니다. '주시리라.'

하나님께서는 우리가 시험을 당할 때 우리와 더불어 싸워 나가는 동반자가 되어 주십니다. 그는 지혜를 후히 주시고 꾸짖지 아니하시는 분이십니다. 문제가 생겼을 때에 사람을 찾아가면 한두 번은 들어 주다가도 반복해서 찾아가면 얼굴에 짜증의 빛을 띱니다. 반드시 반복해서 찾아오는 사실이 짜증스러운 것이 아닐지도 모릅니다. 해결의 방법을 제시하지 못하는 자신에 대한 짜증일지도 모릅니다. 그러나 반가워하지는 않습니다. 어떤 때에는 돕지는 않고 야단만 치기도 합니다. "그것 보십시오. 이렇게 하라고 말해 드렸는데 내 말대로 하지 않아서 이렇게 되지 않았습니까?" 이럴 경우 마음만 더 아파집니다. 자신이 겪는 시험의 궁극적인 책임은 자신에게 있다는 것을 이미 알고 있기 때문입니다. 그러나 하나님께서는 꾸짖지 아니하신다고 했습니다. 큰 문제이건 작은 문제이건 한 번, 두 번, 열 번, 백 번을 갖고 가서 지혜를 구한다 할지라도 꾸짖지 아니하실 뿐더러 오히려 후히 주신다고 하셨습니다.

 하나님은 살아 계신 분이십니다. 우리가 믿는 하나님은 추상적인 하나님이 아니라 생활 가운데서 역사하시는 지혜의 하나님이십니다. 지혜와 지식의 차이를 아십니까? 지식은 머리 속에 있는 이론적인 것이고, 지혜는 생활 속에 있는 문제 해결의 방법입니다. 하나님은 우리에게 지혜를 주시기 원하십니다. 저는 직장 생활을 하면서 이러한 하나님의 덕을 참 많이 봤습니다. 연구실에서 일하게 되면 대체로 발표된 논문 숫자에 의하여 승진의 속도가 결정됩니다. 저는 9년 동안 25편의 논문을 발표했는데 모두가 기도의 열매였습니다. 기도하면 아이디어를 주시고 영감을 주셨습니다. 주신 아이디어대로 실험을 해 보면 좋은 결과가 나왔습니다. 하도 쉽게 좋은 결과를 얻으니까 그 결과가 귀한 줄도 모르고 내쳐 둘 때도 있었습니다. 그러다가 동료 연구원들이

나 외부 인사들이 뒤늦게 발견하고선 '이런 귀한 결과를 왜 발표하지 않느냐. 그 분야를 지금 내가 연구 중이니 같이 논문을 쓰자'는 제의를 받고 공동 논문을 발표한 적도 몇 번 있습니다. 이와 같이 하나님은 우리의 생활을 돕기를 원하십니다. 우리 삶을 같이 사시기 원하십니다.

하나님은 우리에게 음성 들려 주시기를 원하십니다. 그런데 왜 우리는 하나님의 음성을 듣지 못합니까? 그 이유가 6~8절에 있습니다. "오직 믿음으로 구하고 조금도 의심하지 말라 의심하는 자는 마치 바람에 밀려 요동하는 바다 물결 같으니 이런 사람은 무엇이든지 주께 얻기를 생각하지 말라 두 마음을 품어 모든 일에 정함이 없는 자로다." 우리가 두 마음을 품었기 때문에 듣지를 못합니다. 교회 일을 처음에는 열심히 하다가 조금 어려운 일이 생기면 포기하는 사람이 있습니다. 두 마음을 품은 사람입니다. 두 마음을 품지 않는다는 것은 결정할 때 신중해야 하지만 일단 결정하고 난 다음에는 하나님으로부터 별도의 지시가 있을 때까지 끝까지 순종하는 것입니다. 이러한 자세로 하나님의 음성을 기다릴 때에 하나님의 음성을 들을 수 있습니다.

하나님께서는 우리에게 세 가지 방법으로 말씀하십니다.

첫 번째는 성경을 통해서 말씀하십니다. 하나님의 뜻과 지혜를 너무 복잡하게 생각하지 마시기 바랍니다. 95퍼센트가 이미 성경에 쓰여 있습니다. 우리가 하나님의 음성을 듣지 못하고 지혜를 얻지 못하는 것은 하나님의 뜻을 몰라서가 아니라 알면서도 순종하지 않기 때문입니다. 우리가 성경에 있는 말씀대로 순종하여 살면 인생을 지혜롭게 살 수 있습니다. 가정의 문제가 해결됩니다. 직장의 문제가 해결됩니다. 교회의 문제가 해결됩니다. 우리 하나님의 지혜는 성경에 있습니다. 성경대로만 살면 됩니다.

두 번째는 다른 사람의 입술을 통해서 말씀하십니다. 설교자의 말을 통해서 말씀하기도 하시고, 주일 학교 선생, 배우자, 친구의 입술을 통해서 말씀하기도 하십니다. 우리들이 하나님의 음성을 듣기를 원한다면 지혜를 구한 후에는 기대를 갖고 기다려야 합니다. 하나님이 지혜를 주실 것을 기대하고 있지 않으면 하나님께서 제삼자를 통해서 말씀해 주셔도 깨닫지를 못할 것입니다. 저는 설교 중에 예상하지 않았던 말을 할 때가 있습니다. 설교 원고에 없는 말입니다. 그리고 난 다음에는 반드시 '그 말씀 저에게 하신 것 같아요' 말하는 분이 꼭 나옵니다. 성령님이 저를 통해 그분에게 말씀하신 것입니다.

세 번째는 성령께서 본인에게 직접 말씀하십니다. 이렇게 주시는 말씀은 직감처럼 옵니다. 그러므로 이렇게 주시는 음성을 듣는 것에 익숙하지 않은 분은 실수하기 쉽습니다. 내 생각과 하나님의 음성을 구별하기가 무척 어렵기 때문입니다. 내 뜻을 하나님의 뜻으로 오해하기 쉽다는 뜻입니다.

하나님께서는 우리와 생활을 같이하시기를 원하십니다. 우리를 인도해 주시기를 원하십니다. 그러나 무엇보다도 하나님께서는 우리를 그리스도 닮은 사람, 거룩한 사람, 하나님께서 마음놓고 쓰실 수 있는 사람으로 만들기를 원하십니다. 그래서 우리에게 시험을 허락하시는 것입니다. 성도님들, 시험을 당했을 때에 이러한 하나님의 섭리를 기억합시다. 임신한 여자가 장차 태어날 아이를 생각하면서 기뻐하듯, 시험 중에도 의지적으로 기뻐합시다. 그리고 기도로써 문제 해결의 지혜를 구하시는 성도님들이 되시기를 축원합니다.

✚ 교회는 병원이다

좋으신 하나님

야고보서 1:9~18

시험을 참는 자는 복이 있나니 이는 시련을 견디어 낸 자가 주께서 자기를 사랑하는 자들에게 약속하신 생명의 면류관을 얻을 것이기 때문이라 사람이 시험을 받을 때에 내가 하나님께 시험을 받는다 하지 말지니 하나님은 악에게 시험을 받지도 아니하시고 친히 아무도 시험하지 아니하시느니라(12, 13).

어제는 제가 휴스턴에 온 지 꼭 한 달째 되는 날이었습니다. 그동안 여러 곳을 심방하느라 바쁘다 보니 한 일 년은 지난 듯한 느낌입니다. 심방을 하면서 몇 가지 새로운 사실을 알게 되었습니다. 서울침례교회에는 전문 분야에 종사하시는 분들이 많다는 소문을 듣고 왔는데 꼭 그렇지만은 않다는 사실을 알게 되었습니다. 교인들이 경제적으로 양극화 현상을 보이고 있습니다. 중산층이 없이 경제적으로 풍요한 사람, 궁핍한 사람, 둘로 갈린다는 것입니다. 이러한 양극화 현상은 연령 분포에도 나타납니다. 우리 교회에서는 50대와 30대는 많은데 40대가 적습니다. 이러한 양극화 현상은 교회 생활에 문제를 가져올 소지가 있습니다. 그런데 우리 교회의 양극 현상은 야고보가 편지를 썼던 초대교회에 있었던 양극화 현상에 비하면 아무것도 아닙니다. 초대교회에는 경제력이나 나이 정도가 아니라 신분 자체에 있어서 양극화 현상이 있었기 때문입니다. 당시의 교회에서는 한국으로 치면 지주들과 하인들이 크리스천이 되어서 같이 예배를 드려야 했습니다.

오늘의 본문은 이런 분위기에서 교회 생활을 하고 있는 성도에게 주신 권면의 말씀입니다. 9절에서 야고보는 먼저 신분이 낮은 사람에게 권면합니다. "낮은 형제는 자기의 높음을 자랑하고." 여기서 낮은 형제란 노예 아니면 실직자들을 말할 것입니다. 예수님이 사시던 당시에는 고액의 세금을 못 내서 땅을 잃고 일정한 직장 없이 떠돌아다니는 사람들이 80~85퍼센트나 되었다고 합니다. 그래서 예수님의 가르치심에는 가난한 사람들이 자주 등장합니다.

이런 사람들에게 야고보는 자긍심을 갖고 살라고 권면합니다. 있는 사람, 높은 사람을 부러워하지 말고 긍지를 가지고 살라는 것입니다. 기죽지 말고, 시기하지 말고 살라는 것입니다. 이러한 자긍심은 예수님을 영접하여 하나님의 자녀가 되는 순간부터 가능해집니다. 요한복음 1장 12절에 "영접하는 자 곧 그 이름을 믿는 자들에게는 하나님의 자녀가 되는 권세를 주셨으니"라고 하셨습니다. 하나님의 자녀가 되었기 때문에 자긍심을 갖고 살 수 있습니다. 없는 사람은 없는 대로, 있는 사람은 있는 대로, 높은 사람은 높은 대로 자긍심이 있어야 됩니다. 그러나 그 자긍심의 근거는 하나님의 자녀라는 신분이어야 합니다. 공부를 많이 했거나 경제적으로 여유가 있다고 특별 취급을 해도 안 되지만, 그렇다고 해서 배척해도 안 됩니다. 모두가 다 하나님의 자녀 된 특권을 가진 형제자매이기 때문입니다.

하나님의 자녀가 되면 특권도 많아집니다. 우선, 우주의 주인이신 하나님과 직통 전화를 걸 수 있습니다. 천하 만물을 지으신 분을 아버지라 부르며 엎드리면 언제 어디서나 대답해 주시고 만나 주십니다.

또 히브리서에 보면 나중에 예수님께서 오실 때 자녀가 된 사람들은 우주를 다스린다고 했습니다. 다스리는 것과 지배하는 것은 다릅니다. 다스리는 곳에는 평화와 질서가 따릅니다. 하나님의 자녀 된 우리는 장차 우주를 다스릴 사람이라는 긍지를 갖고 살아야 합니다.

그 다음에 부한 사람들에게는 자기의 낮아짐을 자랑하라고 권면했습니다. 자신이 얼마나 높은 사람인가를 생각하지 말고 자신이 얼마나 낮은 사람인가를 생각하라는 뜻입니다. 자신이 용서가 필요한 죄인이라는 것을 잊지 말라는 것입니다. 그리고 용서받은 죄인이라는 것을 자랑하라는 것입니다. 골프 핸디가 얼마라는 것은 이따금 자랑하셔도 됩니다. 그러나 하나님께서 나 같은 죄인을 구원하여 주셔서 그의 자녀가 되는 특권을 주셨다는 사실은 수시로 자랑해야 됩니다.

낮은 것을 자랑하는 것은 예수님의 종 된 것을 자랑하라는 뜻입니다. 우리가 예수님을 주님으로 영접하면 예수님이 주인이고 나는 그의 종입니다. 우리가 사람을 부리는 위치에 있다할지라도 주님에게는 부림을 받는 사람이 됩니다. 이를 자랑해야 합니다. 자신이 섬겨야 할 사람, 도와줘야 될 사람이 얼마나 많은가를 자랑해야 됩니다. 교회에서 평신도보다는 집사가 높고 집사보다는 목사가 높다고 생각하시는데 거꾸로입니다. 위로 올라갈수록 상전이 많아지는 것이 교회입니다. 특히 목회자들은 이 점을 명심해야 됩니다. 모든 사람들의 종이 되는 것이 신약의 지도자상입니다. 우리는 낮은 것을 자랑해야 합니다.

그러면 여기서 야고보는 왜 재물이나 부가 아닌, 낮은 것을 자랑하라고 했습니까? 재물은 잠시 있다 없어질 것이기 때문입니다. 우리는 영원한 내 것을 자랑해야지, 잠시 빌려쓰다 돌려줄 남의 것을 자랑할 수는 없습니다.

얼마 전, 제 차가 고장이 났을 때에 어느 성도님이 당신의 Lexus를 잠시 타라고 빌려 주셨습니다. 그런데 제가 이것을 타고 다니면서 자랑해 보십시오. 얼마나 웃기는 일이겠습니까? 내 차도 아니고 얼마 있다가 돌려줄 차인데 말입니다. 그래서 야고보는 1장 10~11절에서 이렇게 이야기합니다. "부한 자는 자기의 낮아짐을 자랑할지니 이는 그가 풀의 꽃과 같이 지나감이라 해가 돋고 뜨거운 바람이 불어 풀을 말리면 꽃이 떨어져 그 모양의 아름다움이 없어지나니 부한 자도 그 행하는 일에 이와 같이 쇠잔하리라." 야고보가 이 말을 했을 때는 팔레스타인 지방의 4월을 생각했던 것 같습니다. 그곳은 3월, 4월 초에 굉장히 아름다운 야생화가 핀다고 합니다. 그런데 4월 중순경에 모래 섞인 열풍이 불어오기 시작하면 하룻밤 사이에 다 시든다고 합니다. 우리가 갖고 있는 부라든가 명예는 바로 이렇게 시드는 것들입니다.

그러면 영원히 남을 것이 무엇입니까? 12절에 쓰여 있습니다. "시험을 참는 자는 복이 있나니 이는 시련을 견디어 낸 자가 주께서 자기를 사랑하는 자들에게 약속하신 생명의 면류관을 얻을 것이기 때문이라." 면류관은 옛날 운동 시합에서 우승한 사람에게 씌워 준 월계관을 말합니다. 식물로 만들어진 이 월계관은 명예와 영광의 상징이지만 조금 지나면 시들어 버립니다. 여기서 야고보는 영원히 간직할 수 있는 생명의 면류관을 말하고 있습니다. 생명의 금메달, 이것이 영원히 남습니다. 우리는 이것을 자랑해야 합니다.

우리가 시험을 받을 때 시험을 문제로 생각해서는 안 됩니다. 하나님께서 자신에게 금메달을 딸 수 있는 기회를 주신 것으로 생각해야 합니다. 시험을 피할 것 같으면 금메달을 딸 기회가 사라집니다. 올림픽이 목표인 달리기 선수가 힘들다고 예선을 피하면 어떻게 되겠습니까? 이것을 깨달을 때에 야고보가 1장 2절에서 말씀하신 "내 형제들아 너희가 여러 가지 시험을 당하거든 온전히 기쁘게 여기라"는 말씀이 이해가 됩니다. 생명의 금메달을 딸 수 있는 기회가 주어졌기 때문에 기쁘게 여기라는 것입니다.

그러면 어떤 사람들이 금메달을 땁니까? 12절에 시험에서 옳다 인정하심을 받은 사람들에게 면류관이 주어진다고 했습니다. 나를 미워하는 사람을 사랑으로 대할 때에, 경제적인 시험 속에서도 불의와 타협하지 않을 때, 하나님은 우리를 옳다고 인정하십니다. 그러므로 시험은 도전의 기회입니다. 축복의 기회입니다. 여러분, 시험을 겪어야만 이 생명의 금메달을 딸 수가 있음을 기억하시기 바랍니다. 그런 의미에서 여러분의 생활 가운데서 시험이나 고난이 없으면 크게 손해 보는 줄 아시기 바랍니다.

하나님은 우리에게 시험을 주시지 않습니다. 그래서 야고보는 13절에서 "사람이 시험을 받을 때에 내가 하나님께 시험을 받는다 하지 말지니 하나님은 악에게 시험을 받지도 아니하시고 친히 아무도 시험하지 아니하시느니라"고 했습니다. 중병 환자를 심방하면 왜 하나님이 이런 시험을 자신에게 주시느냐고 울부짖으며 기도를 드리는 분을 종종 만납니다. 만약 하나님이 질병을 주셨다면 그것을 고치는 의사들은 뭐가 되어야 합니까? 하나님의 뜻을 거역하는 사람들이 되지 않겠습니까? 고난, 환난, 시험, 질병, 고통은 죄와 마귀에게서 온 것입니다. 하나님은 우리를 이러한 것으로부터 끌어내어 구원해 주시는 분이심을 기억해야 합니다.

우리가 겪는 시험은 우리 탓입니다. 주님의 말씀에 순종하지 않고 내 고집대로 했기 때문입니다. 그래서 야고보는 "오직 각 사람이 시험을 받는 것은 자기 욕심에 끌려 미혹됨이니"(14절)라고 말하였고, 15절에는 "욕심이 잉태한즉 죄를 낳고 죄가 장성한즉 사망을 낳느니라"고 말했습니다. 하나님의 뜻에 어긋나는 삶을 살기 시작하면 죄는 늘어나기 마련입니다. 한 번이 두 번 되고, 두 번이 세 번 되고, 그러다가 사망을 낳게 됩니다. 사망이라는 것은 지옥의 형벌만을 의미하는 것이 아닙니다. 살아도 사는 것 같지 않은 삶, 차라리 죽었으면 좋을 것 같은 삶, 즉 실존적 사망을 뜻합니다. 이런 삶은 하나님이 주신 것이 아니라 하나님께 순종하지 아니했기 때문에 생기는 결과임을 기억하시기 바랍니다.

예수 믿기를 거부하고 하나님을 거부하는 분들의 얘기를 가만히 들어보면 하나님을 오해하고 있습니다. 하나님을 잔인하고, 남이 괴로워하는 것을 즐기고, 자기 중심적인 분으로 생각합니다. "하나님이 그런 분이라면 나도 안 믿겠습니다"라고 말하고 싶을 때가 있습니다. 많은 분들이 하나님에 관하여 오해를 하고 있습니다. 어떤 분들에게는 하나님이 경찰관 같은 분입니다. 골목에 숨어 있다가 제한 속도에서 1~2마일만 넘어도 반짝반짝 불을 켜고 따라와서 티켓을 발부하는 순경 같은 분으로 생각합니다. 그래서 피치 못할 사정으로 주일에 여행하다가 차가 고장나면, '어이쿠, 한 대 맞았구나' 하고 생각합니다. 어떤 분에게는 하나님은 완전주의자입니다. 무엇을 해도 마음에 안 들어 하시고 아무리 애써도 모자라 하시는 분입니다. 어떤 분에게는 하나님은 긴 수염에 이가 다 빠진 할아버지입니다. '이래도 허허, 저래도 허허, 아이고 너 잘한다, 너 잘한다.' 구원의 확신만 있으면 다 천국에 데리고 가는 분으로 생각합니다. 어떤 분에게는 하나님이 인격체가 아니고 추상적인 존재입니다. 우주를 만드시고 어딘가에 존재하지만 너무 멀리 계셔서 알 수가 없는 분입니다. 시계 태엽을 감아 놓고 멀리 가버린 시계 제조업자처럼, 이 우주와 사회가 하나님이 만들어 주신 법칙에 의해서 째각째각 움직여지도록 두시고 개입도 않으시고 관심도 없으신, 멀리 계시는 분으로 생각합니다. 어떤 분에게는 하나님은 어릴 때 경험했던 자신의 아버지입니다. 변덕 많은 아버지를 가지셨던 분은 하나님이 변덕 많으신 분이시고, 성미가 급했던 아버지 밑에서 고생하셨던 분은 하나님이 성미 급한 분이십니다.

하나님은 좋으신 분이십니다. 크리스천은 단순히 하나님을 믿는 사람이 아니라 '좋으신' 하나님을 믿는 사람들이다라고 정의했습니다. 그렇습니다. 신을 믿는 것이 아니라 좋으신 하나님을 믿는 사람이 바로 크리스천입니다. 좋으신 하나님은 우리에게 좋은 은사와 온전한 선물을 주시는 분이십니다. "온갖 좋은 은사와 온전한 선물이 다 위로부터 빛들의 아버지께로부터 내려오나니"(약 1:17). 하나님은 우리를 도우시는 분이시고, 복 주기를 원하시는 분이시고, 고치기를 원하시는 분이시고, 회복시켜 주시기를 원하시는 분이시고, 구원하기를 원하시는 분이십니다. 이것이 그분의 성품입니다. 사람은 변덕이 심합니다. 어떤 때는 사랑했다가도 다음 순간에 미워하기도 합니다. 그러나 하나님의 사랑은 변함이 없습니다. 야고보는 이러한 성품을 해시계의 회전하는 그림자도 없으신 분이라고 묘사했습니다.

신앙 생활을 오래 하셨지만 믿음이 자라지 아니하고 하나님과의 관계가 서먹하신 분들은 하나님에 대한 오해가 있기 때문이 아닌가 생각해 보시기 바랍니다. 하나님은 좋으신 분입니다. 좋으신 하나님이란 거룩한 면과 사랑의 면이 있음을 의미합니다. 우리가 거룩해지기를 원하셔서 시험을 통하여 훈련하시지만, 동시에 우리의 거룩하지 못한 면을 사랑으로 용납하시는 분입니다. 아직도 교만하고 자기 중심적이고 남의 말 잘하는 사람이지만 무릎 꿇고 아버지라 부를 때에 '오냐, 내가 여기 있다.' 대답해 주시는 분이십니다. 도와 달라고 도움을 청할 때에 즉시 도와주시는 좋으신 분이십니다.

성도 여러분, 하나님에 대해 지금까지는 어떤 생각을 갖고 계셨는지 모르지만 이제부터는 좋으신 하나님을 의지하셔서 생명의 금메달을 받는 여러분이 되시기 바랍니다.

자유하게 하는 율법

야고보서 1:19~27

자유롭게 하는 온전한 율법을 들여다보고 있는 자는 듣고 잊어버리는 자가 아니요 실천하는 자니 이 사람은 그 행하는 일에 복을 받으리라(25).

저는 미국에 와서 서른 살에 예수님을 주님으로 영접했습니다. 학교 가는 길에 미국 전도대원이 조그마한 성경책을 나눠주고 있는데 그냥 지나쳤다가 다시 되돌아가 받아 읽어본 것이 계기가 되었습니다. 이 책을 다 읽은 후에도 천국이니 지옥, 영생 같은 것이 정말 존재한다는 것을 믿기가 힘들었습니다. 죽은 후의 일이고 확인할 도리가 없는 일이기 때문입니다. 그러나 한가지, 예수님이 죽음에서 정말 부활하셨다면 이분은 죽은 후의 일에 관하여 말할 자격이 있겠다, 그렇다면 이분의 말은 한번 믿어보아야겠다는 생각이 들었습니다. 이렇게 지적으로는 굴복을 했지만 정작 예수님을 영접하게 되기까지 오랜 시간을 망설였습니다. 크리스천이 되기 위해서는 내가 좋아하는 것은 다 끊고, 내가 싫어하는 것은 다 해야 한다고 생각했기 때문입니다. 이런 것이 부담스럽게 느껴져서 영접을 한참 동안 뒤로 미루었습니다.

야고보는 본문에서 예수님의 뜻대로 산다는 것이 짐스럽고 부담되는 것이 아니라 우리를 자유롭게 한다는 사실을 말하고 있습니다. 본문 25절에 야고보는 율법을 '자유롭게' 하는 율법이라고 묘사했습니다. 율법 즉 하나님의 계명이 우리를 억압하고 속박하는 것이 아니라 자유롭게 만든다는 것입니다. 율법이 어떻게 자유가 되는지를 이해하기 위해서는 우선, 자유가 무엇인지를 제대로 이해해야 합니다.

보통은 자신이 하고 싶은 대로 하는 것을 자유라고 생각합니다. 그러나 하고 싶은 대로 하는 것이 자유가 아닌, 부자유라는 사실을 아십니까? 제가 아는 한 분은 나이 오십이 되도록 일정한 직업이 없었습니다. 머리도 좋고 아는 것도 많은 분인데 한 직장에 오래 머물러 있지를 못하십니다. 그 이유는 이분의 자유 분방한 삶의 태도 때문입니다. 이분은 자기가 하고 싶은 말은 누구 앞에서라도 하며 산다는 것이 자랑입니다. 그러니 한 직장에 오래 붙어 있을 수가 없습니다. 얼마 있다가 상관과 관계가 틀어지기 때문입니다. 기분이 내키면 작은 텐트 짊어지고 사진기 하나 들고 산 속에 가서 며칠을 지내다가 홀연히 다시 나타납니다. 자연히 가정은 엉망이 되고 맙니다. 결과적으로 이분의 삶은 자유스러운 것이 아니라 부자유스럽습니다. 경제적으로 부자유스럽고 부부 관계, 친구 관계에 있어서도 부자유스럽습니다. 반대되는 예를 하나 들겠습니다. 제가 오하이오 주 컬럼버스에서 공부하고 있을 때 유학생 간에 탁구 바람이 불었습니다. 탁구장 주인은 한국에 있을 때 국가 대표 선수였습니다. 이분이 유학생들과 탁구를 칠 때는 점수를 반을 접어주고 칩니다. 게다가 탁구채를 갖고 치는 것이 아니라 칫솔을 갖고 칩니다. 칫솔의 뒷부분으로 칩니다. 그런데도 오른쪽, 왼쪽, 길게, 짧게 자유자재로 공을 보내는데 당해낼 재간이 없습니다. 이것이 자유입니다. 공을 향해 마음대로 탁구채를 휘두르는 것이 자유가 아닙니다. 탁구공을 보내고 싶은 곳으로 마음대로 보낼 수 있는 것이 자유입니다. 이러한 자유는 훈련과 노력을 통하여 얻어지는 것입니다.

하나님께서는 인간들이 하나님 사랑 가운데에서 영원히 살도록 만드셨습니다. 그런데 최초의 인간들은 자신이 하나님이 되어 자기 마음대로 살아보겠다고 하나님에게 도전했습니다. 이것이 에덴 동산에서 저질러진 첫 번째 범죄입니다. 그러나 자기 마음대로 살아 보니까 자유스러워졌습니까? 아닙니다. 거꾸로 죄의 노예가 되어 버리고 말았습니다. 열등의식의 노예, 마음에 받은 상처의 노예, 못된 성격의 노예, 나쁜 습관의 노예가 되어 버렸습니다. 그런데도 마귀는 '하나님 없이 사는 것이 자유다, 하나님께 돌아가면 불편해진다' 라고 속삭입니다. 사랑하는 성도님들, 참된 자유는 하나님의 계명을 지키며 사는 데에 있습니다.

예수님께서 특별히 힘주어 명하신 것 중의 하나가 용서하라는 것입니다. 너희가 남을 용서하지 않으면 하나님께서도 너희를 용서하지 않을 것이라고 말씀하셨습니다. 그래서 제자들이 물었습니다. 도대체 우리가 몇 번 용서하면 됩니까, 세 번 정도면 됩니까? 예수님께서는 일흔 번씩 일곱 번 용서해야 된다고 하셨습니다. 한 번도 하기가 힘드는데 일흔 일곱 번씩 용서해야 한다고 생각할 때에 우리는 절망합니다. 그러나 생각해 보시기 바랍니다. 남을 용서할 때 자유스럽습니까, 용서하지 않을 때 자유스럽습니까? 용서하지 않았을 때에 얼마나 부자유스러워집니까? 예를 들어서 남의 말에 상처를 받았을 때에 용서하지 아니하고 섭섭한 마음을 간직하면 자유를 잃기 시작합니다. 상처 준 사람의 목소리만 들어도 괜히 가슴이 뛰고, 그 사람이 오는 모임에는 아예 안 갑니다. 자다가도 깨어서 그 사람 생각이 나면 잠을 못 이룹니다. 피곤하고 소화도 안 됩니다. 그런데 더 억울한 것은 상대방은 내가 섭섭해하는지도 모르고 잘 먹고 잘 잡니다. 이런 부자유가 세상에 어디에 있습니까? 그러다가 용서를 하게 되면 자유스러워집니다. 그 사람을 봐도 마음이 평안하고 오히려 불쌍한 마음이 듭니다. 이것이 자유입니다. 하나님의 계명에 순종한 것이 자유를 준 것입니다.

이러한 자유를 맛보기 위해서는 율법을 행동으로 옮겨야 합니다. 25절을 봅시다. 복이라는 단어가 부담을 주면 영어의 benefit(유익)으로 대치하셔도 무방합니다. 하나님께서는 자유하게 되는 복, 혹은 유익을 주시기 위해 계명을 주셨습니다. 이 유익을 체험하기 위해서는 듣기만 해서는 소용이 없습니다. 실제로 행해야 합니다. 제인 폰다(Jane Fonda)의 에어로빅 테이프를 반복해서 본다고 나온 배가 들어가지 않습니다. 테이프를 좇아서 운동을 해야 배가 들어갑니다.

22절에서 야고보는 "너희는 말씀을 행하는 자가 되고 듣기만 하여 자신을 속이는 자가 되지 말라"고 했습니다. 여기서 속인다는 것은 실제로는 없는데 있는 척하는 것을 말합니다. 우리는 남도 속일 수 있지만 자신도 속일 수 있습니다. 자신을 속인다는 것은 착각한다는 것입니다. 이런 착각은, 행하지 않고 듣기만 할 때 생깁니다. 주일 날 딱 한 번 예배드리면서 교회 생활을 하고 있다고 생각하시는 분들이 있습니다. 이런 분들은 자신을 속이고 있는 것입니다. 왜냐하면 교회는 훈련의 장소이기 때문입니다. 교회에는 병원처럼 아픈 사람들이 모인 곳입니다. 영적으로 병든 사람들이 모인 곳입니다. 이러한 사람들을 주

교회는 병원이다

님의 계명을 좇아 사랑해 보려고 노력하는 가운데에 우리는 변화되어 갑니다. 이해할 수 없는 사람들을 이해하고, 용납할 수 없는 사람을 용납하려고 몸부림치는 가운데 닦여지고 깎여지면서 그리스도를 닮아 가게 됩니다. 예배만 딱 한 번 보시는 분들은 이렇게 부대끼는 것이 싫으신 분들입니다. 예배만 참석하니까 걸리는 것 없어 좋습니다. 설교를 통하여 배우는 것도 있습니다. 소위 은혜를 받을 때도 있습니다. 그러나 자신의 변화는 없습니다. 그런데도 자신이 영적으로 성장하고 있다는 착각을 하기가 쉽습니다. 이것이 자신을 속이는 것입니다.

교회 얘기가 나왔습니다만, 하나님은 우리를 그리스도를 닮은 사람으로 만들기 위하여 훈련시키십니다. 그 훈련 장소가 교회입니다. 교회는 이웃을 사랑하며 살아야 한다는 원칙에 동의한 사랑의 연습장이자 계명의 실험실입니다.

야고보는 본문에서 자신을 속이는 것 두 가지를 예로 들었습니다. 첫 번째는 1장 19~20절입니다. "내 사랑하는 형제들아 너희가 알지니 사람마다 듣기는 속히 하고 말하기는 더디 하며 성내기도 더디 하라 사람이 성내는 것이 하나님의 의를 이루지 못함이라" 하였습니다. 내 자신을 속이는 예 중의 하나가 의분입니다. 야고보는 성내는 것은, 비록 의분이라 할지라도, 하나님의 의를 잃는다고 말했습니다. 교회에서 의견이 갈릴 때 타협이 잘 안 되는 이유는 서로가 주님을 위해서 싸운다고 생각하기 때문입니다. 그런 가운데에 분을 내어도 그것은 주님과 공의를 위한 의분이기 때문에 괜찮다고 생각하는데 이는 착각입니다. 성경에 보면 모세가 화를 낸 사실이 두 번 기록되어 있는데 두 번 다 자신을 위해서 낸 것이 아닙니다. 진정한 의미의 의분입니다. 그럼에도 결과는 좋지 않았습니다. 첫 번째 화를 낸 사건은 모세가 계명을 받아 시내 산에서 내려올 때였습니다. 모세가 얼른 돌아오지 않으니까 이스라엘 백성들이 금송아지를 만들어 제사를 지내고 있었는데 산에서 내려오다가 이것을 보고 모세는 분개했습니다. 십계명이 새겨진 돌비를 집어 던졌습니다. 그 결과로 하나님이 손수 새겨주신 귀중한 돌비를 깨뜨리는 결과를 가져왔습니다. 성내는 것이 하나님의 의를 이루지 못했습니다. 두 번째는 민수기 20장에 나옵니다. 가데스란 지방에 이르렀는데 물이 없어 백성이 불평할 때 모세는 바위에게 명령만 해야 될 것을 화가 나서 지팡이로 두 번 칩니다. 12절에 하나님이 이렇게 말씀하십니다. "여호와께서 모세와 아론에게 이르시되 너희가 나를 믿지 아니하고 이스라엘 자손의 목전에서 내 거룩함을 나타내지 아니한 고로 너희는 이 회중을 내가 그들에게 준 땅으로 인도하여 들이지 못하리라 하시니라." 화냄으로 인하여 하나님의 의가 이루어지지 못했을 뿐 아니라 축복의 땅 가나안에도 들어가지 못하게 되었습니다.

우리는 착각에서 벗어나야 됩니다. 나의 분냄이 하나님의 의를 이룬다고 오해하지 말아야 합니다. 사랑하는 성도님, 가정에서나 교회에서나 사업장에서나 직장에서 여러분들이 정말 그리스도의 영광을 위해서 살기를 원하신다면 꼭 기억하시기 바랍니다. 우리의 성내는 것이 하나님의 의를 이루지 못합니다. 그래서 야고보는 19절에서 "듣기는 속히 하고 말하기는 더디 하며 성내기도 더디 하라"고 충고합니다. 어떤 분들은 예수님이 성전에 들어가셔서 돈 바꾸는 사람, 짐승 파는 사람 등을 쫓아낼 때에 분노하지 않으셨느냐고 반론을 제기합니다. 예수님이 화를 내셨으니까 자신이 화를 내어도 괜찮지 않느냐고 말합니다. 그런 사람에게 제가 하고 싶은 말은 이것입니다. "예수님하고 같은 인격을 가졌다고 생각되거든 화를 내십시오. 예수님의 인격을 이루지 못했으면 이룰 때까지 기다렸다가 화를 내십시오." 26절을 보시기 바랍니다. "누구든지 스스로 경건하다 생각하며 자기 혀를 재갈 물리지 아니하고 자기 마음을 속이면 이 사람의 경건은 헛것이라." 우리가 내 입을 제어할 줄 모르면 경건한 사람이 될 수가 없습니다. 다시 한 번 강조합니다. 우리의 분노는 그것이 비록 의분이라 할지라도 절대 하나님의 의를 이루지 못합니다.

자기를 속이는 두 번째 예가 27절에 있습니다. 누가 성경을 많이 알든지, 기도를 많이 하든지, 성령 체험을 하든지, 방언을 하든지, 병 고치는 능력이 있으면 우리는 그러한 사람을 영적인 사람이라고 생각하고 그의 삶을 경건하다고 생각합니다. 그러나 이것은 자기를 속이는 것입니다. 참된 경건은 남에 대한 관심 속에서 나타납니다. 곧 환난 중에 고아와 과부를 돌아보는 관심이 경건의 척도가 되어야 합니다. 우리가 정말 경건한 사람이 되려면 내 가족에게 관심이 있어야 하고, 교회에 관심이 있어야 되며, 우리 지역 사회에 관심을 가져야 됩니다. 나라에 관심이 있어야 되고, 세계에 대한 관심이 있어야 됩니다. 우리의 경건이 점점 커지면 이웃에 대한 관심도 비례해서 커집니다. 이것이 참된 경건의 척도입니다. 자신이 현재 어느 정도 경건한 사람이 되었는지를 알고 싶으면 남에 대한 자신의 관심도를 살피시기 바랍니다.

외모로 판단하지 말라

야고보서 2:1~13

너희가 만일 성경에 기록된 대로 네 이웃 사랑하기를 네 몸과 같이 하라 하신 최고의 법을 지키면 잘하는 것이거니와 만일 너희가 사람을 차별하여 대하면 죄를 짓는 것이니 율법이 너희를 범법자로 정죄하리라 (8, 9).

오늘 본문의 말씀은, '사람을 겉으로만 보고 차별대우하지 말라' 는 내용입니다. 초대교회 교인들은 신분의 양극화 현상이 심했습니다. 빈부의 차도 심했는데 대부분이 못 사는 사람들이었습니다. 높은 세율이나 빚 때문에 집과 토지를 잃고 뜨내기 생활을 하는 사람들이 80~85퍼센트나 되었습니다. 희랍 사람들이 모이는 교회에는 노예 신분을 가진 사람들도 많이 있었습니다. 야고보는 이런 여건 가운데에서 생길 수 있는 일을 예로 들어서 교훈하고 있습니다. 이런 그림을 머리에 그려봅시다. 금가락지를 끼고 아름다운 옷을 입은 부자가 교회를 방문합니다. 6절의 묘사로 보아 회원 교인은 아니었던 것 같습니다. 고고학자들의 발견에 의하면 그 당시 교회 안에는 벽을 따라 의자들이 있었는데, 이 자리는 상석입니다. 당시 안내 위원들이 부자에게는 이 좋은 자리를 권했을 것입니다. 그리고 같은 모임에 참석한 거지에게는 서 있든지 땅에 앉든지 하라고 했을 것입니다. 이것은 그 당시

 교회는 병원이다

의 안내 위원들이 특별히 나빠서가 아닙니다. 지금 우리도 얼마든지 그렇게 할 수 있습니다. 예를 들어서 예수 안 믿는 재벌 총수가 교회를 방문하면 우리 역시 좋은 자리로 안내할 것입니다. 야고보는 이러한 장면을 예로 들면서 호되게 나무랍니다.

교회뿐만이 아니라 다른 조직이나 단체에서도 차별대우를 금하고는 있습니다. 그들은 나름대로 차별대우를 해서는 안 되는 이유를 갖고 있습니다. 야고보는 크리스천으로서 차별대우를 해서는 안 되는 두 가지 이유를 들고 있습니다.

첫째는 불우한 사람이나 가난한 사람을 차별할 때 하나님의 마음이 아프기 때문입니다. 하나님께서는 가난한 사람, 불우한 사람, 압제받는 사람, 고통 가운데 있는 사람들에게 유별난 사랑을 갖고 계십니다. 왜 그렇습니까? 하나님의 성품이 그렇기 때문입니다. 물이 낮은 곳으로 흐르는 것이 자연의 법칙이듯 하나님의 사랑도 높은 곳에서 낮은 곳으로 흐릅니다. 낮은 곳에 고이는 하나님의 사랑은 구약과 신약 성경 전체를 통해 나타납니다. 신명기 24장 17절에는 이런 계명을 주셨습니다. "너는 객이나 고아의 송사를 억울하게 하지 말며 과부의 옷을 전당 잡지 말라." 이 계명은 객과 고아와 과부에게 쏠려 있는 하나님의 관심을 나타냅니다. 이들은 모두 다 낮은 사람들입니다. 우리처럼 이민 온 사람들입니다. 법적으로 기댈 곳이 없는 사람들입니다. 고아는 아버지가 없는 아이들입니다. 옛날에 아버지를 잃는다는 것은 들짐승처럼 되는 것입니다. 보호해 줄 사람이 없습니다. 과부도 마찬가지입니다. 남편을 잃는다는 것은 법적인 보호를 잃는 것을 의미합니다. 하나님께서는 이 사람들을 위해 19절에 이렇게 말씀하십니다. "네가 밭에서 곡식을 벨 때에 그 한 뭇을 밭에 잊어버렸거든 다시 가서 가져오지 말고 나그네와 고아와 과부를 위하여 남겨 두라." 추수를 하다가 잊고 거두지 않은 곳이 생각나더라도 되돌아가서 베지 말고 객과 고아와 과부를 위해서 놔두라는 것입니다. 또 20, 21절을 보면 "네가 네 감람나무를 떤 후에 그 가지를 다시 살피지 말고 그 남은 것은 객과 고아와 과부를 위하여 남겨두며 네가 네 포도원의 포도를 딴 후에 그 남은 것을 다시 따지 말고 객과 고아와 과부를 위하여 남겨두라"고 했습니다.

많은 분들이 구약의 하나님은 무서운 분이고 신약의 하나님은 사랑이 많으신 분이라고 생각합니다. 그러나 아닙니다. 하나님은 신약 시대이건 구약 시대이건 한결 같은 사랑을 가지신 분입니다. 구약 시대에 살았던 이사야는 이스라엘 사람들이 고통 중에 금식하며 기도할 때 이렇게 해야 된다고 했습니다. "내가 기뻐하는 금식은 흉악의 결박을 풀어 주며 멍에의 줄을 끌러 주며 압제 당하는 자를 자유하게 하며 모든 멍에를 꺾는 것이 아니겠느냐 또 주린 자에게 네 식물을 나누어 주며 유리하는 빈민을 집에 들이며 헐벗은 자를 보면 입히며 또 네 골육을 피하여 스스로 숨지 아니하는 것이 아니겠느냐"(사 58:6~7).

예수님의 가르침도 낮은 곳에 있는 사람들에 관하여 특별한 관심을 보여주고 있습니다. 마태복음 5~7장까지를 '산상수훈'이라고 부릅니다. 여기에서 주님은 크리스천의 삶의 기준을 가르쳐 주고 있습니다. 산상수훈은 "심령이 가난한 자는 복이 있나니 천국이 그들의 것임이요"(5:3)로 시작됩니다. 그 다음에는, "애통하는 자는 복이 있나니 그들이 위로를 받을 것임이요"(4절)라고 말합니다. 아픈 사람, 고난받는 사람, 시험 가운데 있는 사람을 향하신 하나님의 사랑이 나타나 있습니다. 불우한 사람들을 향하여 하나님은 특별한 애정을 느끼십니다. 그러므로 우리가 외모에 의하여 사람들을 차별대우하면 하나님께서 마음이 아프실 것입니다. 거꾸로 자기 자식을 돌보아 줄 때 부모의 마음이 한없이 기쁜 것처럼, 불우한 자를 돌볼 때 하나님은 무척 기뻐하실 것입니다. 본문 5~6절에서 야고보는 차별대우하는 사람들을 심하게 꾸짖습니다. 하나님께서 가난한 자들을 특별히 사랑하셔서 그들의 믿음을 부유하게 하시고, 약속하신 나라를 유업으로 받게 하셨는데 너희는 도리어 그들을 괄시하였, 어떻게 그럴 수가 있느냐며 심하게 나무라고 있습니다. 성도 여러분, 우리도 외모로 판단하고 차별대우를 함으로써 하나님의 마음을 아프게 하지 맙시다.

차별대우를 하지 말아야 할 두 번째 이유는 하나님의 성품에 어긋나기 때문입니다. 우리는 하나님의 자녀가 되었기 때문에 하나님을 닮아야 될 책임이 있습니다. 하나님은 차별대우를 하지 않으시는 분입니다. 이 사실을 안 모세는 이스라엘 백성들이 외모로 판단하지 않기를 바랍니다. 신명기 1장 17절에 모세가 이런 부탁을 합니다. "너희는 재판할 때에 외모를 보지 말고 귀천을 차별 없이 듣고 사람의 낯을 두려워하지 말 것이며." 또 신명기 16장 19절에서는 이렇게 말합니다. "너는 재판을 굽게 하지 말며 사람을 외모로 보지 말며 또 뇌물을 받지 말라." 신약으로 넘어와서 사도 바울은 외모로 판단하지 말아야 할 이유를 로마서 2장 11절에서 이렇게 말하고 있습니다. "하나님께서 외모로 사람을 취하지 아니하심이라." 베드로는 베드로전서 1장 17절에서 이런 말을 합니다. "외모로 보시지 않고 각 사람의 행위대로 심판하시는 이를 너희가 아버지라 부른즉." 우리가 정말 하나님의 자녀가 되었다고 하면 우리도 그분의 성품을 닮아서 외모로 판단해서는 안 되겠습니다.

하나님이 외모를 보시지 않으시면 무엇을 보십니까? 내면을 보십니다. 갈라디아서 5장 22~23절에 나오는 성령의 열매는 내면적인 것입니다. 그런데 성령의 열매인 사랑과 희락과 화평과 오래 참음과 자비와 양선과 충성과 온유와 절제를 세상적인 시각으로 볼 때 이런 성품을 가진 사람은 성공할 가망성이 없는 실패자처럼 보입니다. 그러므로 성령의 열매가 세상 사람의 눈으로 보기에는 미덕으로 보이지 않을 것입니다. 세상적인 시각에서 보면 돈이 많으면 성공한 사람입니다. 성공한 사람으로 이미 간주되기 때문에 돈을 많이 번 사장이나 기업가의 옹고집은 확신이나 신념으로 보입니다. 유명한 시인이나 문인은 간음을 한다 해도 인생을 뜨겁게 사는 사람으로만 보일 것입니다. 수단 방법을 가리지 않고 높은 자리를 차지한 정치가도, 정치 감각이 뛰어난 사람으로 평가하지 죄인이라고 생각하지 않습니다. 외모로 사람을 판단하기 때문입니다. 썩은 열매가 맺혀도 죄로 보이지 않고, 성령의 열매가 맺혀도 아름답게 보지 않는 것이 외모를 보는 세상적인 시각입니다. 외모로 판단하는 시각은 자매들에게도 해당됩니다. 예쁘고 늘씬한 여자는 아무리 사치를 해도 사치로 보이지 않고 멋으로 보입니다. 변덕을 부려도 변덕으로 보이지 않고 발랄한 것으로 보입니다. 그러나 못 생긴 여자가 변덕을 부리면 꼴값을 한다고 말합니다. 외모로 판단하기 때문입니다. 외모로 판단하지 않고 내면의 열매를 보시는 성도님들이 되시기 바랍니다.

차별대우를 해서 안 되지만 특별대우를 해도 안 됩니다. 부자라고,

박사라고 해서 특별대우를 해서는 안 됩니다. 그렇다고 이들을 차별 대우해서도 안 되지요. 그렇다면 우리가 어떻게 차별대우도, 특별대우도 피할 수 있습니까? 야고보는 이에 대한 대답을 갖고 있습니다. 사람을 대할 때 긍휼을 갖고 대하면 됩니다. 12절에 보면 "너희는 자유의 율법대로 심판 받을 자처럼 말도 하고 행하기도 하라"고 했습니다. 이미 믿는 우리는 더 이상 '천국에 가느냐 마느냐'로 고민하지 않습니다. 고민이 있다면 '천국 가서 하나님 앞에 섰을 때 우리의 삶을 어떻게 보고하느냐'는 것입니다. 여기에서 상이 결정되기 때문입니다. 그 상의 기준이 13절에 나오는 긍휼입니다. "긍휼을 행하지 아니하는 자에게는 긍휼 없는 심판이 있으리라 긍휼은 심판을 이기고 자랑하느니라." 긍휼을 베푼 자는 하나님 앞에 섰을 때에 떳떳할 수 있습니다. 미국에 살면 인종 차별이란 단어를 많이 듣습니다. 그러다 보면 미국이 세계에서 인종 차별이 가장 심한 나라처럼 느껴집니다. 그러나 제가 보기에는 세계에서 인종 차별이 제일 없는 곳이 미국이고 제일 심한 곳은 한국이라고 생각합니다. '되놈, 왜놈, 양놈…', 별 볼일도 없으면서 외국인이면 무조건 멸시하는 습관이 우리에게 뿌리 깊게 박혀 있습니다. 우리는 미국에 와서도 인종에 대한 편견을 버리지 못합니다. 피부색이 다른 흑인이나 히스패닉을 낮게 봅니다. 믿는 사람들은 그래서는 안 되지요. 오히려 그들을 긍휼히 여겨야 합니다. 그들을 긍휼히 여기려면 그들을 알아야 합니다. 예를 들어서, 흑인이 미국에 온 것은 오고 싶어서가 아니라 노예로 잡혀 왔습니다. 그들에게는 돌아갈 나라가 없습니다. 우리가 설사 차별을 받는다 해도 우리에게는 돌아갈 나라는 있지 않습니까? 이민 와서 힘든 생활을 할지 모르지만 우리는 그래도 높은 교육을 받았습니다. 그러나 그들은 높은 교육도 못 받았습니다. 교육을 받지 못했으니 인간 대접도 못 받았습니다. 이들의 아픈 역사를 알 때 우리는 흑인들을 긍휼의 눈으로 볼 수 있습니다. 소수 민족 중의 하나이고 남에게 시기와 질시를 받는 유대인들도 마찬가지입니다. 긍휼히 여겨야 합니다. 그들은 예수님 돌아가시고 40년쯤 되어서 나라가 흔적조차 없어졌고 민족들은 천지 사방으로 흩어졌습니다. 오랜 세월 가운데에서도 자기 민족의 독특성을 지키느라고 무진 애를 썼습니다. 그러나 역사 속에서 새로운 정권이 들어설 때에 많은 핍박을 받기도 했습니다. 불상사가 있을 때마다 그들 탓으로 돌렸기 때문입니다. 유대 민족은 피해망상에 걸린 채로 2천 년을 살아온 민족입니다. 그런 환경에서 살아 남을 수 있는 길은 돈밖에 없었습니다. 그래서 돈밖에 모르는 사람이 됐습니다. 이들을 긍휼의 눈으로 볼 때 우리는 비로소 인종 차별을 극복할 수가 있습니다.

긍휼의 눈으로 서로를 봅시다. 우리는 죄악이 지배하는 세상에서 살고 있기 때문에 다들 문제를 안고 있습니다. 외로움을 느끼며 살고 있고, 꿈이 좌절되는 안타까움을 안고 살고 있습니다. 해결될 기미가 보이지 아니하는 문제 가운데에서 절망감을 느끼며 살고 있습니다. 우리는 서로의 마음속에 있는 아픔을 볼 수 있어야 합니다. 그래서 우리에게는 가정교회가 필요한 것입니다. 우리 마음속에 있는 나의 소원과, 나의 아픔과, 나의 외로움과, 나의 두려움, 이것을 노출시키고 치료받을 수 있는 만남이 필요합니다. 옆 사람의 눈을 들여다보시기 바랍니다. 눈은 마음의 창이라고 했습니다. 여러분은 배우자의 눈에서, 친구의 눈에서 상처를, 아픔을, 소망을 읽을 수가 있을 것입니다.

행함이 따르는 믿음

야고보서 2:14~26

내 형제들아 만일 사람이 믿음이 있노라 하고 행함이 없으면 무슨 유익이 있으리요 그 믿음이 능히 자기를 구원하겠느냐 만일 형제나 자매가 헐벗고 일용할 양식이 없는데 너희 중에 누구든지 그에게 이르되 평안히 가라, 덥게 하라, 배부르게 하라 하며 그 몸에 쓸 것을 주지 아니하면 무슨 유익이 있으리요 이와 같이 행함이 없는 믿음은 그 자체가 죽은 것이라(14~17).

복음을 전하다 보면 복음을 거부하는 사람들을 만나기 마련입니다. 거부하는 이유가 많습니다. 그 중에서 가장 흔하게 듣는 이유는 예수 믿는 사람이나 믿지 않는 사람이나 차이가 없다는 것입니다. 만약 예수 믿는 것이 그렇게 굉장한 것이라면 신자들의 생활이 불신자들의 생활과 뭔가 달라야 하는데 별 차이가 없기 때문에 예수 믿을 필요를 느끼지 않는다는 것입니다. 그리스도인으로서 억울한 생각이 들지 않는 것은 아니지만 이러한 논리가 틀린 것은 아닙니다. 본문을 보면 예수님의 동생 야고보도 같은 생각을 갖고 있는 것을 발견하기 때문입니다. 야고보는 14절에 말씀하십니다. "내 형제들아 만일 사람이 믿음이 있노라 하고 행함이 없으면 무슨 유익이 있으리요 그 믿음이 능히 자기를 구원하겠느냐." 즉, "행함이 없는 믿음은 유익이 없는 믿음이다. 행함이 없는 믿음은 우리를 구원하지 못한다"라고 야고보는 말하고 있습니다. 야고보는 17절에서는 행함이 없는 믿음은 죽은 것으로,

20절에서는 헛것으로 묘사하고 있습니다.

구원은 오직 믿음으로 받습니다. 구원받기 위하여 믿음과 행함 두 가지가 있어야 하는 것이 아닙니다. 믿음 한 가지면 됩니다. 에베소서 2장 8~9절을 보면 "너희는 그 은혜에 의하여 믿음으로 말미암아 구원을 받았으니 이것은 너희에게서 난 것이 아니요 하나님의 선물이라 행위에서 난 것이 아니니 이는 누구든지 자랑하지 못하게 함이라" 했습니다. 야고보는 구원받기 위해서는 행함이 요구된다는 것을 말하고 있는 것이 아니라 참된 믿음에는 행동이 따르지 않을 수 없음을 강조하고 있습니다. 믿음을 사랑에 비교해 보면 이해하기가 쉬워집니다. 행함이 따르지 않는 사랑에 대해서 어떻게 생각하십니까? 우리 옛 선배들은 멀리서 수줍게 하는 짝사랑을 하기도 했습니다. 그러나 그것은 온전한 사랑이 아닙니다. 우리가 정말 사랑하면 행동으로 나타나기 마련입니다. 야고보는 15~16절에 재미있는 예를 들고 있습니다. 찢어지게 가난한 사람이 있었습니다. 입을 옷이 없고 끼니를 해결 못할 정도로 가난합니다. 그런 사람에게 "평안히 가라, 덥게 하라, 배부르게 하라"고 말만 한다고 칩시다. 지금으로 치면 궁핍한 사람을 보고 "내가 기도해 드리지요"라고 하면서 조금도 도와주지 않는 것과 비슷합니다. 이러한 행함이 없는 사랑이 참된 사랑일까요?

진정한 믿음은 변화된 행동으로 나타나기 마련입니다. 왜냐하면 믿음에는 능력이 따르기 때문입니다. 행함이 따르는 믿음이 있고, 따르지 않는 믿음이 있는 것이 아닙니다. 행함이 따르지 않으면 그것은 아예 믿음이 아닙니다. 많은 분들이 지적 동의를 믿음으로 오해하기 때문에 믿음이 없으면서도 있는 줄로 착각합니다. 신의 존재는 인정한다는 사람들이 이런 부류의 사람들입니다. 오래 교회를 다녀서 성경을 많이 알고 있는 사람들 가운데에도 이러한 부류의 사람이 있을 수가 있습니다. 예수께서 세상에 오셔서 십자가에 돌아가시고 부활하셨다는 것을 머리 속으로만 아는 것은 지적 동의일 뿐, 믿음은 아니기 때문입니다. 야고보는 19절에 이런 말씀을 합니다. "네가 하나님은 한 분이신 줄을 믿느냐 잘하는도다 귀신들도 믿고 떠느니라."

야고보는 믿음에 따르는 행동의 예로 아브라함을 들었습니다. 21절을 보면 "우리 조상 아브라함이 그 아들 이삭을 제단에 바칠 때에 행함으로 의롭다 하심을 받은 것이 아니냐"라고 했습니다. 아브라함은 유대인의 조상으로 지금의 이란에 해당하는 지역에 살다가 하나님의 명령에 따라 팔레스타인 지역으로 이주해 온 사람입니다. 이주를 명하시면서 하나님은 그의 후손을 큰 민족으로 키우시겠다고 약속하셨습니다. 아이를 전혀 낳지 못하던 그의 부인은 90세가 되어서 겨우 아들 하나를 낳았습니다. 약속의 아들입니다. 그런데 하나님은 그 아들이 십대가 되었을 때 제물로 바치라고 했습니다. 아브라함은 '이것이 정말 하나님의 명령일까?' 의심도 했을 것입니다. 그러나 순종했습니다. 칼로 막 찌르려 할 때 하나님은 급하게 말씀하셨습니다. 네 아들에게 손대지 말라고 하셨습니다. 아브라함의 이러한 믿음에 관하여 히브리서 11장 17~19절은 이렇게 말합니다. "아브라함은 시험을 받을 때에 믿음으로 이삭을 드렸으니 그는 약속들을 받은 자로되 그 외아들을 드렸느니라 그에게 이미 말씀하시기를 네 자손이라 칭할 자는 이삭으로 말미암으리라 하셨으니 그가 하나님이 능히 이삭을 죽은 자 가운데서 다시 살리실 줄로 생각한지라 비유컨대 그를 죽은 자 가운데서 도로 받은 것이니라." 아브라함은 아들을 잡아 죽여도 전능하신 하나님은 이 아들을 다시 살려서 영원히 죽지 않는 모습으로 되돌려 주시리라는 믿음을 가졌습니다. 하나님을 향한 이러한 전적인 신뢰와 확고한 믿음을 가졌기 때문에 아브라함은 이처럼 과감하게 행동할 수 있었던 것입니다.

야고보는 기생 라합을 또 하나의 예로 들고 있습니다. "또 이와 같이 기생 라합이 사자들을 접대하여 다른 길로 나가게 할 때에 행함으로 의롭다 하심을 받은 것이 아니냐"(25절). 아브라함은 예수님이 나시기 약 2천 년 전에 살았던 인물이고 라합은 아브라함보다 약 4~5백 년 후에 살았던 사람입니다. 모세라는 지도자가 나타나 이스라엘 백성들을 노예 생활하던 애굽으로부터 탈출시킵니다. 그 후 광야에서 40년간 생활하던 중 모세의 뒤를 이어 여호수아가 새 지도자가 되었습니다. 가나안을 정복하기 위해서 제일 먼저 공격해야 될 성이 여리고 성이었습니다. 그래서 정탐꾼 두 사람을 보냈는데 이들이 오늘 본문에 나오는 라합이라는 여인의 여관에 머물렀습니다. 첩자가 왔다는 것을 알고 경찰들이 찾아왔습니다. 이때 라합이 경찰에게 거짓말을 해서 정탐꾼 두 사람을 보호해 주었습니다. 그리고는 정탐꾼에게 가나안을 점령했을 때에 자신과 자신의 가족을 살려 달라고 부탁을 했습니다. 그래서 다른 집은 다 멸망했지만 라합의 집만은 구원을 받았습니다. 이것이 라합의 생명과 가족의 운명을 구원한 믿음이었습니다. 이것이 바로 행동이 따른 믿음입니다. 이러한 믿음은 우리로 하여금 라합처럼 모험을 하게 만듭니다. 모험 없는 믿음은 없습니다. 당연한 일, 안전한 일에 관해서는 구태여 믿음이 필요치 않습니다. 불확실하고 위험할 때에 믿음이 필요한 것입니다.

상대에게 사랑을 표현하는 데에는 5가지 방법이 있습니다. 피부접촉, 선물, 칭찬, 돌봐주는 것, 대화입니다. 대부분이 이 다섯 가지 방법을 다 통하여 사랑 받기를 원합니다. 그러나 사람에 따라 특별히 민감하게 반응하는 것이 있습니다. 저는 제 아내에게 사랑의 말을 하는 것이 아직도 어색하고 쑥스럽습니다. 그럼에도 불구하고 어쩌다 사랑을 표시하는 말을 하면 제 아내는 고마워하는 대신에 "show me!"라고 합니다. 그럴 때에는 무척 무안합니다. 그래서 제 아내가 무엇에서 사랑을 느끼나 관찰을 했습니다. 그러다가 드디어 발견을 했습니다. 돌봐주는 것입니다. 그래서 일주일에 한 번 정도는 새벽 기도 나갈 때 제 차 대신에 아내 차를 타고 나갔다 오는 길에 기름을 넣어 줍니다. 물이 새는 수도꼭지를 고칠 때에도 일부러 보는 데에서 합니다. 옛날에는 아내가 없을 때에 고쳐 놓고 "고친 것 봤어?"라고 말했는데 이제는 보는 데에서 도구를 일부러 쫘악 펴놓고 고칩니다. 사랑 받는다고 느끼기를 원하기 때문입니다. 믿음이나 사랑이나 행동으로 표현되지 않으면 죽은 것입니다.

성도 여러분, 교회를 다닌 지 3년, 5년, 아니, 평생을 다녔는데도 자신의 행동에 아무런 변화가 없으면서도 구원의 확신은 있다고 여기시는 분은 오늘 이 시간에 다시 한 번 심각하게 생각해 보시기 바랍니다. 성령께서 우리 안에 계시기 때문에 우리는 변화할 수 있습니다. 주님이 우리와 함께하시기 때문에 우리는 변화할 수 있습니다. 여러분 가운데에는 변화의 결과가 두려워서 주저하고 계시는 분도 있을지 모르겠습니다. 두려움을 과감하게 떨쳐버리시고 조그마한 것부터 행동으로 옮기시기 바랍니다. 세금 보고를 제대로 하면 당장 생활에 영향을 미칠 것 같아서 주저하시는 분들은 믿음으로 결단해 보세요. 주일에 가게 문 닫으면 당장 굶을 것 같은 생각이 드는 분들도 과감하게 모험해 보세요. 채워 주시는 하나님을 과감하게 믿으시기 바랍니다. 하나님은 여러분이 하루아침에 영적인 어른이 되는 것을 기대하지 않으십니다. 조금씩 조금씩 변화해 가면 됩니다. 변화가 남의 눈에 안 띄어도 상관없습니다. 하나님께서 보시면 됩니다. 여러분들이 가진 믿음이 산 믿음인지 죽은 믿음인지 자신에게 확인하십시오. 작은 것부터 실천에 옮기시고, 조그마한 모험을 시작하시는 성도님들이 되시기 바랍니다.

혀의 위력

야고보서 3:1~12

우리가 다 실수가 많으니 만일 말에 실수가 없는 자라면 곧 온전한 사람이라 능히 온몸도 굴레 씌우리라 우리가 말들의 입에 재갈 물리는 것은 우리에게 순종하게 하려고 그 온몸을 제어하는 것이라 또 배를 보라 그렇게 크고 광풍에 밀려가는 것들을 지극히 작은 키로써 사공의 뜻대로 운행하나니 이와 같이 혀도 작은 지체로되 큰 것을 자랑하도다(2-5).

미국에 살면서 의아하게 생각되는 것 중의 하나는 개인이 총을 소유할 수 있도록 허락하는 제도입니다. 한국에서는 개인이 총을 갖고 있으면 군인이나 경찰이 아닌 이상 일단 간첩으로 의심합니다. 미국에서는 안 그렇습니다. 개인이 총을 소유하기가 쉬우니까 그에 따른 문제도 많이 발생합니다. 한 통계에 의하면 강도가 쏘는 총에 맞아 죽는 사람보다 총기 간수를 잘못해서 총기 사고로 죽는 사람이 더 많다고 합니다.

얼마 전에 네살 난 아이를 가진 젊은 아버지가 총기 사고를 당할 뻔했다가 간신히 피했다는 얘기를 들은 적이 있습니다. 하루는 이 젊은 아버지가 일터에서 돌아왔습니다. 언제나 달려나와 반겨주던 아이가 그 날 따라 보이지 않습니다. 어딜 갔나 하고 이 방 저 방 찾다가 서재에 들어갔습니다. 거기서 놀고 있던 이 아이는 인기척에 반가워하면서 '아빠' 하고 획 돌아서는데 손에 총이 들려 있었습니다. 이 호신용

5. 야고보서 강해 *207*

총은 강도가 들어올 경우를 대비해서 장전시킨 채 서랍 속에 숨겨 둔 것이었습니다. 그 순간 아버지는 확 얼어버렸지만 매우 침착하게 대처했습니다. 표정 하나 바꾸지 않고 계속 웃으며 "쟈니, 움직이지 말고 거기 가만히 있어." 되풀이 말하면서 아이 쪽으로 천천히 다가갔습니다. 그리고는 아기를 손으로 만질 수 있는 거리가 되었을 때에 아기 손에서 살포시 총을 빼앗았습니다. 이때에 걸었던 10미터도 안되는 거리가 10리는 되는 것처럼 멀게 느껴졌다고 합니다.

아기 손에 들려진 총처럼 위험한 것이 없습니다. 총은 엄청난 파괴력을 갖고 있기 때문입니다. 그런데 우리 몸의 지체 중에서도 어린이 손에 들려진 총처럼 위험한 지체가 있습니다. 어느 부분인지 아십니까? 혀입니다. 혀는 엄청난 파괴력이 있습니다. 이 파괴력은 총보다 더 큽니다. 오발로 인한 상처는 수술만 잘 하면 회복이 됩니다. 그러나 말로 인한 상처는 죽을 때까지 아물지 않을 수도 있습니다. 총은 외면에 상처를 입히지만 말은 보이지 않는 인간의 내면에 상처를 입힙니다. 내면의 상처는 더 오랫동안 지워지지 않는 아픔을 주기 때문에 혀의 파괴력은 총의 파괴력보다 더 큰 것입니다.

여러분이 세상을 사는 동안 한두 번 정도는 깊은 내면의 상처를 입은 경험이 있을 것입니다. 오랜 세월이 지난 지금 생각해도 가슴이 막 뛴다든지, 눈시울이 뜨거워지는 사건입니다. 그러한 사건을 간직하고 계신 분들은 지금 조용히 사건 당시를 생각해 보시기 바랍니다. 제가 한 가지 여쭈어보겠습니다. 마음에 받은 상처가 말로 인한 상처가 아닙니까?

미국에 와서 최고 학부까지 마치고 지금은 아주 잘살고 계시는 어

 교회는 병원이다

떤 분이 계십니다. 그런데 이분이 과거에 겪었던 어떤 사건 하나를 말할 때면 지금도 목소리가 떨리고 눈물을 글썽이십니다. 그 사건의 내용은 이렇습니다. 이분이 어렸을 때 아버지가 사업에 실패해서 천막에서 살아야 될 정도로 가난했었습니다. 학교도 못 다닐 형편인데 워낙 머리가 좋아서 한국에서 국비장학생들이 다니는 학교에 들어가 고등학교까지 마쳤습니다. 고등학교 졸업 후에 이분은 시험을 쳐서 그 어려운 서울대학교에 합격을 했습니다. 그러나 입학은 됐는데 등록금이 없습니다. 막막한 중에 한 분이 생각났습니다. 좀 여유 있는 친척 분입니다. 그래서 그분을 찾아갔습니다. 그 아주머니는 마침 안 계셨습니다. 집을 지키던 가정부는 안에 들어가 기다리라고 했습니다. 얼마나 시간이 지난 후에 대문 여닫는 소리가 들리고 누군가 들어오는 인기척 소리가 났습니다. 자기 또래의 그 집 딸이었습니다. 그때 그 딸애가 마당에 서서 가정부에게 던진 한 마디가 이분 마음에 비수가 되어 꽂혔습니다. "얘는 왜 거지처럼 맨 날 우리 집에 와!" 이 한 마디를 듣는 순간 걷잡을 수 없이 몸이 떨려 더 이상 앉아있을 수가 없었습니다. 그 집을 뛰쳐나왔습니다. 다행히 이분은 등록금을 마련할 수 있었고 대학을 마친 후 미국에 와서 최고 학위도 받았습니다. 그러나 옛날에 들었던 그 한 마디, "얘는 왜 거지처럼 맨 날 와." 이 소리가 아직까지도 깊은 상처로 남아서 이 이야기를 할 때에는 지금도 눈물이 글썽해지고 목소리가 떨립니다. 이것이 바로 말의 파괴력입니다.

예수 믿기를 힘들어 하시는 분들이 갖는 공통적인 문제가 자신이 죄인이라고 느끼지를 못한다는 것입니다. 인간은 죄인이라고 하면 "왜 내가 죄인이냐?"며 항의를 합니다. 자신이 죄인임을 인정하지 않으니까 구원의 필요성도 느끼지 못하고 예수를 믿지 못하는 것이 당연합니다. "왜 당신이 죄인이 아니라고 생각하십니까?" 도리어 물으면 보통 이렇게 대답합니다. "내가 완전하다는 것은 아니다. 그러나 내가 사기를 친 적도, 남을 때리거나 죽인 적도 없는데 왜 죄인이냐?" 이런 분들은 혀의 파괴력을 몰라서 이렇게 말합니다. 자기 혀로 얼마나 많은 사람을 다치게 하고 죽이고 있다는 것을 의식하지 못하기 때문입니다.

얼마나 많은 남편들이 혀로써 아내 마음에 상처를 줍니까? 얼마나 많은 아내들이 혀로써 남편의 기를 꺾고 있습니까? 얼마나 많은 직장인들이 혀로써 자기 직장 동료들의 명예를 손상시킵니까? 얼마나 많은 사람들이 혀로써 이웃들 간의 관계에 쐐기를 박습니까? 그러면서도 우리는 혀의 위력을 모르기 때문에 내가 이웃을 다치게 하고 있다는 것조차 모릅니다. 오늘 설교 내용 중에서 다른 것은 다 잊어버리더라도 '혀라는 것은 어린이 손에 들린 권총처럼 위험한 것' 이란 사실 하나만은 기억하시기 바랍니다.

그런데 우리는 왜 혀를 조심하지 못합니까? 혀가 작기 때문에 그 파괴력을 과소평가하기 때문입니다. 야고보는 오늘의 본문 3절에서 말에게 재갈 물리는 얘기를 합니다. 힘으로 비교할 때 말은 사람과 비교도 할 수 없을 만큼 크고 셉니다. 그러나 재갈 하나만 딱 물려 놓으면 말은 사람이 이끄는 데로 순순히 움직입니다. 오른쪽으로 끌면 오른쪽으로, 왼쪽으로 끌면 왼쪽으로 갑니다. 이같이 재갈은 작은 것이지만 엄청난 능력이 있습니다. 또, 야고보는 4절에서는 키 얘기를 합니다. "또 배를 보라 그렇게 크고 광풍에 밀려가는 것들을 지극히 작은 키로써 사공의 뜻대로 운행하나니." 큰 배를 보아도 알 수 있듯이 그 배의 방향을 잡아주는 것은 조그만 키입니다.

성경학자들은 야고보가 말하는 말이나 배는 교회를 상징하고, 혀는 잘못된 가르침을 상징하고 있다고 말합니다. 맞는 말이라고 생각합니다. 많은 이단의 교주들이 잘못된 가르침을 통하여 자신은 물론, 다른 사람들도 멸망으로 이끌어가고 있습니다. 5절에서 야고보는 이렇게 말합니다. "이와 같이 혀도 작은 지체로되 큰 것을 자랑하도다 보라 얼마나 작은 불이 얼마나 많은 나무를 태우는가." 큰 파괴도 작은 것에서 시작됩니다. 혀라는 것이 작지만 얼마나 큰 파괴력이 있는지를 모르기 때문에 우리가 혀를 쉽게 쓰는 것 같습니다.

제가 수년 전에 뉴멕시코에 있는 글로리에타 남침례회 수양관에서 제공하는 어느 강좌에 강사로 초청되어 갔습니다. 그때 동부에서 참석하신 어떤 분이 자기 교회 문제에 대한 상담을 요청했습니다. 얘기인즉 이러했습니다. 이분이 다니는 교회의 담임 목사님이 사임하셨습니다. 청빙위원회가 조직되어 어느 젊은 목사님이 선정되었고, 곧이어 투표에 들어갔습니다. 결과는 청빙위원 중에서 두세 분만 제외하고는 이 젊은 목사님을 모시자는 쪽으로 의견이 모아졌습니다. 미국에서는 이럴 경우, 일단 결정되면 의견을 달리 했던 사람들도 내려진 결정에 따른다는 의미로 재투표해서 만장일치로 통과시키는 것이 상례입니다. 이 아름다운 상례에 따라 교인들에게는 만장일치로 발표를 했습니다. 그런데 반대했던 한 분의 작은 혀로부터 문제가 불거졌습니다. "사실 난 반대를 했는데 만장일치라고 발표를 했다"는 소문을 퍼뜨리기 시작했습니다. 회의석상에서는 자기 의견을 발표하지 못하고 회의장 밖에서 딴 소리를 하는 못난 사람이었던 것 같습니다. 그러자 일반 교인들 가운데에 '교회에서 그런 일이 있을 수가 있느냐' 분개하는 사람들이 등장하기 시작했습니다. 결국, 그 목사님을 모시기로 한 결정은 무효가 되었고 청빙위원장은 책임을 느끼고 교회를 떠났습니다. 그후에 그 교회는 목사님 없이 의견을 달리 하는 사람들끼리 계속 반목하는 교회가 되어버리고 말았습니다. 이러한 상황을 설명하면서 자신이 어떻게 처신해야 하겠느냐고 물어 오는 것이었습니다. 저에게는 해줄 말이 없었습니다. '혀를 잘못 놀려서 교회를 엉망으로 만들어 놓은 그 청빙위원이 하나님 앞에 섰을 때에 무슨 꾸지람을 들을 것인가' 하는 안타까움뿐이었습니다. 교회를 풍지박산 만들고, 새 신자들의 마음속에 환멸을 심어 주고, 그 지역에서 교회를 웃음거리로 만들고, 그러면서도 자신은 아직도 '나는 의를 위해 싸웠다' 고 느끼고 있을 것을 생각하니 얼마나 안타까웠는지 모릅니다.

조그만 불꽃 하나가 산을 태운다는 말이 바로 이것입니다. 사랑하는 성도님들, 우리는 혀를 잘 관리할 수 있어야 합니다. 우리는 혀의 파괴력을 모르기 때문에 쉽게 말을 내뱉습니다. 우리는 혀의 파괴력을 모르기 때문에 쉽게 말을 전합니다. 교회에서 지도자가 되려면 이 혀를 잘 다룰 수 있어야 합니다. 3장 1절을 보면 "내 형제들아 너희는 선생 된 우리가 더 큰 심판을 받을 줄 알고 선생이 많이 되지 말라"고 했습니다. 여기서 선생은 장년 주일학교나 유년 주일학교 선생을 뜻하는 것이 아닙니다. 권위 있는 말을 해야 하는 그 위치에 서지 말라는 이야기입니다. 지금 같으면 야고보는 이렇게 말했을 것입니다. "내 형제들아, 너희들은 목사 된 우리가 더 큰 심판을 받을 줄 알고 아예 목사가 되지 말아라." 목사라는 직책 때문에 교인들은 목사의 말을 믿어 줍니다. 그래서 목사가 잘못 가르치면 교회 전체가 잘못될 수 있습니다. 지도자도 마찬가지입니다. 교회가 갈라질 때 주동 멤버는 믿음이 없는 분들이 아니라 하나님을 사랑하시는 분들입니다. 하나님을 사랑하지만 혀를 잘 간수하지 못한 분들입니다. 말 하나로 일생을 망칠 수도 있습니다. 말 하나로 가정을 깰 수도 있습니다. 말 하나로 교회를 쪼개기도 합니다. 말 하나로 나라를 파멸시킬 수도 있습니다. 우리는 혀를 잘 간수하여야 하겠습니다.

그러면 어떻게 하면 혀를 잘 간수할 수 있습니까? 야고보는 세 가지 방법을 제시했습니다.

첫째, 혀는 길들일 수 없다는 것을 깨닫는 것입니다. 혀는 우리가 길들일 수 없습니다. 7절을 보시기 바랍니다. "여러 종류의 짐승과 새와 벌레와 바다의 생물은 다 사람이 길들일 수 있고 길들여 왔거니와 혀는 능히 길들일 사람이 없나니." 야고보의 요지는, 혀라는 것이 어차피 길들여질 수 없기 때문에 혀가 실수하는 기회를 줄이라는 것입니다. 그래서 선생이 되지 말라는 것입니다. 자신이 권위 있는 위치에 서지 않으면 그만큼 실수를 줄일 수 있습니다. 3장 2절에서도 그런 맥락으로 말씀하고 있습니다. "우리가 다 실수가 많으니 만일 말에 실수가 없는 자라면 곧 온전한 사람이라." 야고보가 전하고자 하는 뜻은 이것입니다. "누구나 다 말에는 실수가 있기 마련이다. 그래서 온전한 사람이란 있을 수 없다. 그러니까 말로 큰 영향을 끼치는 위치에 아예 서지 말라."

저 역시 혀에 대해 고민을 많이 합니다. 지금은 여러분이 저를 잘 모르시니까 좋은 점만 눈에 들어올 것입니다. 그러나 같이 생활하다 보면 제 결점이 발견되기 시작할 것입니다. 최 목사가 가끔가다 거짓말을 하는 것처럼 느낄 수도 있을 것입니다. 목사가 의도적으로 거짓말을 하겠습니까마는 자신도 모르게 슬쩍 과장하는 버릇이 있기 때문입니다. 그래서 거짓말처럼 들릴 수도 있다는 것입니다. 또 같은 말도 기분에 따라서 표현이 달라질 수 있기 때문에 앞뒤가 안 맞는 말을 하는 것처럼 들릴 수도 있습니다. 제가 조심하려고 애를 씁니다만, 혀를 길들이기란 쉽지가 않습니다. 우리는 주위에서 혀를 다스리지 못해서 실수하시는 분들을 종종 보며 안타까워합니다. 그러나 자신이 혀를 길들이지 못하고 있는 것은 의식을 못합니다. 남의 것이나 내 것이나 혀는 길들일 수 없다는 사실을 우리는 인정하여야 합니다. 이것이 혀를 잘 간수하는 첫걸음입니다.

둘째, 혀를 다룰 수 있기 위해서는 인격이 바뀌어야 됩니다. 자신이 어떤 인격을 갖추고 있는지는 자신이 무슨 말을 하며 살고 있는지를 보아서 알 수 있습니다. 혀는 자신의 인격을 측정 가능케 하는 온도계입니다. 여러분들, 요즈음 무슨 말을 하면서 살고 계신지 생각해 보시기 바랍니다. 입을 열면 불평만 한다면 그것은 자신이 감사할 줄 모르는 인격을 가졌다는 증거입니다. 남을 평가하거나 비판하는 말을 하며 살고 계시다면 현재 교만한 인격을 갖고 있다는 증거입니다.

말은 인격의 표현이기 때문에 인격을 바꾸지 아니하고 말만 바꾸려는 것은 아무 소용이 없습니다. 어떻게 인격을 바꿉니까? 예수님을 주님으로 영접하시는 수밖에 없습니다. 영접해서 성령님으로 하여금 내 속 사람을 변하게 해야 합니다. 속마음이 변하지 않고도 노력을 하면 화내지 않을 수 있습니다. 못마땅해 하지 않을 수도 있습니다. 그러나 화내는 말이나 못마땅한 표현을 하지는 않지만 얼굴에는 화가 나 있거나 못마땅해 하는 표정이 가득합니다. 이것이 무슨 소용이 있겠습니까. 말을 조심할 수는 있을지 모르지만 마음이 바뀌지 않는 한, 언젠가는 그것은 표출되기 마련입니다. 우리는 마음이 바뀌어야 합니다. 마음 자체가 감사하는 마음으로, 사랑하는 마음으로, 연민의 마음으로 변해야 합니다. 이런 변화의 능력이 우리에게는 없습니다. 예수님을 영접해서 이분으로 하여금 우리의 속 사람을 변하게 해야 합니다. 그때야 비로소 우리의 말이 제어되는 것입니다. 말을 조정하려고 하시지 마시고 인격을 바꾸시기 바랍니다.

셋째, 혀를 긍정적으로 쓰시기 바랍니다. 혀는 온도계(thermometer)인 동시에 온도 조절 장치(thermostat)이기도 합니다. 나의 인격이 어느 정도인가 측정하는 도구인 동시에 나의 인격을 변화시키는 매개체도 됩니다. 우리가 하는 말에는 능력이 있습니다. "어유! 죽겠다"로 하루를 시작하면 하루종일 죽을 것 같은 일만 생깁니다. 저희 교회에 저녁 프로그램이 많으니까 사실, 새벽에 일어나는 것이 힘들 때가 있습니다. 그래도 "어유!" 라는 말을 하지 않으려고 애를 씁니다. 그대신 새벽에 눈을 뜨자마자 입으로 이렇게 고백합니다. "하나님, 제가 하나님을 사랑합니다." 그러면 하루가 달라집니다. 하루를 밝게 시작하게 됩니다.

말을 긍정적으로 하시기 바랍니다. 우리가 사랑하는 마음이 있기 때문에 사랑한다는 말을 하기도 하지만, 사랑한다는 말을 하면서 사랑이 생기기도 합니다. 감사하는 마음이 있기 때문에 감사하기도 하지만, 감사하다는 말을 하다보면 감사하는 마음이 생기기도 합니다. 제가 서울침례교회에 와서 3개월이 되었습니다. 기쁜 것 중의 하나가 교회 안에서 긍정적인 말을 많이 들을 수 있게 된 것입니다. 고맙다 는 말, 칭찬해 주는 말, 수고하셨습니다라는 말, 힘드시죠라는 말을 자주 듣습니다. 이래서 처음 오시는 분들에게 교회 분위기가 좋다는 말을 듣는 것 같습니다.

사랑하는 성도님들, 무슨 말을 하시면서 사십니까? 하늘의 말을 하면서 사십니까, 세상 말을 하면서 사십니까? 칭찬하는 말을 하시면서 사십니까, 비난하는 말을 하시면서 사십니까? 불평하면서 사십니까, 감사하시면서 사십니까? "저는 제 혀의 파괴력이 얼마나 큰지를 미처 몰랐습니다. 남들의 말이 헤프다고 알았지 내가 헤프다는 것은 생각조차 해보지 않았습니다. 그러나 하나님, 이제부터는 긍정적인 말만 하면서 살겠습니다"라고 결단하는 시간이 되시기 바랍니다.

하늘의 지혜, 땅의 지혜

야고보서 3:13~18

오직 위로부터 난 지혜는 첫째 성결하고 다음에 화평하고 관용하고 양순하며 긍휼과 선한 열매가 가득하고 편벽과 거짓이 없나니 화평하게 하는 자들은 화평으로 심어 의의 열매를 거두느니라(17, 18).

세상이 복잡해지다 보니 사는 것도 복잡해지는 것 같습니다. 그 어느 때보다도 세상사는 지혜가 필요한 시대가 되었습니다. 대가족 제도 아래에서 살 때에는 자녀들이 저절로 자라주는 것으로 알았습니다. 그러나 핵가족 체제에서 살다 보니 자녀를 키우는 방법도 공부를 하지 않으면 안 되게 되었습니다. 부부 생활도 마찬가지입니다. 옛날에는 한 번 부부가 되면 미우나 고우나 일생을 같이 마치는 걸로 알고 지냈는데 요새는 결혼한 부부가 노후를 같이 맞는다는 것이 힘들어졌습니다.

기독교인들은 이런 면에는 유리합니다. 우주의 창조주 되시는 하나님의 말씀이 담긴 성경이 주어졌기 때문입니다. 우리는 세상 풍속에 따라 이랬다 저랬다 방황할 필요가 없고, 세상 지혜를 따라 이 길을 선택할까 저 길을 선택할까 고민할 필요도 없습니다. 자동차에 부품이 필요하면 메이커가 만든 부품을 사서 끼우는 것이 가장 확실하고 안

전합니다. 차를 직접 제조한 사람이 그 차의 문제점도 가장 잘 알고 가장 확실하게 수리도 할 수가 있습니다. 사람도 마찬가지입니다. 인생살이의 지혜를 가장 잘 아시는 분은 인간을 만드신 하나님이십니다. 그래서 우리는 하나님의 뜻과 지혜를 찾고자 애쓰는 것입니다.

성경에는 인생을 잘 사는 원칙이 다 숨겨져 있습니다. 하나님은 인생의 큰 문제뿐만 아니라 작은 문제에도 관심이 있으십니다. 그러나 성경이 구체적인 답을 주지 않을 때도 있습니다. 예를 들면 대학 진학을 앞둔 학생이 이과를 선택하느냐, 문과를 선택하느냐를 결정해야 될 경우입니다. 성경에서 답을 찾기가 마땅치가 않습니다. 직장 생활을 그만두고 개인사업을 할까 말까 망설이는 경우도 그렇습니다. 성경에서 결정에 관한 어떤 원칙을 발견할 수 있을지는 모르지만 구체적인 해답을 찾기는 쉽지가 않습니다. 하나님께서는 이러한 문제에 관해서는 다른 방법으로 말씀해 주십니다.

대체로 다음의 세 가지 채널을 통해서 하나님은 말씀해 주십니다. 첫 번째가 성경을 통해서, 두 번째는 이웃 사람의 입을 통해서, 세 번째는 우리의 심령 속에 직접 말씀해 주십니다. 하나님의 뜻을 발견하는 것이 왜 어려울 수 있습니까? 사람의 이중성 때문입니다.

이중성에 관해서 야고보는 9~12절까지 설명하고 있습니다. "이것으로 우리가 주 아버지를 찬송하고 또 이것으로 하나님의 형상대로 지음을 받은 사람을 저주하나니 한 입에서 찬송과 저주가 나오는도다 내 형제들아 이것이 마땅하지 아니하니라 샘이 한 구멍으로 어찌 단물과 쓴물을 내겠느냐 내 형제들아 어찌 무화과나무가 감람 열매를, 포도나무가 무화과를 맺겠느냐 이와 같이 짠물이 단물을 내지 못하느니라." 자연계에는 일관성이 있습니다. 포도나무에는 포도만 열립니다. 한 해에는 포도가 열렸다 다음 해에는 무화과가 열렸다 하는 법이 없습니다. 샘물도 마찬가지입니다. 제가 태어나고 자란 서울의 북아현동에는 '복주물'이라는 이름이 붙은 약수터가 있습니다. 그 샘은 아무리 가물어도 항상 사이다같이 시원한 물이 사시사철 나옵니다. 시간에 따라서 시원한 물이 나왔다가 더운 물이 나왔다가 하는 법이 없습니다. 이것이 자연계의 법칙입니다.

그런데 이상하게도 사람의 목에서는 찬양도 나오고 저주도 나옵니다. 여기서 야고보가 말하는 저주는 특별한 것이 아닙니다. 남에 관한 부정적인 말이면 다 저주가 될 수 있습니다. 자녀를 키울 때에 자녀에게 꿈을 심어 주는 긍정적인 말을 되풀이해 주면 그 자녀는 좋은 사람이 됩니다. 거꾸로 "오라질 놈, 빌어먹을 놈"이라고 욕하면 결국 오라를 지고 빌어먹게 됩니다. "그 사람 믿지 못할 사람이야"라고 반복해서 말하면 그 사람은 정말 거짓말시키는 사람이 됩니다. 이것이 저주입니다. 기독교인인 우리들의 입에서도 찬양과 저주가 같이 나옵니다. 싸움하는 교회에 가서 보면 회의를 시작할 때에 꼭 기도와 찬송으로 시작합니다. 그런데 회의 도중에 가서는 서로 욕을 해가며 싸웁니다.

야고보는 15절에서 두 가지 지혜를 이야기합니다. 위로부터 내려온 하나님의 지혜와 자신의 정욕과 마귀에게서 나온 세상적 지혜입니다. 모든 지혜는 이 둘 중의 하나입니다. 세상은 마귀에게 속해 있기 때문에 하나님을 인정하지 않는 세상의 모든 가치관은 마귀한테서 왔다고 생각할 수 있습니다. 그러므로 자신의 생각이라고 생각되는 것도 마귀가 심어 주는 생각일 수가 많습니다. 베드로의 예를 들어봅시다. 베드로가 어떤 사람입니까? 예수님의 수제자입니다. 마태복음 16장 16절에서 예수님께서 제자들을 모아놓으시고 물으셨습니다. "너희들은 내가 누구라고 생각하느냐?" 이때 베드로가 대답했습니다. "주는 그리스도시요 살아 계신 하나님의 아들이시니이다." 예수님께서 이 대답을 듣고 너무 기뻐하시며 말씀하셨습니다. "바요나 시몬아, 네가 복이 있도다 이를 네게 알게 한 이는 혈육이 아니요…." 다음에 무엇이라고 하셨습니까? "하늘에 계신 네 아버지시니라." '이 지혜로운 고백은 네가 깨달은 것이 아니라 하늘에서 온 것이다'라는 뜻입니다. 이런 대답을 들으신 예수님께서는 이제는 당신이 세상을 떠난다 해도 제자들이 복음을 전파할 만한 준비가 되었구나라고 생각하셨습니다. 그래서 당신의 죽음에 관하여 말씀하셨습니다. "이때로부터 예수 그리스도께서 자기가 예루살렘에 올라가 장로들과 대제사장들과 서기관들에게 많은 고난을 받고 죽임을 당하고 제삼일에 살아나야 할 것을 제자들에게 비로소 나타내시니"(21절). 이때 베드로가 뭐라고 했습니까? "베드로가 예수가 붙들고 항변하여 이르되 주여 그리 마옵소서 이 일이 결코 주에게 미치지 아니하리이다"(22절). '아이고, 말도 안 되는 말씀 마십시오. 이래선 안 됩니다.' 이런 뜻입니다. 그랬더니 "예수께서 돌이키시며 베드로에게 이르시되 사탄아 내 뒤로 물러가라 너는 나를 넘어지게 하는 자로다 네가 하나님의 일을 생각하지 아니하고 도리어 사람의 일을 생각하는도다"(23절). 베드로는 방금 하나님이 주신 지혜를 받은 사람이라는 칭찬을 들었습니다. 그러나 이 말이 끝나고 숨도 채 돌리기 전에 사탄아 물러가라는 말을 들었습니다. 베드로는 주님을 사랑했고 두 번 다 주님을 위해서 한 대답이었지만 한 번

교회는 병원이다

은 하늘에서 온 지혜였고, 한 번은 사탄에게서 온 지혜였습니다. 그렇기 때문에 우리가 정말 하나님의 지혜를 찾는다면 지혜의 말이 하나님에게서 온 것인지, 사탄에게서 온 것인지 분별할 수 있는 능력이 필요합니다.

우리가 남에게 지혜를 구할 때 어떤 사람을 찾아가야 되겠습니까? 기도를 많이 하는 사람? 성경을 많이 아는 사람? 교회에서 높은 직책을 맡은 사람? 이런 분보다도 성품이 좋은 분을 찾아가시기 바랍니다. 야고보는 13절에서 "너희 중에 지혜와 총명이 있는 자가 누구냐 그는 선행으로 말미암아 지혜의 온유함으로 그 행함을 보일지니라"고 했습니다. 내가 가진 것이 하나님이 주신 지혜와 총명이라면 이것을 선행으로 보이라는 것입니다. 말을 바꾸면, 참된 지혜와 총명이 있는 분을 분별하려면 그분의 성품과 생활을 보라는 것입니다.

그의 성품 가운데서도 특별히 온유함을 보아야 합니다. 온유한 분의 말씀은 하나님이 주신 지혜로 알고 귀를 기울여도 상관이 없습니다. 그런데 하필이면 많은 성품 가운데에서 특별히 온유입니까? 예수님의 성품이 온유하셨기 때문입니다. 마태복음 11장 28~29절에서 예수님께서 말씀하십니다. "수고하고 무거운 짐진 자들아 다 내게로 오라 내가 너희를 쉬게 하리라 나는 마음이 온유하고 겸손하니 나의 멍에를 메고 내게 배우라." 예수님께서 당신의 성품을 온유하다고 묘사하셨습니다. 예수님의 성품을 대표하니까 성품 중에서도 가장 중요한 성품이 온유입니다. 그러므로 온유한 분이 계시면 예수님의 성품을 닮으신 분이니까 생각도 예수님처럼 하실 것이다라고 믿어도 큰 잘못은 없을 것입니다.

온유한 성품이란 무엇입니까? 많은 분들이 성격이 순한 것을 온유라고 생각합니다. 그러나 남이 하자는 대로 하는 것이 온유가 아닙니다. 온유란 자기가 능력이 있으면서도 쓰지 않는 것을 말합니다. 예를 들어서, 어떤 사람이 나를 때렸을 때 내가 얼마든지 맞받아 싸워서 넉넉하게 이길 수 있는데도 참아주는 것이 온유입니다. 내가 아는 것이 많으면서도 과시하지 아니하고 남에게 배우는 모습을 보이는 것이 온유입니다. 내가 가진 능력이나 지위로 봐서는 얼마든지 강압적으로 명령할 수 있는데도 간청하듯이 부탁하는 것이 온유입니다. 직장에서 부하 직원이 기어오를 때 참아주는 것이 바로 온유입니다. 예수님께서 십자가에 달렸을 때 적들이 와서 예수님을 조롱했습니다. "네가 정말 하나님의 아들이라면 그런 창피한 모습으로 그렇게 달려 있지 말고 뛰어내려봐라." 그래서 예수님께서 뭐라고 대답하셨습니까? "내가 하나님께 기도하면 수천 수만의 천사들을 보내서 너희를 싹 멸망시킬 수 있다. 그러나 내가 십자가 치욕의 죽음을 거부하면 구속의 사역도 없다." 예수님께서 고난을 받으시고 십자가에 달리신 것은 약해서가 아니라 구속의 사역을 위해서였습니다. 얼마든지 십자가에서 뛰어내려올 수 있지만 인류를 위하여 그래도 십자가에 달려 있는 모습이 바로 온유의 모습입니다.

하나님께서는 첫째, 성경을 통해서 말씀하여 주시고, 둘째, 남을 통하여 말씀하여 주십니다. 마지막으로, 하나님은 마음속에 직접 말씀해 주십니다. 우리는 하나님이 우리에게 직접 말씀하신다고 하면 육성을 들려 주시거나 환상을 보여주시는 것을 기대합니다. 그렇게 하실 때도 있습니다. 그러나 보통은 생각을 심어 주십니다. 그 생각이 하

 교회는 병원이다

나님이 주신 생각인지 내 생각인지 어떻게 압니까? 동기를 살피면 됩니다. 14절에 "그러나 너의 마음속에 독한 시기와 다툼이 있으면 자랑하지 말라 진리를 거슬러 거짓말하지 말라 이러한 지혜는 위로부터 내려온 것이 아니요 땅 위의 것이요 정욕의 것이요 귀신의 것이니"라고 했습니다. 그 동기가 시기와 다툼에 근거한 것이면 아무리 그 방법이 그럴듯해 보이고 성경적으로 느껴진다 할지라도 하나님이 주신 지혜가 아니라고 결정하시는 것이 현명합니다. 시기는 왜 합니까? 남과 비교함으로 합니다. 그러므로 남을 이겨보려는 동기에서 내린 결정이나, 비교의식이나 경쟁의식에서 내린 결정은 하나님이 주신 지혜가 아니라고 생각하시면 큰 문제가 없습니다.

동기가 불순하면 일이 잘 될 것 같은데 꼬입니다. 그것이 15절에 하신 말씀입니다. "이러한 지혜는 위로부터 내려온 것이 아니요 땅 위의 것이요 정욕의 것이요 귀신의 것이니 시기와 다툼이 있는 곳에는 혼란과 모든 악한 일이 있음이라." 많은 교회에서 장로나 안수집사를 선출할 때에 문제가 흔히 생깁니다. 공천 동기에 문제가 있기 때문인 경우가 많습니다. 예를 들어서 목사님이 자신을 도와줄 수 있는 사람이나 내 편이 될 수 있는 사람만을 공천하고, 적대시할 것 같은 사람은 제외시킵니다. 절차나 결정 자체는 성경적으로 틀린 것이 없지만 동기가 잘못되었기 때문에 일이 꼬이는 것입니다. 개인 생활에 있어서도 마찬가지입니다. 사업이나 자녀에 관한 결정을 내리실 때 하나님이 주시는 지혜를 찾기 원하시거든 동기가 올바른지를 살피시기 바랍니다.

하나님이 주신 동기는 어떻습니까? 17절에 나옵니다. "오직 위로부터 난 지혜는 첫째 성결하고." 성결하다는 것은 순수하다는 것입니다.

그 동기가 순수한 마음에서 나온 것이면 하나님이 주신 지혜라고 생각하고 안심하셔도 좋습니다. "다음에 화평하고." 하나님이 주신 지혜는 항상 화목에 근거합니다. 어떡하면 화목할 수 있을까, 기도할 때에 떠오른 생각은 하나님이 주신 지혜라고 생각하시면 큰 문제가 없습니다. 다음이 "관용하고." 대인관계에 관한 결정을 내릴 때에, '내가 참아주지' 하고 내린 결정은 하나님이 주신 지혜라고 생각하면 됩니다. 그 다음이 '양순(compliance)' 입니다. 이웃과의 관계에 관한 결정을 내리는 과정에서, '웬만하면 들어주지' 라는 마음에서 내려진 결정이면 하나님이 주신 지혜에 의한 결정입니다. 그 다음에 '긍휼' 입니다. 불쌍히 여기는 감정을 근거로 내린 결정은 하나님이 주신 결정으로 여기시면 틀림이 없습니다. 하나님이 주신 열매는 선한 열매가 가득하고 또 편벽이 없고, 편파적이 아닙니다. 그 다음엔 거짓이 없습니다. 정직한 체하고자 하는 동기에서 나온 것이 아니면 이것은 '하나님이 주신 지혜다' 라고 생각하면 틀림이 없습니다.

이상에 나열한 것들을 다 기억하기 힘드시면 '하나님이 주시는 지혜냐, 아니냐'를 결정하는 가장 간단한 척도 한 가지만 말씀드리겠습니다. '화평' 입니다. 18절을 보면 "화평하게 하는 자들은 화평으로 심어 의의 열매를 거두느니라"고 했습니다. 결정하고 난 후에 마음에 화평이 있으면 하나님이 주신 결정이라고 생각하셔도 무방합니다. 그러나 성경적으로 비춰볼 때에 아무 하자가 없는데도 불구하고 뭔가 마음에 찜찜하고 평안함이 없을 때에는 결정을 미루고 계속 지혜를 위하여 기도하시기 바랍니다.

편을 정하라

야고보서 4:1~10

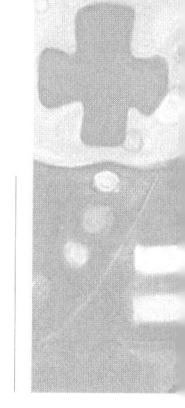

그런즉 너희는 하나님께 복종할지어다 마귀를 대적하라 그리하면 너희를 피하리라 하나님을 가까이 하라 그리하면 너희를 가까이 하시리라 죄인들아 손을 깨끗이 하라 두 마음을 품은 자들아 마음을 성결하게 하라 슬퍼하며 애통하며 울지어다 너희 웃음을 애통으로, 너희 즐거움을 근심으로 바꿀지어다 주 앞에서 낮추라 그리하면 주께서 너희를 높이시리라(7~10).

인생을 힘들게 만드는 여러 가지 중 하나가 이웃과의 갈등이라고 생각합니다. 예를 들어서 직장에서도 상관이 나를 아껴 주고, 동료들이 서로 협력하면 오랜 시간을 일해도 피곤을 느끼지 않습니다. 그러나 직장 상관과 갈등이 있어서 상관이 나를 싫어한다든지 동료와 갈등이 있어서 팽팽한 관계를 유지하게 되면 일하는 것이 무척 힘들게 느껴집니다. 교회 생활도 다를 바 없습니다. 이웃과의 갈등이 교회 생활을 힘들게 만듭니다. 주위에 보면 교회를 옮기는 분들이 꽤 계십니다. 교회를 왜 옮깁니까? 신학적인 문제 때문이나 교리적인 문제 때문에 옮기는 경우는 극히 드뭅니다. 목사님이나 교인들과의 갈등이 원인인 경우가 대부분입니다.

이러한 갈등의 원인을 우리는 보통 남에게 돌립니다. 그러나 야고보의 생각은 다릅니다. 야고보서 4장 1절에 의하면 갈등의 원인은 자신의 정욕에 있다고 합니다. 갈등의 문제를 해결하기 위해서는 이 사실을 깨달아야 합니다. 흔히 정욕(情慾)을 성적으로만 이해하기 쉽습니다. 그러나 본래 단어의 의미는 성적인 욕구만을 의미하지 않습니다. 강한 욕구를 의미합니다. 어떤 일이 자신이 원하는 대로만 돼야 한다고 고집하는 것이 정욕입니다. 예를 들어서 골프를 취미로 즐기는 것은 상관없지만 집안 일이나 자녀 교육은 젖혀놓고 무슨 일이 있어도 골프는 쳐야 되겠다고 고집하면 골프가 정욕이 됩니다.

정욕, 즉 강한 욕구는 만족되지 않는 것이 특징입니다. 2절 상반부에서 "너희는 욕심을 내어도 얻지 못하여 살인하며 시기하여도 능히 취하지 못하므로 다투고 싸우는도다"라고 합니다. 왜 정욕은 채워질 수가 없을까요? 꼭 내 뜻대로 되어야 한다고 고집할 때 다른 사람은 이에 반발하니까 채워지지 않는 이유도 있겠지요. 그러나 더 큰 이유는, 내가 정욕을 갖고 있을 때는 아무리 채워도 자신이 만족할 수 없기 때문입니다. 자신의 가족을 부양하기 위해서 돈을 버는 것은 필요한 일입니다. 그러나 돈을 벌고자 하는 것이 정욕이 되면, 아무리 많이 벌어도 충분하다는 생각이 안 듭니다. 이것이 정욕의 특징입니다.

정욕에는 언제나 다툼이 따릅니다. 더 얻으려고 하고 더 취하려고 하다 보니 싸울 수밖에 없습니다. 싸워도 얻어지는 것은 없습니다. 부부 관계를 봐도 "나를 좀 사랑해 줘요." "나에게 관심을 가져 주어요." 잔소리하고 바가지 긁어서 사랑 받는 부인 한 번도 못 봤습니다. 성경을 갖다 대며 "성경에 써 있는 대로 남편에게 순종 좀 해 보아." 요구해서 아내에게 존경받는 남편을 아직 보지 못했습니다. 이렇게 싸워서도 얻지 못하고 취하지 못할 때에 해결 방법은 무엇이라고 생각하십니까? 야고보의 진단과 해답은 간단합니다. "너희가 얻지 못함은 구하지 아니하기 때문이요." 우리의 욕구를 채워 주실 분은 하나님이신데 하나님께 구하여 얻으려 하지 아니하고 다투어 취하려 하니까 얻지 못한다는 것입니다. 그리고는 해답을 제시합니다. "하나님께 구하라." 성도 여러분, 필요한 것이 있습니까? 기도를 통해서 얻으시기 바랍니다. 이것이 하나님의 방법입니다. 하나님은 우리의 욕구와 필요를 아실 뿐만 아니라 이것을 채워 주실 수 있으신 분이십니다. 우리는 하나님께 구해야 됩니다.

"기도해도 안 되던데요." 말씀하시는 분이 계십니다. 야고보는 이에 대한 답도 줍니다. 하나님께서는 우리에게 주기를 원하시는 분이신데 왜 기도해도 못 받느냐? 그 이유는 3절에 있듯이 "정욕으로 쓰려고 잘못 구하기 때문이다"라고 말합니다. 하나님께 구할 때에는 자신의 필요만 말씀드리고 구한 것을 언제 어떻게 주실 지는 하나님께 맡겨야 됩니다. 그렇지 않을 때 이것은 정욕이 됩니다. 예를 들어서 직장 생활하면서 승진을 위해 기도할 수 있습니다. 결혼하여 부양 가족이 생기고 자녀들이 태어나게 되면 수입이 늘어나야 하기 때문입니다. 또 예수 믿는 사람들이 직장 생활에서 뒤떨어지면 안 믿는 사람들에게 하나님의 실재에 대한 의심을 심어 줄 수도 있기 때문입니다. 그래서 우리는 사업을 위해서, 승진을 위해서 기도해야 됩니다. 그러나 이것이 정욕이 되어서는 안 됩니다. 자신이 직장에서 승진하고자 하는 이유가 동료 간의 경쟁의식에서 나온 것이라면 하나님께서 들어주실 리가 없습니다. 정욕으로 기도하기 때문입니다. 안 믿는 남편을 가진 자매님들이 남편을 위해 기도할 때 응답 받지 못하는 이유 중의 하나도 정욕으로 기도하기 때문입니다. 남편이 하나님을 모르는 것이 안타까워

5. 야고보서 강해 *227*

서 기도해야지, '교회를 다니게 되면 나한테 잘해 주지 않을까' 하는 정욕에서 나온 기도는 응답해 주시지 않는 것입니다.

세상적인 방법을 통하여 성공해 보려는 사람들을 야고보는 두 가지 이름을 붙여서 부릅니다. 그 첫째가 4절에 나오는 간음하는 여자입니다. 하나님께서는 우리를 부부로 맺어 주시면서 서로를 통하여 신체적 욕구와 정신적인 욕구를 채우라고 하셨습니다. 그런데 결혼하여 남의 아내가 된 여자가 옷을 사야 할 필요가 생겼을 때에 남편에게 사달라고 하지 않고 결혼 전에 사귀던 남자친구에게 사달라고 하면 어떻게 되겠습니까? 고민거리나 문제가 생겼을 때 남편을 제쳐놓고 친구 남편에게 전화를 걸어 통사정을 하고 위로를 찾는다면 어떻겠습니까? 육체적인 관계를 가졌느냐 갖지 않았느냐에 상관없이 이것이 바로 간음하는 것입니다. 마찬가지로 하나님은 우리의 욕구와 필요를 아시고 채워주시는 분인데 세상적인 방법이나 인간적인 방법으로 자신의 욕구와 필요를 채우려 할 때 이것이 간음하는 것과 마찬가지라고 야고보는 말하고 있습니다.

두 번째는 이러한 사람들을 원수라고 부릅니다. 4절을 보면 "간음한 여인들아 세상과 벗된 것이 하나님과 원수 됨을 알지 못하느냐"고 했습니다. 일제 시대 때 독립 투사들이 가장 무서워했던 존재가 한국인으로 일본 경찰이 된 사람들입니다. 이들 중 더러는 가난 때문에 할 수 없이 일본 경찰이 된 사람이 있었을 것입니다. 아니면 독립할 가망성이 없기 때문에 일찌감치 앞가림을 하자는 의도에서 경찰이 된 자도 있었을 것입니다. 그러나 이유야 어쨌든 일본에 붙어서 일본 경찰이 되면 독립 투사들의 원수가 되는 것입니다. 이와 같이 이 세상을 사랑하면 제 스스로를 하나님의 원수로 만드는 것입니다. 이 세상은 어둠에 속해 있기 때문입니다. 이 세상의 모든 조직을 꿰뚫고 흐르는 사상은 인본주의 사상입니다. 인간의 문제는 인간이 스스로 해결해야 된다는 생각입니다. 이와 같이 하나님을 무시하는 세상의 사상에 동조하면 자기 스스로를 하나님의 원수로 만드는 것입니다.

야고보는 6절에서 하나님을 통해 필요와 욕구를 채우는 방법을 설명하고 있습니다. 자기를 낮추는 것입니다. "그러나 더욱 큰 은혜를 주시나니 그러므로 일렀으되 하나님이 교만한 자를 물리치시고 겸손한 자에게 은혜를 주신다 하였느니라." 하나님께서 채워 주시는 것은 우리가 받을 자격이 있어서가 아니라 하나님의 은혜 때문입니다. 기도할 때마다 이 사실을 깨달아야 합니다. 하나님의 자녀가 됐기 때문에 하나님께서 은혜로 우리의 기도에 응답해 주시고 우리의 필요를 채워 주시는 것입니다. 우리가 이런 은혜를 받기 위해서는 겸손해져야 됩니다. 자기 자신을 낮춰야 합니다.

하나님의 은혜를 얻는 네 가지 방법이 있습니다. 첫째는 편을 정하셔야 됩니다. 7절에 "그런즉 너희는 하나님께 복종할지어다 마귀를 대적하라"고 했습니다. 내가 정욕의 편이 될 것인가 하나님의 편이 될 것인가를 결정하여야 합니다. 내가 세상의 편이 될 것인가 하나님의 편이 될 것인가를 결정해야 합니다. 하나님 편에 서기로 결정했을 때 우리에게는 축복이 약속되어 있습니다. 축복 중의 하나는 마음속의 갈등이 없어지는 축복입니다. 예수님을 영접하기 전 가장 힘든 때가 예수 믿기 직전에 마음을 정하지 못할 때입니다. 성경을 읽고 간증을 들으면 하나님이 계신 것 같습니다. 그러나 뒤돌아 서서 생각해 보면 착각인 것 같습니다. 고요한 밤에는 하나님이 계신 것 같습니다. 그러나 낮에 직장에서 바쁘게 뛸 때는 하나님이 안 계신 것 같습니다. 그러나 예수를 믿기로 결정하면 그러한 의심은 사라집니다. 마음을 정하지 못해서 오는 갈등에서 벗어날 수가 있습니다. 어느 편에 설 것인가를 정하는 것이 중요합니다.

두 번째로는 하나님을 가까이하여야 합니다. 8절 상반절에 "하나님을 가까이하라 그리하면 너희를 가까이하시리라"라고 했습니다. 여기서 '그리하면'이란 표현을 잘 이해해야 합니다. '그리하면'은 하나님께서 가까이 오시는 조건을 말하고 있지 않습니다. 하나님이 오시리라는 확실성을 말하고 있습니다. 우리가 하나님께로 가까이 가면 하나님께서 반드시 우리에게 가까이 오신다는 말입니다. 예수님께서 나시기 약 6백 년 전에 예레미야라는 선지자를 통해서 하나님은 이렇게 말씀하셨습니다. "너는 내게 부르짖으라 내가 네게 응답하겠고 네가 알지 못하는 크고 은밀한 일을 네게 보이리라"(렘 33:3). 우리 주님께서도 마태복음 7장 7~11절에 이렇게 말씀하셨습니다. "구하라 그리하면 너희에게 주실 것이요 찾으라 그리하면 찾아낼 것이요 문을 두드리라 그리하면 너희에게 열릴 것이니 구하는 이마다 받을 것이요 찾는 이는 찾아낼 것이요 두드리는 이에게는 열릴 것이니라 너희 중에 누가 아들이 떡을 달라 하는데 돌을 주며 생선을 달라 하는데 뱀을 줄 사람이 있겠느냐 너희가 악한 자라도 좋은 것으로 자식에게 줄 줄 알거든 하물며 하늘에 계신 너희 아버지께서 구하는 자에게 좋은 것으로 주시지 않겠느냐." 하나님은 가까이하면 반드시 다가오시는 분이십니다. 구하면 주시는 분이십니다. 찾으면 만나 주시는 분이십니다. 두드리면 열어 주시는 분이십니다. 그래서 야고보도 1장 5절에서 이런 말씀을 하셨습니다. "너희 중에 누구든지 지혜가 부족하거든 모든 사람에게 후히 주시고 꾸짖지 아니하시는 하나님께 구하라 그리하면 주시리라." 하나님께 가까이 갑시다.

세 번째, 하나님의 은혜를 받기 위해서는 손을 깨끗이 하고 마음을 순결하게 하여야 합니다. 8절 하반부를 보면 "죄인들아 손을 깨끗이 하라 두 마음을 품은 자들아 마음을 성결하게 하라"는 말씀이 있습니다. 손을 깨끗하게 하라는 말은 정결한 행동을 하라는 뜻입니다. 자신의 필요와 욕구를 투쟁을 통해서 얻으려 아니하고, 세상적인 방법을 써서 얻으려고도 아니하고, 하나님을 통해서 얻겠노라고 결심하셨으면 그 결심을 행동으로 옮깁시다.

네 번째, 하나님의 은혜를 받기 위해서는 회개하셔야 합니다. 이것이 9절의 말씀입니다. "슬퍼하며 애통하며 울지어다 너희 웃음을 애통으로, 너희 즐거움을 근심으로 바꿀지어다." 하나님을 통해서 나의 필요를 채우려 하지 아니하고 내가 투쟁을 통해서 세상적인 방법과 인간적인 방법으로 채우려 했던 것이 하나님 보시기에는 참혹한 죄라는 것을 깨닫고 회개해야 합니다. 이것이 간음하는 여자가 되는 것이기 때문입니다. 이것이 하나님의 원수가 되는 것이기 때문입니다.

하나님께서는 전지전능하시고 우리를 사랑하십니다. 우리의 필요를 아시고 채워 주시는 분이십니다. 우리는 이분을 통해서 우리의 필요를 채워야겠습니다. 그래서 야고보는 10절에서 결론적으로 말씀하십니다. "주 앞에서 낮추라 그리하면 주께서 너희를 높이시리라." 사랑하는 성도님들 하나님 쪽으로 편을 정하시기 바랍니다. 하나님께 회개하고 기도하는 낮은 자세를 구하시기 바랍니다. 그러면 하나님께서 높여 주십니다.

오늘 설교에서 이 두 가지는 꼭 기억하시기 바랍니다. 첫째, 우리가 기도를 통해서 하나님께서 채워 주신 것을 경험하려면 자신의 필요를 하나님께 아뢰고 응답의 시간과 방법은 하나님께 맡겨야 한다는 것입니다. 두 번째는 하나님께서 내가 해야 될 것을 보여주시면 보여주시는 대로 순종하여야 한다는 것입니다. 계획을 세우라 하시면 계획을 세우고 누구를 만나라 하시면 만나시기 바랍니다.

갈등이 삶을 힘들게 합니다. 그 갈등의 원인이 내 정욕이라는 것을 깨달으시고, 하나님 편에 서서 기도를 통해서 채우시는 귀한 축복을 맛보시기 바랍니다.

하나님 노릇 말라

야고보서 4:11~17

형제들아 서로 비방하지 말라 형제를 비방하는 자나 형제를 판단하는 자는 곧 율법을 비방하고 율법을 판단하는 것이라 네가 만일 율법을 판단하면 율법의 준행자가 아니요 재판관이로다 입법자와 재판관은 오직 한 분이시니 능히 구원하기도 하시며 멸하기도 하시느니라(11, 12).

야고보서를 읽어보면 말에 관한 경고가 제일 많이 등장합니다. 말이 가진 무서운 파괴력을 알기 때문에 야고보는 반복해서 말에 관하여 주의를 주고 있습니다. 오늘의 본문에서는 특별히 두 가지를 경고하십니다. 첫째는 비방하지 말라, 둘째는 자랑하지 말라. 기독교인만이 아니라 종교를 믿지 않는 도덕적인 사람들도 말에 관해서는 비슷한 경고를 합니다. 그러나 왜 비방하지 말고 자랑하지 말아야 하는지에 대해서는 분명한 근거를 제시하지 못합니다. 오늘의 본문에서 야고보는 그 이유를 밝혀 줍니다.

야고보는 4장 11절에서 비방하지 말아야 하는 이유를 말씀하십니다. 이유는 율법을 비방하는 것과 마찬가지이기 때문입니다. 본문을 이해하기 위해서는 야고보가 누구에게 이 편지를 쓰고 있는지를 알아야 합니다. 이 편지는 크리스천에게 보내진 것입니다. 이웃을 비방한다는 것은 예수님을 주님으로 영접해서 형제자매 된 사람들을 비방한다는 것입니다. 여기에 언급된 율법은 구약이나 십계명 등을 의미한 것이 아니라 자유하게 하는 율법, 즉 사랑의 법, 성령의 법을 의미합니다.

구약의 율법은 문자이고 신약의 율법은 성령입니다. 구약의 율법은 우리가 어떻게 살아야 하는가를 문자로 가르쳐 줄 뿐입니다. 따라서 율법 밑에 사는 사람들은 어떻게 살아야 하는지는 알지만 그렇게 살 수 있는 능력은 없습니다. 율법은 옳고 그른 것을 가르쳐만 주지, 올바르게 살 수 있는 능력을 부여해주지는 못하기 때문입니다. 그러나 신약 밑에 사는 우리들은 율법 대신에 성령님의 지배 밑에 있습니다. 성령님은 우리 몸 안에 들어오셔서 해야 할 것과 하지 말아야 할 것을 직접 가르쳐 주십니다. 성령님은 우리 안에 내주하셔서 하나님의 뜻대로 살 수 있는 길도 보여주시고 살고 싶은 마음도 심어 주십니다. 하나님의 뜻대로 살 수 있는 능력도 허락해 주십니다. 그래서 고린도후서 3장 3~6절에서 바울은 '내가 쓴 편지는 먹으로 쓴 것이 아니라 살아계신 하나님의 성령으로 쓴 것이며 돌 판에 새긴 것이 아니라 사람의 마음속에 새긴 것이라'고 했습니다.

성령님께서는 각자의 믿음의 정도에 따라 우리를 인도해 주십니다. 그렇기 때문에 주님 안에서 성령의 인도하심을 받는 사람들은 서로 용납하여야 합니다. 의견 차이가 생겼을 때에 문제가 근본적인 것이 아니고 지엽적인 것이면 서로 용납해야 됩니다. 신앙 스타일의 차이를 갖고 문제 삼으면 안 됩니다. 왜냐하면 각자가 성령님의 인도함을 받고 있는데 성령님의 인도를 받고 있는 형제자매를 비방한다는 것은 성령님을 비방하는 것이 되기 때문입니다. 그렇기 때문에 서로를 용납하지 않는다는 것은 궁극적으로 하나님의 율법을 비판하는 것이 되기 때문입니다. 그래서 바울은 로마서 14장 3절에 제사 음식에 관해서 이런 이야기를 합니다. "먹는 자는 먹지 않는 자를 업신여기지 말고 먹지 않는 자는 먹는 자를 비판하지 말라 이는 하나님이 그를 받으셨음이라."

제가 존경하는 목사님 가운데 알드리치(Joseph C. Aldrich)라는 분이 계십니다. 이분은 전도 전문가입니다. 이분은 처음 만나는 사람을 붙잡고 복음을 전한다는 것이 처음 보는 고객에게 물건을 파는 장사꾼처럼 느껴져서 마음에 부담을 느꼈습니다. 이것은 예수님의 방법이 아니라고 생각했습니다. 그래서 이분은 생활 속에서 사랑을 보인 후에 복음을 제시하는 방법을 개발하였습니다. 이분은 또 크리스천들은 복음 전파에 너무 수동적이라고 생각했습니다. 안 믿는 사람들을 찾아가야 할텐데 안 믿는 이가 스스로 찾아오기를 기다린다고 생각했습니다. 그래서 이분은 술집 같은데도 찾아가서 전도를 합니다. 술 대신 콜라를 시켜 놓고 전도를 합니다. 그런데 이러한 전도 방법을 도입했을 때에 집사님들이 거세게 반발하고 이 목사님을 비방하였습니다. 이러한 경우에 목사님이 하시는 것이 하나님의 명령에 의한 것이라면 이 목사님을 비판하는 사람은 하나님의 율법을 비판하는 셈이 됩니다. 죄인들을 찾아가서 복음을 전했던 것은 예수님의 방법인데 이 방법을 비판한다는 것은 개인을 비판하는 것이 아니라 주님을 비판하는 것이 되기 때문입니다.

우리가 남을 비방해서 안 되는 또 하나의 이유는 남을 비방할 때 우리는 그 율법의 준행자가 아니고 재판관이 되기 때문입니다. 하나님께서 율법을 주셨을 때 우리에게 주어진 역할은 자신이 그것을 지키는 것입니다. 다른 사람이 얼마나 잘 지키고 있나 점검하는 것이 율법이 주어진 목적이 아닙니다. 어떤 사람이 하나님 앞에 섰을 때 칭찬을 받을지 꾸중을 들을지는 하나님과 그 사람 사이의 문제이지, 나의 문제가 아니기 때문입니다. 한가지 흥미로운 사실은 우리가 준행자가 되기를 멈추고 재판관이 되기 시작하면 점점 준행자의 위치에서는 멀어지고 점점 더 재판관이 되어버린다는 것입니다. 로마서 14장 4절에 바울은 누가 감히 남의 종을 판단할 수 있겠습니까? 그가 서든 넘어지든 그의 주인이 알아서 할 일입니다라고 했습니다. 설교를 들으시면서 나한테 주신 말씀이라고 생각하시는 분은 준행자입니다. 그러지 않고 이 말씀은 이 집사가 들어야 되는데, 저 말씀은 우리 집 사람이 들어야 되는데, 구절구절 교통 정리를 하며 듣고 있는 분은 재판관입니다.

우리가 남을 비방해서 안 되는 세 번째 이유는 남을 비방한다는 것은 자신이 하나님이 되려는 것이기 때문입니다. 우리는 율법의 준행자고 하나님은 심판자이십니다. 우리가 준행하는 것을 멈추고 판단하기 시작하면 우리 자신이 하나님이 됩니다. 하나님께서 제일 싫어하시는 것이 우상 숭배자입니다. 하나님 아닌 다른 신을 섬기는 것입니다. 그런데 여기서 한 걸음 더 나아가 스스로가 하나님이 되려고 하는 사람을 하나님께서는 어떻게 보시겠습니까?

우리가 이웃을 심판할 때에는 하나님 노릇을 하는 것입니다. 그러나 그 심판은 올바르지 못한 경우가 대부분입니다.

그 첫 번째 이유는 인간은 객관적으로 사물을 볼 능력이 없기 때문

 교회는 병원이다

입니다. 틈이 벌어진 부부의 말을 들어보아도 그렇습니다. 부인 말을 들으면 세상에 그렇게 악한 남편이 있을 수가 없습니다. 그러나 남편의 말을 들으면 세상에 그런 못된 부인이 없습니다. 둘 다 자신을 객관적으로 볼 수 없기 때문입니다. 같은 사건을 경험하고도 두 사람의 설명이 틀리는 수도 있습니다. 어느 한 쪽이 거짓말하고 있는 것일까요? 아닙니다. 둘 다 진실을 이야기하는데 자기 관점에서 보았기 때문입니다. 각자의 성격과 체험에 따라 채색된 안경을 쓰고 보았기 때문입니다. 인간에게는 사물을 객관적으로 볼 수 있는 능력이 없습니다.

두 번째 이유는 인간들은 상대방의 마음속에 감추어진 동기를 읽을 능력이 없기 때문입니다. 이런 이야기를 읽은 적이 있습니다. 미국에서는 추수감사절이 되면 회사 직원들에게 선물로 칠면조를 주는 회사가 많습니다. 이 선물이 미혼 총각 사원들에게는 골칫거리입니다. 혼자서 먹기 위하여 칠면조를 요리한다는 것이 번거롭기 때문입니다. 칠면조를 선물로 받아도 쓸모를 못 느끼는 어느 총각을 짓궂은 동료들이 골려주기로 했습니다. 진흙으로 몸통을 만들고 칠면조의 머리와 꼬리만 잘라 진흙에 끼운 후 잘 포장을 해서 선물을 했습니다. 겉보기에는 영락없는 칠면조였습니다. 청년이 이것을 가지고 전철을 탔는데 마침 꾀죄죄한 차림의 어떤 남자가 옆자리에 와서 앉았습니다. 이 남자가 총각의 칠면조를 자꾸 쳐다봅니다. 칠면조 선물을 별로 반기지 않는 이 청년은 선심 쓰는 마음으로 이 칠면조와 그 남자가 손에 들고 있는 햄버거가 든 봉지를 맞바꾸자고 했습니다. 그 남자는 이게 웬 횡재냐 싶어서 얼른 칠면조를 받고 햄버거를 내주었습니다. 집에 가서 식구들 앞에서 칠면조를 풀어 볼 그 남자를 상상해 보십시오. 몇 푼 안

되는 햄버거를 자기 것으로 만들기 위하여 사기를 쳤다고 생각하지 않겠습니까? 총각 사원의 순수한 동기를 상상이나 할 수 있었겠습니까? 만일 총각이 칠면조를 주면서 전도라도 했다면 그 남자분은 평생 예수를 거부했을 것입니다. 인간은 사람의 마음을 읽을 수 없습니다. 우리가 사람을 판단하는 것의 90퍼센트 이상은 틀린다고 보시면 됩니다. 오직 하나님만이 인간의 속마음에 숨겨진 동기를 보십니다. 하나님은 실수를 해도 그 동기가 아름다우면 용납하십니다. 그래서 바울 사도는 고린도전서 4장 5절에서 "그러므로 때가 이르기 전 곧 주께서 오시기까지 아무것도 판단하지 말라 그가 어둠에 감추인 것을 드러내고 마음의 뜻을 나타내시리니 그 때에 각 사람에게 하나님으로부터 칭찬이 있으리라"고 했습니다. 아무것도 판단하지 말고 하나님께서 오실 때까지 기다리라는 말씀입니다.

그렇다면 크리스천에게 판단은 금물입니까? 그런 뜻이 아닙니다. 기독교인들이 옳고 그른 것에 대한 판단이 없으면 누가 판단합니까? 여기서 우리는 판단과 비판의 차이를 알아야 합니다. 첫째는 동기의 차이입니다. 올바른 판단은 긍정적인 동기에서 나옵니다. 같은 실수를 범하지 않도록 돕고 다치지 않게 도와주려는 것입니다. 비방은 상대를 다치게 하고자 하는 동기에서 나옵니다. 예를 들어서 어떤 사람을 설명할 때에 객관적으로 그 사람을 설명하는 것 같습니다. 그러나 그 사람을 신용할 수 없는 사람으로 만들자는 동기가 있으면 그 설명이 아무리 객관적인 것 같더라도 그것은 판단이 아니라 비난입니다. 그러므로 기도 모임이 바로 그런 비방의 장소로 둔갑하지 않도록 조심해야 합니다. 예를 들어서 목사님을 위해서 기도하자고 하면서 '인간적으로 목회하지 않게, 지적인 설교만 하지 않게 해 달라'고 기도 제목을 내어놓습니다. 이러한 기도 제목 뒤에는 '목사님은 인간적인 설교를 하고 있다. 지적인 설교를 하고 있다'는 비난이 숨겨져 있을 수가 있습니다.

두 번째는 근거의 차이입니다. 판단하는 사람들은 눈에 드러난 사실을 근거로 이야기합니다. 비판하는 사람은 숨은 의도를 근거로 이야기합니다. 세 번째는 뒤처리의 차이입니다. 판단하는 사람은 그 사람이 잘못됐다고 생각하면 당사자를 찾아가서 잘못을 지적해 줍니다. 비방하는 사람은 그 사람이 잘못됐으면 당사자가 아닌 다른 사람을 찾아가서 그의 잘못을 얘기합니다.

우리가 판단을 멈춰서는 안 됩니다. 우리는 옳고 그른 것은 판단할 수 있어야 됩니다. 특별히 우리의 형제자매가 잘못하고 있을 때는 우리가 지적하고 고쳐줘야 됩니다. 그러나 이것이 사랑의 표현이 되어야지 비방이 되어서는 안 됩니다. 사도 바울은 갈라디아서 6장 1절에 "형제들아 사람이 만일 무슨 범죄한 일이 드러나거든 신령한 너희는 온유한 심령으로 그러한 자를 바로 잡고 너 자신을 살펴보아 너도 시험을 받을까 두려워하라"고 했습니다.

남을 비방하는 습관에서 벗어나려면 다음 몇 가지 사실을 알고 실천하셔야 합니다. 첫째는 우리가 비방한다는 것이 얼마나 큰 죄인가를 깨달으셔야 됩니다. 비방하는 것은 내가 하나님 노릇하는 것임을 깨달으셔야 됩니다. 하나님께서 제일 싫어하시는 것이 우상 숭배인데 비방은 한 걸음 더 나아가 내가 하나님이 되려는 행위입니다. 비방의 심각성을 깨달으시기 바랍니다.

두 번째는 회개하셔야 합니다. 비방의 뿌리는 교만입니다. 그러므로 회개할 때에는 남을 비방한 사실에만이 아니라 그 뒤에 숨은 교만도 회개하셔야 합니다.

세 번째는 사랑의 열매를 위해서 기도하셔야 됩니다. 우리에게 사랑이 있을 때 남의 실수나 약점이 눈에 띄지 아니하고 비방할 거리를 발견하지 못합니다.

네 번째는 야고보가 4장 7절에서 말씀하신 것처럼 하나님께 순응하고 마귀를 대적해야 합니다. 우리가 싸우는 싸움은 자신과의 싸움이 아닐지도 모릅니다. 이웃과의 싸움이 아닐지도 모릅니다. 내가 지금 싸우는 대상은 영적인 싸움, 즉 마귀와의 싸움일지도 모릅니다. 이걸 깨달으셔야 됩니다. 하나님 노릇 하지 않는 성도님들이 되시기를 간절히 부탁드립니다.

부자의 위험, 가난한 자의 소망

야고보서 5:1~11

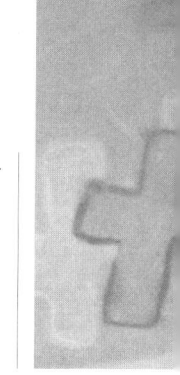

들으라 부한 자들아 너희에게 임할 고생으로 말미암아 울고 통곡하라 너희 재물은 썩었고 너희 옷은 좀먹었으며 너희 금과 은은 녹이 슬었으니 이 녹이 너희에게 증거가 되며 불같이 너희 살을 먹으리라 너희가 말세에 재물을 쌓았도다 보라 너희 밭에서 추수한 품꾼에게 주지 아니한 삯이 소리 지르며 그 추수한 자의 우는 소리가 만군의 주의 귀에 들렸느니라 너희가 땅에서 사치하고 방종하여 살륙의 날에 너희 마음을 살찌게 하였도다 너희는 의인을 정죄하고 죽였으나 그는 너희에게 대항하지 아니하였느니라(1-6).

야고보는 본문에서 재림에 관하여 두 가지 부류의 사람을 말합니다. 재림을 두려워해야 할 부류와 고대하여야 할 부류입니다. 본문 1절에는 예수님이 다시 오실 그 날을 두려워해야 할 사람들에 대해 말하고 있습니다. 그들은 부자입니다. 부자이면 다 죄인이라는 의미는 아닙니다. 물질이 많아지면 인간은 물질에 지배받을 위험성이 커집니다. 부자에게는 이런 위험 부담이 커진다는 뜻입니다. 예를 들면 가난할 때에 우리는 부자가 되면 좋은 일을 위하여 돈을 많이 쓸 것이라고 생각을 합니다. 그러나 막상 부자가 되면 좋은 일에 돈을 쓰지를 못합니다. 내가 돈을 지배하는 것이 아니라 돈이 우리를 지배하기 때문입니다.

금전에는 영적인 능력이 있습니다. 마태복음 6장 24절을 보면 "한 사람이 두 주인을 섬기지 못할 것이니 혹 이를 미워하며 저를 사랑하거나 혹 이를 중히 여기고 저를 경히 여김이라 너희가 하나님과 재물을 겸하여 섬기지 못하느니라"는 말씀이 있습니다. 여기서 예수님은 재물과 하나님을 경쟁 관계에 두고 계십니다. 경쟁 관계는 힘이 어느 정도 비슷해야 성립됩니다. 그런 의미로 볼 때 재물은 하나님과 견줄 만큼 능력이 있다는 것을 깨닫습니다. 재물은 또한 하나님과 마찬가지로 우리에게 순종을 강요합니다. 그래서 부자는 재물의 지배를 받을 위험이 훨씬 크다는 것입니다. 그 위험은 네 가지로 볼 수 있습니다.

첫째는 축적의 위험입니다. 우리가 부자가 되면 쌓아 놓고 싶은 충동이 생깁니다. 가진 것이 없을 때는 쌓고 싶은 충동이 생기지 않습니다. 그러나 가진 것이 많아지면 쌓아 놓기 시작합니다. 크리스천은 하나님이 주신 물질을 관리하는 관리인입니다. 그런데 오늘 본문을 보면 쌓아 놓은 것이 많아서 다 썩어버렸습니다. 썩도록 한다는 것은 하나님께서 맡겨주신 물질을 잘못 관리하였다는 뜻입니다. 3절에 '금과 은은 녹이 슬었으니 이 녹이 하나님 앞에서 심판 받을 때 증거가 된다' 고 하였습니다. 한국에서는 정권이 바뀔 때마다 경제 사정의 바람이 붑니다. 부정 축재자들은 전전긍긍합니다. 이때에 쌓아놓은 재물이 부정 축재의 증거가 됩니다. 마찬가지로 심판 때 쌓아 놓은 부가 하나님의 관리인 노릇을 잘못한 것이라는 증거가 된다는 말입니다.

둘째는 착취의 위험입니다. 부자가 되면 모든 가치의 기준이 돈으로 변합니다. 성공의 기준도 돈에 근거하게 됩니다. 아무리 인격을 갖춘 사람이라 할지라도 가난해서 초라해 보이면 존경하지 않습니다. 가치 기준을 돈에 두었기 때문입니다. 친구를 사귀는 기준도 돈에 근거하게 됩니다. 손벌릴 듯 싶은 사람은 아예 만나지도 않습니다. 이런 사람이 학교를 운영하게 되면 교육보다는 재물에 더 관심이 갈 것입니다. 가방 들고 교문을 들어서는 학생이 다 등록금이 걸어오는 것으로 보일 것입니다. 모든 가치 기준이 돈이 될 때 착취를 하게 됩니다. 그래서 4절에 "보라 너희 밭에서 추수한 품꾼에게 주지 아니한 삯이 소리 지르며 그 추수한 자의 우는 소리가 만군의 주의 귀에 들렸느니라"라는 말씀이 있습니다. 야고보가 경고를 주고 있는 대상은 당시의 부유층을 이루고 있던 지주였던 것으로 보입니다. 지주가 품꾼들의 하루 품삯을 주지 않습니다. 곤궁하고 가난한 품꾼을 학대하지 말며 그 품삯을 당일에 주고 해진 후까지 끌지 말라는 신명기 24장 14절의 말씀을 잘 알고 있으면서도 안 줍니다. 돈은 썩도록 쌓아도 부족한 마음만 생기게 만듭니다. 그래서 착취하게 됩니다. 그래서 이들에게는 심판의 날이 두려울 수밖에 없습니다.

셋째는 사치의 위험입니다. 5절에 "너희가 땅에서 사치하고 방종하여 살륙의 날에 너희 마음을 살찌게 하였도다"라는 말씀이 있습니다. 옛날에 처갓집에서 사위를 위해 씨암탉을 잡습니다. 잡을 닭은 다른 닭보다 더 많이 먹여 살찌게 합니다. 살륙의 날, 즉 사위가 오는 날에 그 닭을 잡습니다. 야고보는 이것을 사치하는 부자에 비유합니다. 흔히들 사치는 비싼 것을 사는 것이라고 생각하기가 쉽습니다. 그러나 더 정확한 정의는 이것입니다. 경제적 효용 가치 이상의 것을 추구하는 것입니다. 예를 들면 어떤 것은 비싸기는 하지만 품질이 좋습니다. 품질이 좋으면 더 오래 쓸 수 있기 때문에 비싸지만 사는 것이 오히려 더 경제적입니다. 그런데 품질 향상에는 한계가 있습니다. 품질이 어느 정도의 수준에 이르면 그 이상의 부가 가치는 용도나 효용과는 상관이 없습니다. 허영을 만족시키기 위한 것입니다. 허영을 만족시키기 위하여 물건을 구입하는 것을 사치라고 합니다. 사치는 궁극적으로는 이기심에서 나옵니다. 하나님이 우리를 세상에 보내신 목적은 이웃을 섬기도록 하기 위함입니다. 이웃을 섬길 수 있도록 시간과 재물과 건강을 주셨습니다. 그런데 이것을 자기만을 위해서 쓸 때 사치하게 됩니다.

네 번째는 살인의 위험입니다. 6절에 "너희는 의인을 정죄하고 죽였으나 그는 너희에게 대항하지 아니하였느니라"고 했습니다. 제가 한국을 떠난 1970년만 해도 한국에서는 부자들만이 자가용을 가졌습니다. 이들 중 더러는 운전사에게 이런 명령을 했다고 합니다. "사고로 사람을 치어서 다치게 했으면 차를 뒤로 빼서 아주 치어 죽여라. 사망해서 보상해 주는 것이 치료비 무는 것보다 훨씬 싸다." 저는 이 이야기를 듣고 얼마든지 있을 수 있는 일이라고 생각했습니다. 우리가 돈에 지배받고 돈의 노예가 되면 살인도 서슴지 않는 사람이 될 수가 있습니다. 왜냐하면 돈의 노예가 되면 돈이 요구하는 것은 무엇이든지 하게 되기 때문입니다. 이것이 바로 돈의 능력이고, 돈이 우리에게 요구하는 충성입니다. 여러분 가운데는 나는 부자가 아니니까 이런 경고가 해당되지 않는다고 생각하는 분이 있을지 모릅니다. 그러나 우리가 미국에 산다는 것만으로도 우리는 이미 부자임을 알아야 합니다. 감비아에서 선교하시는 분의 이야기를 들으니까 그곳에서는 하루에 한끼만 먹고살기 때문에 하루 세끼 먹는다는 것은 상상조차 못한답니다. 이 지구상에서 가난한 곳이 어디 그곳뿐이겠습니까? 미국에 산다는 것만으로도 우리는 부자라는 것을 알아야 합니다. 그런 의미에서 오늘 부자에게 주신 경고는 우리에게 하시는 말씀입니다.

성도님들, 다시 말씀드리지만 재물이 적을 때는 우리가 재물을 지배하지만, 재물이 많이 쌓이면 재물이 우리를 지배합니다. 그럼 어떻